想象另一种可能

理想国
imaginist

讲谈社
兴亡的世界史 05▶09 WHAT IS HUMAN HISTORY?

奥斯曼帝国：
五百年的
和平

【编集委员】 青柳正规
　　　　　　阵内秀信
　　　　　　杉山正明
　　　　　　福井宪彦

【推荐学者】 昝涛

从苏莱曼清真寺上眺望博斯普鲁斯海峡　左前方为金角湾

奥斯曼帝国头盔 明显带有奥斯曼风格的头盔，应该是阅兵式佩戴、象征身份地位的器物。约1560年

讲谈社
兴亡的世界史 05▶09 WHAT IS HUMAN HISTORY?

[日]林佳世子_著 钟放_译

奥斯曼帝国：
五百年的
和平——

北京日报出版社

KOUBOU NO SEKAISHI DAI 10 KAN OSUMAN TEIKOKU 500 NEN NO HEIWA
© Kayoko Hayashi 2008
All rights reserved.
Original Japanese edition published by KODANSHA LTD.
Publication rights for this Simplified Chinese character edition arranged with KODANSHA LTD.
through KODANSHA BEIJING CULTURE LTD. Beijing, China.

北京出版外国图书合同登记号：01-2019-5336

图书在版编目(CIP)数据

奥斯曼帝国：五百年的和平 /（日）林佳世子著；钟放译. -- 北京：北京日报出版社, 2020.1
（讲谈社·兴亡的世界史）
ISBN 978-7-5477-3529-9

Ⅰ.①奥… Ⅱ.①林…②钟… Ⅲ.①奥斯曼帝国-历史-研究 Ⅳ.①K374.3

中国版本图书馆CIP数据核字(2019)第228714号

地图审图号：GS（2018）6159号

责任编辑	许庆元
特邀编辑	鲁兴刚
封面设计	艾　藤
内文排版	李丹华

出版发行	北京日报出版社
地　　址	北京市东城区东单三条8-16号东方广场东配楼四层
邮　　编	100005
电　　话	发行部：（010）65255876
	总编室：（010）65252135
印　　刷	山东鸿君杰文化发展有限公司
经　　销	各地新华书店
版　　次	2020年1月第1版　2020年1月第1次印刷
开　　本	787毫米 × 1092毫米　1/32
印　　张	11.625
字　　数	234千字
图　　片	78幅
定　　价	84.00元

版权所有，侵权必究，未经许可，不得转载

如发现印装质量问题，影响阅读，请与印刷厂联系调换

推荐序

日本学者关于奥斯曼帝国史的佳作

关于奥斯曼—土耳其的历史研究,中文学界目前还处在起步阶段,尤其是基于一手文献的研究几乎还是空白,这与中国的外国研究尤其是外国历史研究整体上比较落后有关。但从世界范围来看,奥斯曼—土耳其研究是显学。在这个领域,与东邻日本学界相比,中国学界还存在很大差距。因而,在当前的情况下,除加大力度培养中文学术人才之外,引介一些经典的著作或较新且"靠谱"的作品,也是了解相关动态、推动中文学界相关领域学术发展的必经步骤。近年来,中文出版界对译介国外的奥斯曼—土耳其历史研究作品,做出了很大努力,取得了一些可喜的成绩,尽管翻译的水平参差不齐,但对于中文学界尽快掌握相关领域的研究状况,应该说贡献不小,值得肯定。

整体看,中文学界的译介作品,至少有两个特点,一是设计上缺乏系统性，往往是出版商基于市场原则的策划，而无法反映这个领域的趋势；二是基本上都译自英文。这么做的理由不言而喻，但从学术发展的角度来说，对土耳其文、日文或其他西方语言的作品也需要关注。在英文世界之外，用其他语言写的优秀作品也不在少数，各书作者心目中假定的读者是不一样的，从而其问题意识、侧重点会有所不同，尤其是通史性的作品，在这一点上显得更为突出。再者，不同的语言表述也不仅仅是工具意义上的差异，在思维方式、概念体系上也会有较大差异。因而，翻译，尤其是高质量的翻译，对于人文学科来说一直是必要的。

在以往的奥斯曼帝国通史的译著中，斯坦福·肖夫妇的作品应该说是最好的，即便是在英文世界，它至今也仍然是经典。不过，肖的原书距今已近半个世纪，很多新的学术成果无法体现，而且原书的学究气较重，叙述风格上也是过于持重，部头也比较大，不太适合于普通读者的阅读。其他零星的奥斯曼帝国通史的译著，要么部头过大，望之令人生畏，要么过于简略，读来使人收获不大。

在上述情况下，林佳世子的这本《奥斯曼帝国：五百年的和平》能够出中文版，应该说是一件很有意义的事情。关于奥斯曼帝国的一些基本问题，作者都有专题性的阐释。以下仅撮举本书的几个例子。

一是关于奥斯曼帝国的起源问题。作者综合了已有的研究成果，明确指出它虽然有游牧民族扩张的因素，但绝不是一个简单的游牧民族的军事征服问题，也不是单纯的伊斯兰"圣战"的结果，而是一个多元复合问题。作者首先介绍了小亚细亚地区穆斯林与非穆斯林、游牧民和农民之间的关系。在奥斯曼帝国崛起之前，当地的游牧人移民已经持续了很长时间。因为生活方式的不同，游牧民和农民之间更多的是共存的关系，以交换为主要特点。此外也存在劫掠关系，尤其是在政治混乱时代。

在这个漫长的过程中，发生了当地的土耳其化和伊斯兰化。改宗通常是一个自上而下的过程，一般是先由权力的中间阶层开始改宗，之后再逐渐向普通民众扩散。它更多的是长期接触，而非暴力的结果。由突厥系移民建立的穆斯林政权与拜占庭帝国之间人员交流很频繁，在政界和军界，双方皆有相当规模的异族出身者。在早期，安纳托利亚的穆斯林政权和拜占庭帝国的统治阶层，并非完全异质，改宗的原因也很多，政治的（精英希望在异教政权中发展）、经济与安全的（为了确保经济利益和人身安全）、宗教的（神秘主义对突厥游牧民和基督徒都有吸引力）……伊斯兰化又为当地居民的融合提供了便利，到13世纪末穆斯林已经占安纳托利亚总人口的80%，土耳其语也占据了优势。作者在这里尽管批判了那种认为土耳其人都来自中亚的浪漫民族主义的想象，但若讲到现代土耳其人的来源，同样不能忽视19世纪以来从东欧、高加索、克里米亚、伏尔加河流域、中亚等地区来的移民。

蒙古入侵引发的大规模人口移动，带来了更大的混乱，整个安纳托利亚地区进入了"战国时代"，西部更混乱，小规模的骑士集团和苏菲教团四处割据。作者认为，起源不清的奥斯曼人极有可能只是流民集团之一，主要是靠实力取胜。至于在后世他们如何"包装"自己的起源，就是另外一个问题了。

二是作者强调奥斯曼帝国的崛起过程中巴尔干属性的特殊地位。奥斯曼侯国之所以能够成长为帝国，很重要的原因即在于对巴尔干地区的经营。奥斯曼侯国是先变成了巴尔干大国之后，才成长为帝国的，这是一个很重要的观点。作者认为巴尔干是奥斯曼帝国的发祥地，也因为奥斯曼的统治，东南欧这片地域才有了所谓的巴尔干区域意识。当奥斯曼人崛起的时候，巴尔干整体处于混战局面，使他们能作为雇佣军团进入该地区。这不是游牧征服或移民的扩大。此后，奥斯曼侯国通过和亲、同盟、支付贡纳金、直接支配等方式在巴尔干发展，通过收编巴尔干侯国的海军也有了进军欧洲的条件。作者认为，奥斯曼人经营巴尔干，很重要的一点是他们的政策合理，得到拥护，带来了长期稳定。征服者和当地旧统治阶层实现了和解，共同统治当地，成为新的支配阶层，构建了巴尔干的新秩序。这不应该视为伊斯兰对基督教世界的征服。作者根据新的史料指出，当时奥斯曼侯国有意识地招募骑士进行所谓的"圣战"，其实并不是宗教性的战争，而是掠夺。他们招募的既有基督教骑士，也有穆斯林骑士。这些人有国家组织的背景，要向国家缴纳五分之一的战利品，对奥斯曼的扩展发挥了很大作用。

三是全书有一条重要线索，就是奥斯曼的帝国化问题。对于那些在征服和掠夺中发挥了作用的骑士，奥斯曼统治者分给他们采邑，令其承担在夏季参加苏丹组织的远征的义务，这就是蒂玛尔制。但随着战争形态的变化，尤其是火器的引入和长期战争的出现，骑士受到战术和参战时间的限制，作用大大降低。随之，他们的封地以各种方式和理由被剥夺，而这也与随着帝国的扩大和巩固而走向中央集权化的趋势相一致。军事上的胜利带来了更多的财富，有利于中央集权的发展，实际上这是内陆亚洲征服民族走向定居化和中央集权化（即帝国化）的一个普遍特征。

财富的增加也使得苏丹有能力发动下一次战争。这个循环要求的就是治理技术的不断发展，具体就体现在税收和财政上。林佳世子这本书在税收问题上下了很大功夫，从征税调查、使游牧民定居化、剥夺和重构蒂玛尔、包税制的发展、地方法官和书记员的角色等方面，对帝国的财政能力做了详细讨论。比如，剥夺不用纳税的蒂玛尔、实行包税制，就为帝国带来了更大的财政收入。

关于帝国治理的问题，全书的另外一个亮点是讨论了苏雷曼大帝运用伊斯兰教完善统治、加强中央集权的问题，也就是16世纪后，随着阿拉伯地区被纳入帝国疆域，宗教知识分子乌莱玛阶层也开始了体制化。帝国开始赋予在首都最高学府的麦德莱赛中就读、接受哈乃斐派法学教育的学生以任官资格，并将学生登记，作为政府任命地方法官和麦德莱赛教授的基础，没有资格的则没有被任命的可能。政府有时还举行晋升职务的专门考试。但这个制度规定了乌莱玛晋升必须得到特定职务的上级乌莱玛的推荐，而具有特定职务的乌莱玛还有一个特权，即能够无条件让自己弟子进入上述"候补名单"。这个制度使得腐败问题产生，乌莱玛除了学习宗教之外，还要专门去经营人际关系以寻求升职。很快就出现了掌握晋升体系的乌莱玛大族。

四是关于帝国的衰败问题。作者指出,奥斯曼体制的终结是在18世纪末,当时,帝国已经非常虚弱,能够继续延续下去,是众多偶然因素集合的结果。她提出了评估帝国体制能否维系的三个界限:维持领土与和平的能力、基于伊斯兰的政权合法性原则、中央集权体制。到18世纪后半期,这三个方面都出现了问题,一个是帝国边疆出现了动荡,欧洲和俄国崛起,列强有能力干预奥斯曼帝国的边疆事务,引发了当地的不安和独立倾向;二是非穆斯林得益于跟欧洲的通商关系,经济地位上升,加上列强的干预,开始出现民族意识,原有的建立在伊斯兰基础上的统治合法性被动摇,而帝国加强管理的措施更进一步激发了当地的离心倾向;三是官僚系统的寻租现象日益普遍,削弱了中央政府的职能,而各地出现了众多地方实力派(阿扬),不断积蓄着对抗中央的实力。正是在上述背景下,奥斯曼帝国进入了近代,改革与衰亡进行着赛跑,直到一战后帝国灭亡。

除了以上的专题性讨论之外,本书至少还有如下几个特点。

一是作者重视对历史记载的解构。比如,关于奥斯曼帝国的前史,作者强调要重视其对手拜占庭方面的记载,而非后世奥斯曼帝国的叙述。她指出后者并非信史,后世所写的前史皆为杜撰,其目的是将自身追溯为突厥系游牧民的望族乌古斯的后裔、纯正的伊斯兰教徒，继承塞尔柱的王权。拜占庭人的一些记载则提到，奥斯曼集团的军队是由突厥系骑士和拜占庭人混编而成；奥斯曼人注重与基督教盟友的合作，有两个改宗伊斯兰教的基督徒军事家族发挥了重要作用，可以说是奥斯曼帝国的共同奠基者。对于和拜占庭结盟的事，奥斯曼后世的历史书写讳莫如深，而拜占庭史书则提供了更多细节。

二是作者很重视社会史，对农民、游牧民、城镇居民、不同宗教共同体、女性等都有专门的论述，使得这本小书内容非常丰富。比如，作者利用14世纪著名的穆斯林旅行家伊本·白图泰的游记，生动地介绍了当时安纳托利亚的社会状况。当地的伊斯兰化已经很深入，对于讲阿拉伯语并去朝圣过的人非常尊敬，认为他们来自文化的中心。城镇中已经形成了类似于行会或兄弟会的同业组织，除了日常管理，他们还有自卫和互助的功能，这类组织直到奥斯曼帝国时代一直延续着，在安纳托利亚的诸侯身边有犹太人医生、伊斯兰教法官和希腊侍者，作者推断这些多元特性在当地的诸侯国中很普遍。

三是历史评价不独尊中央集权国家的立场。随着帝国的疆域达到极限，皇位继承人的日益文弱化，后宫、禁卫军、大官僚家族、地方大员和实力派等等都开始发挥更大的作用，挑战了苏丹所代表的国家权威。但作者并没有完全从中央集权的角度来讨论这些问题,对于分权的、地方自治性的要求,作者给予了更为客观的评价。不管是禁卫军的社会化还是地方实力派的发展,它们对抗中央集权的努力也为特定群体和平民带来了益处。对于那些被中央集权所边缘化的群体,作者更是给予了某种带有感情色彩的、同情式的描述。

最后我想就日本的土耳其研究做一点简单介绍。[1]

我国学人对日本的中东—伊斯兰研究已经有一些介绍,不过主流学术界仍知之不多。对日本的土耳其研究,专门的介绍几乎还没有。笼统地说,日本的土耳其研究在很多方面已经达到了国际一流水平,而且还有自己的特色。中、日同属东亚文化圈,在问题意识、概念体系、研究方法等方面,日本学界的研究对

---

[1] 在这个方面,我参考了日本学者铃木董和永田雄三的相关文章。永田雄三:「近年のオスマン史研究の回顧と展望」,载『日本中東学会年報』,no. 30-2, 2014 年、145—150 頁;鈴木董编:『オスマン帝国史の諸相』,「序」,東京:山川出版社、2012 年、3—11 頁;Tadashi Suzuki, " From Central Asian Studies to Anatolian Studies—A Century of Turkish Studies in Japan," in *Orient*, Vol. XXXVIII 2003, pp. 117-134.

于中国学者来说应该有较大的借鉴意义。

日本学者在综述本国的土耳其研究时，往往注意提到几个重要的点。第一个是"突厥学"在日本的发展。这个领域主要起源于日本人对中亚和北亚突厥人历史的研究，对中国学者来说也完全不陌生，日本学者最初使用的资料主要也是中文的史籍，而且大家也都公认，日本有很强的中国语文学与中国历史的研究传统。"突厥学"实际上滋养了早期日本学界对土耳其历史（日本人也称之为安纳托利亚的土耳其人）的研究，一些日本的奥斯曼—土耳其历史研究者也是从"突厥学"转过来的，或兼顾这个领域的。限于篇幅，对此不做过多阐述。

第二个是经历明治维新的日本日益具有世界意识，在关注欧洲和俄国时注意到了所谓的"东方问题"，奥斯曼—土耳其人就这样自然而然进入日本人的视野。当时的日本政治界，尤其是外交领域即开始关注奥斯曼—土耳其。在二战前，日本政府曾推行大亚细亚主义政策，跟以奥斯曼—土耳其为中心的伊斯兰世界发生了密切关系。与此同时，日本也有较多人对土耳其国父凯末尔所推行的革命与变革颇有兴趣。这些都是推动日本各界关注奥斯曼—土耳其的因素。作为第一代关注和研究土耳其的日本学者，大久保幸次在1938年即创立了"回教圈研究所"，在该所发行的月刊《回教圈》上就可以看到日本人对土耳其研究的重视。

我们一般所谓"奥斯曼-土耳其研究"，在日本学界通常被称为"土耳其研究"，分为奥斯曼帝国史研究和现代土耳其研究。战后日本的土耳其研究，长期以来偏重奥斯曼帝国史，对现代土耳其的研究很少。不过，近年来日本的现代土耳其研究也有了很大发展。根据日本学者铃木董的说法，到目前为止，日本学术界对奥斯曼-土耳其的研究大致经历了六个"世代"，第六个也就是当下这个世代，也被称为"新世代"。

1958年出生的林佳世子属于第五代，即上个世纪80年代完成教育并在90年代崭露头角的一代学者。林佳世子于1988年修完东京大学东洋史学方向博士课程，专攻奥斯曼帝国史，她最初以穆罕默德二世时期的宗教捐献文件为出发点，研究奥斯曼帝国的宗教捐献制度，之后对伊斯坦布尔城市史进行了广泛且深入的研究，其第一部专著是1997年出版的《奥斯曼帝国的时代》(『オスマン帝国の時代』)。当前这本被翻译成中文的作品，最初是2008年由讲谈社出版的，2016年经修订后再版。从这部通史性的著作中可以看出作者在宗教史、制度史和社会史方面的专长。

根据永田雄三的介绍，因为有东洋学的传统，日本学界的历史研究非常重视"古文献学"。在奥斯曼帝国史的研究上，日本学界也有这个特点，甚至可以说是日本学界的一个特色。近年来日本的奥斯曼帝国史研究有了一些新动向：一是在奥斯曼帝国近代史的研究中引入了与日本进行比较的视角；二是更加重视对非穆斯林共同体的专门研究；三是使用绘画资料和文学作品，从事社会史的研究。林佳世子在书中即比较多地运用诗歌等文学作品来研究当时的社会舆论与政治状况，也比较注意绘画资料的使用，体现了奥斯曼史研究的新趋势。

总之，林佳世子这本书的引入对于加深我们对奥斯曼—土耳其历史的认识必定助益良多：它是日本学界关于奥斯曼帝国通史的高水平代表作，使我们得以初窥日本学者相关研究的深度和广度；它在很多方面具有新意，基本上体现了奥斯曼帝国史研究中的最新趋势，对环境史、国际关系史、世界体系论、经济史等全球史领域的新成果也尽可能地加以利用；它在结构上充分兼顾了历史的经度和制度、文化、社会的纬度，内容很丰富；语言平实、叙事生动，很多地方利用不同类型的原始资料来呈现历史的样貌，让材料说话，使读者更能贴近历史；翻译水平也比较高，从当前国内学术著作参差不齐的翻译水平来看，已属上乘，不仅通篇比较流畅,而且在诗文的翻译方面,颇为精彩,可以说是做到了信、达、雅。

昝涛

北京大学历史系副教授

土耳其研究中心主任

目 录

前 言 1
在土耳其追寻奥斯曼的历史 / 无继承者之国的"后裔" / 土耳其的奥斯曼帝国 / 奥斯曼土耳其帝国史的背后 / 本书研究的奥斯曼帝国 / 奥斯曼帝国是伊斯兰帝国吗？/ 何为奥斯曼帝国？

第一章 安纳托利亚时代（1050—1350） 13

建国序曲：11 世纪至 13 世纪的安纳托利亚 ……………13
地理概况 / 罗姆苏丹国和拜占庭帝国 / 君士坦丁堡和孔亚的统治者 / 安纳托利亚社会的重组

奥斯曼国家的形成 …………………………………………20
大旅行家的笔端 / 阿基主导的市镇 / 奥斯曼集团诞生的环境 / 奥斯曼集团的崛起 / 传说中的奥斯曼及其始祖 / 后世的杜撰 / 奥尔汗的时代 / 与基督教军事家族的合作

第二章 在巴尔干扩张（1350—1450） 35

向巴尔干进军 ………………………………………………35
名为巴尔干之地 / 14 世纪上半叶的形势 / 越过达达尼尔海峡——奥斯曼侯国进军巴尔干 / 穆拉德一世的征服 / 对属国的约束——巴耶济德的进攻 / 突然的瓦解——安卡拉之战 / 再统一的道路 / 穆拉德二世的时代

巴尔干的奥斯曼化 …………………………………………50
奥斯曼侯国"征服巴尔干"的再评价 / 有组织的掠夺 / 由属国到直接统治 / 蒂玛尔制——军事采邑 / 蒂玛尔制——统治农村 / 征税调查与分封蒂玛尔

培养"苏丹的奴隶"..........59

　　　耶尼切里军团的创立 / 德米舍梅制度 / 深宫中长大的"苏丹的奴隶"

第三章　在苏丹麾下战斗（1450—1520）65

　　　攻陷君士坦丁堡与十八次远征..........65

　　　苏丹时代开始 / 包围君士坦丁堡 / 君士坦丁堡的陷落 / 建设新都 / 被诅咒的伊斯坦布尔 / 东征西讨三十年 / 接受亚历山大大帝的权杖 / 两幅《书记员坐像》

　　　巴耶济德二世的时代..........80

　　　继承人之争与王子杰姆 / 稳中有进的对外关系 / 东安纳托利亚与萨法维王朝 / 塞利姆王子政变上台

　　　塞利姆一世的征服战..........87

　　　向萨法维王朝进军 / 查尔迪兰战役 / 占领东南安纳托利亚 / 向马穆鲁克王朝开战 / 征服埃及带来的影响

第四章　苏莱曼一世的时代（1520—1560）97

　　　"壮丽王"时代的开启..........97

　　　帝国史上的转折期 / 易卜拉欣·帕夏登场 / 宫廷侍童——从巴尔干贵族子弟到德米舍梅制 / 易卜拉欣·帕夏与埃及

　　　东南欧的海陆大战..........103

　　　攻占贝尔格莱德与罗德岛 / 匈牙利攻防战——包围维也纳 / 直接统治匈牙利 / 巴巴罗萨·海雷丁与普雷韦扎海战 / 向西地中海扩张 / 向红海和印度洋进军 / 海洋战略的放弃

　　　对萨法维王朝的战争..........113

　　　战争的特点 / 1534年远征波斯和伊拉克 / 伊拉克的圣地 / 易卜拉欣·帕夏之死 / 后两次远征

法律与统治 120
伊斯兰法与苏丹法 / 欧莱玛与谢赫伊斯兰 / 欧莱玛的任官资格制度 / 被边缘化的人们

伊斯坦布尔社会百态 127
清真寺之城 / 伊斯坦布尔的繁荣 / 谣言由何而生 / 许蕾姆王妃 / 鲁斯坦·帕夏的贪欲 / 帝国第一丑闻——穆斯塔法王子的处刑 / 诗人的吟唱与城市的声响 / 皇位之争的第二幕

第五章 奥斯曼官僚的时代（1560—1680）145

官僚统治阶层的兴起 145
"恭顺苏丹"的开始 / 索库鲁·穆罕默德·帕夏的时代 / 地中海局势 / 挑战限制的两大运河计划 / 漫长的高加索战役 / 与哈布斯堡家族的持久战 / 持久战的意义 / 后宫的职能

政治的乱局与归治 157
杰拉里叛乱 / 杰拉里叛乱的性质 / 奥斯曼二世遇害 / 穆拉德四世的时代 / 苏丹易卜拉欣的时代 / 寇普洛鲁·穆罕默德·帕夏恢复帝国秩序 / 对外重启战端

官僚们的政治舞台 167
奥斯曼的官场文化 / 军人政治家的道路 / 大宰相 / 省军政官 / 实力派的推荐与官场规则 / "衰退论"的缘起 / 苏莱曼一世的神化 / 以诗歌为武器的巴基

重建财政与军人的变化 180
财政赤字 / 缴纳货币的诸税种的改革 / 包税制的扩大 / 在乡骑士的动向 / 包税制的幕后 / 地方法官的职责 / 书记官僚 / 耶尼切里军团的变化 / 耶尼切里的副业——向市民转变

第六章　近世奥斯曼社会　193

生产者的世界 193
帝国的"普通人"/作为纳税者的农民/农业生产/游牧民/商人和手工业者/都市的发展/游走各地的大商贾

宗教共同体 203
伊斯兰教徒和非伊斯兰教徒的差别/基督教徒与教会/犹太教徒/伊斯兰教徒

女性的世界 211
女性与法庭/枷锁与权利/蒙塔古夫人的所见所闻/女性的财产权/长袍大袖/象征富裕与权威的毛皮/公主与母后

帝国的诗人 223
复杂的奥斯曼诗歌/诗人群体的扩大/奈弗的卡西迪/高官诗会与咖啡馆/讴歌爱情/恋童癖

第七章　繁荣中的不安（1680—1770）　233

战云再起 233
第二次包围维也纳/《卡尔洛夫奇条约》/战云下的财税改革/18世纪前半期的战争/耶尼切里军团的废弛/帝国的暮年/埃迪尔内事件

享受和平 243
伊斯坦布尔的新貌/享乐主义的流行/水泉之美/消费的18世纪/兴建图书馆/印刷术的发展/都市的公共场所——咖啡店和教会组织/神秘主义教团的活动

终身包税制与阿扬的兴起 253
终身包税制/金融业者的兴起/阿扬的兴起/两大阿扬家族/包税连接起来的世界/帝国经济与欧洲商人

第八章　奥斯曼体制的终结（1770—1830）263

走向终结的时代 263
近代的萌芽 / 三个界限

界限一：在国际关系中维持领土的界限 265
帝国边缘的动摇 / 摩尔多瓦与瓦拉几亚 / 克里米亚汗国 / 埃及 / 南伊拉克 / 北非 / 阿拉伯半岛 / 领土的丧失与保护

界限二：统治正当性的动摇 274
奥斯曼统治的正当性 / 教会组织的改建 / 抵制费内利奥特家族 / 保加利亚主教的自白

界限三：中央集权制的瓦解 281
官僚体系的变质 / 各地的阿扬 / 对阿扬的制约

第五次俄土战争的冲击 287
依赖非正规军的奥斯曼军队 / 战争的经过 /《库楚克—凯纳吉条约》/ 俄土战争的启示

向近代国家转换的五十年 292
新体制构筑的课题 / 作为方法的"西欧化" / 军制改革 / 讨伐阿扬 / 塞尔维亚的自治 / 希腊的独立 / 埃及的新动向 / 欧洲的经济侵略 / 国内的各项改革 / 近代化的起跑线

结语　在民族国家的浪潮中　309

两百年近代化之路：巴尔干、安纳托利亚和中东 / 近代奥斯曼帝国的步伐 / 巴尔干各国的道路 / 土耳其民族主义和土耳其共和国 / 阿拉伯地区的巨变 / 奥斯曼帝国的记忆

术语译注 323
参考文献 329

历史年表 337
译者后记 345

前　言

在土耳其追寻
奥斯曼的历史

访问现代的土耳其共和国，到达伊斯坦布尔，你会感觉这里作为奥斯曼帝国的都城承载着历史的荣光：壮丽庞大的清真寺，精巧细密的托普卡帕宫殿、历经繁华的巴扎（市场）……

然而，离开伊斯坦布尔，进入安纳托利亚地区，奥斯曼帝国的历史印记逐渐淡薄。安纳托利亚中部的纪念碑等遗迹，多数是早于奥斯曼帝国的罗姆苏丹国遗留下来的，属于波斯风格。在地中海和爱琴海沿岸，希腊和罗马时代的历史遗迹非常宏大，从中找不到奥斯曼帝国的任何印记。这种落差从何而来呢？

在安纳托利亚的每个城镇，若仔细观察，都会发现一两处奥斯曼帝国时期遗留下来的地道的清真寺、学校、浴场或者大巴扎，而且，这些建筑通常还在使用。这样规模的奥斯曼帝国时期的建筑物，在从匈牙利到希腊的欧洲各国，在叙利亚、埃及等北非阿拉伯国家也可以看到。在安纳托利亚地区的城镇，纪念奥斯曼帝国的建筑物虽然并非随处可见，但也为数不少。

简单的事实表明，安纳托利亚地区，即现在的土耳其并非奥斯曼帝国的唯一领土，或者说也不是固有领土。本书认为：历史上的奥斯曼帝国是以巴尔干半岛大国的身份成长起来，后来征服了安纳托利亚的大部分地区。它并非由发源于安纳托利亚的土耳其人以安纳托利亚为据点建立起来的帝国。

所以，奥斯曼帝国不能限定在当代土耳其的领土范围内去考察。在奥斯曼帝国的统治下，大部分突厥系民族和巴尔干各民族、阿拉伯民族一样，也都是被征服者。对于统治阶层的民族归属，只能说奥斯曼帝国的统治者对"奥斯曼人"这一称呼有认同感，而这种认同感是后天获得的。用现代视角来看，加入"奥斯曼人"这一集团的有塞尔维亚人、希腊人、保加利亚人、波斯尼亚人、阿尔巴尼亚人、马其顿人、土耳其人、阿拉伯人、库尔德人、亚美尼亚人、高加索地区各民族、克里米亚塔塔尔人等，还有少量的匈牙利人和克罗地亚人。这样看来，探讨哪个民族在统治奥斯曼帝国并无意义。奥斯曼帝国"不属于任何人"，没有国家以奥斯曼帝国的继承者自居。

但是，只有土耳其人被视为奥斯曼帝国的后裔，这是为什么呢？

无继承者之国的"后裔" 换个角度说,为何土耳其以外的民族不被视为奥斯曼帝国的后裔?

答案是:从巴尔干半岛到阿拉伯世界的许多国家,都是从奥斯曼帝国脱离出来,在特定历史阶段,与奥斯曼帝国处于敌对状态,并在此后完成建国进程。所以,巴尔干半岛和阿拉伯国家都否认"奥斯曼帝国后裔"的身份。

而且,19世纪后半期以来,很多相关国家都将自身的结构性问题视作"奥斯曼帝国的负面遗产",将责任推给过去的奥斯曼帝国。其结果是,他们不可能把自己看作有主体性的"奥斯曼帝国后裔"。将自己视作奥斯曼受害者的论调,在巴尔干各国和阿拉伯国家的政治中随处可见。在上述地区,奥斯曼帝国被视为土耳其人的国家,是许多国家为加强国民团结而制造出来的通俗易懂的假想敌。

类似的事情也发生在土耳其共和国。在土耳其,奥斯曼帝国也曾被否定。这种对奥斯曼帝国的否定是从一种"与其说是继承者,不如说是受害者"的认知出发的。也许各位读者并不知晓,土耳其共和国早期的历史教科书充满了浓厚的土耳其民族主义色彩,把中亚的突厥族、土耳其民族的西进、安纳托利亚的塞尔柱王朝和土耳其共和国的历史联系起来,而奥斯曼帝国则被否定。

也就是说,在19世纪末20世纪初诞生的民族国家,拒绝将"不属于任何人"的奥斯曼帝国视作自身历史的一部分。但是,上述巴尔干各国与阿拉伯国家都有形无形地继承了奥斯曼帝国的遗产，除了作为负面遗产的迟来的近代化，奥斯曼帝国的官僚制度、政治文化、生活习惯等也都在无意中被留存下来。这些绝非土耳其的影响，而是奥斯曼帝国的共有遗产。

奥斯曼帝国治下的民族关系的实态并未被厘清，但总是被作为负面遗产强调，连现代巴尔干与中东地区的民族纷争也被归因于此。然而，未被厘清的历史上的民族关系并不构成负面遗产。相关地区的民族纷争是20世纪国际关系与各国国内政治相互作用的结果。

土耳其的奥斯曼帝国

实际上，奥斯曼帝国的历史存在着巨大断裂。在19世纪以前，"不属于任何人"的奥斯曼帝国，于18世纪末19世纪初走向了终结。随后的一百年里，"近代奥斯曼帝国"处在新的世界秩序中。经过持久的抗争，各民族国家走向独立，最后余下的部分就是"土耳其人的国家"。从这段历史来看，土耳其共和国自然被视作奥斯曼帝国的继承者，因为到最后，帝国的继承者回归到了帝国的发源地。

当然，这里面也有曲折纡回。土耳其共和国以安卡拉而不是伊斯坦布尔为首都正表明了这一点。共和国成立后约二十年的时间，奥斯曼帝国与伊斯坦布尔对新政权来讲是禁忌。但是，共和国将伊斯坦布尔这一有形遗产继承下来。奥斯曼帝国以土耳其语为官方语言也是不争的事实。奥斯曼家族是突厥系游牧部落出身，土耳其共和国的领导阶层也有很多来自奥斯曼帝国。土耳其共和国实现政治稳定以后，禁忌就被淡化。无人接受的"奥斯曼帝国继承者"的身份甚至成为土耳其共和国的"资本"。

结果，下述历史事实都被尘封于故纸堆中，很少有人提起：承载着奥斯曼帝国荣光，享有很高声誉的常备军核心力量耶尼切里（Janissary，新军）军团中几乎没有土耳其人；伊斯坦布尔那些华丽清真寺的设计者不是土耳其人；"土耳其人"一词在奥斯曼帝国是指农民和牧民；土耳其系的游牧民族经常发起对奥斯曼帝国的苏丹的叛乱。吊诡的是，奥斯曼帝国的荣光竟然最终都归属了土耳其。

在只有民族国家才具备"国家"资格的20世纪，将奥斯曼帝国等同于土耳其人的国家并非没有道理。最初，作为帝国邻居的欧洲人，不能清楚表述奥斯曼统治者的特质，他们只是把奥斯曼视作"土耳其人统治的土耳其国"，这样，奥斯曼帝国就和现代的土耳其共和国联系在一起。

对土耳其共和国而言，全盘继承奥斯曼帝国昔日的荣光，是有效的宣传手段，但也有政治风险。今天依然如此。在已经缺少宗教和政治禁忌的时代，奥斯曼帝国历史的荣光能够激发作为伊斯兰教徒的土耳其人的民族意识。但是，风险总是与价值并存，在从巴尔干到中东的广大地区，把一切纷争的责任归咎于历史上的土耳其人的说法在社会大众中颇为流行。

无论如何，奥斯曼帝国绝非仅仅是土耳其人统治的国家，但帝国灭亡以后，其历史逐渐"土耳其化"。

奥斯曼土耳其帝国史的背后

奥斯曼帝国的过去被误认作是土耳其人的国家、"奥斯曼土耳其"的历史，但这一历史并不全面，而且引起了两个问题：

第一，土耳其共和国以外的国家，无法理性地面对奥斯曼帝国的统治时期。如前所述，巴尔干国家和中东国家，把奥斯曼帝国的时代看作是被土耳其人统治的黑暗时代，将近世以来本地区取得的各类进步作为鼓舞民族主义的道具。

第二，"没有继承者"的奥斯曼帝国的体制不被充分认识。包括多民族在内的奥斯曼社会，在多种因素的作用下能够与时俱进，其动力究竟何在？人们对这类问题还缺乏思考。结果，在欧洲国家的印象中，16世纪的奥斯曼帝国（或伊斯兰文明）的形象就是刻板的"土耳其人的威胁"，而曾经辉煌强大的奥斯曼帝国步入了漫长的衰落期，沦落为西欧文明的仆从，更是助长了"西欧中心论"。实际上，经过14世纪至18世纪的兴衰，到近代的19世纪奥斯曼帝国仍占据着广阔的领土，堪称影响欧洲政治的一极。

本书研究的奥斯曼帝国

本书探讨的奥斯曼帝国的历史，从14世纪初奥斯曼国家形成起，到19世纪初为止，总计五百年左右。奥斯曼国家是"奥斯曼家族的国度"，将其视作奥斯曼王朝更为合适，在国家形态上，它在15世纪中叶形成帝国。有鉴于此，本书的奥斯曼国家在14世纪称为"奥斯曼侯国"，15世纪中叶至19世纪初称为"奥斯曼帝国"。19世纪初至1922年的奥斯曼帝国历史只简单涉及。这种写作上的构想，除作者才疏学浅和篇幅所限外，还有下述原因：

首先，到19世纪，在本书描写的这片广阔疆域之上，已经不再单纯是奥斯曼帝国的历史，分裂或独立而诞生的新国家都属于奥斯曼帝国的"后裔"。19世纪的奥斯曼帝国只是诸多"后裔"中最大的一员。

其次，近代奥斯曼帝国已经采纳了从各个方面看都和前近代时期迥异的诸多体制，在19世纪民族主义和殖民主义的漩涡之中，奥斯曼帝国必须面对来自西方殖民主义的挑战，其自身的民族主义也在形成。

可以说，将辽阔疆域置于真正意义的奥斯曼帝国统治下的体制到18世纪末已经消亡。"不属于任何人"的奥斯曼帝国是由特定的体制维持运转的，可以说，在这一地域，奥斯曼帝国在事实上已经消亡。表面看，从14世纪至20世纪，奥斯曼家族的苏丹一以贯之地统治着这个国家，但很难说奥斯曼帝国是跨越了"前近代"与"近代"之间的门槛。

本书探讨的是前近代的奥斯曼帝国作为一个政治实体逐步崛起、兴盛、走向衰亡的五百年历史。其形成的动因和发展的机制是特有的。如果把欧洲视作一个政治单位，奥斯曼帝国同样可以自成一体。19世纪以前，类似的动因和机制，在世界各地或许都存在过。

大约在奥斯曼帝国走向衰亡的同一时期,包括日本在内的亚洲诸国的发展机制也面临崩溃。世界各地的历史进程有时间差,但各国依然大致处于"同一世界"。掌握着变化主导权的欧洲各国,也是踏着"同一世界(全球化)"的分化组合进程中的惊涛骇浪前进。对于"同一世界"的形成,奥斯曼帝国也扮演着重要的作用。本书在相关章节将详细解析。

奥斯曼帝国是伊斯兰帝国吗?

本书要研究的前近代的奥斯曼帝国是一个持续了五百年,经常被冠名为"土耳其帝国"或"伊斯兰帝国"的国家。实际上这两个标签都不符合事实。奥斯曼并非"土耳其帝国"的问题已经阐明,那么,它是"伊斯兰帝国"吗?

对此问题的回答必须有所保留,因为这和伊斯兰帝国的定义相关。必须注意,"伊斯兰"的含义是模糊的。如果把伊斯兰帝国界定为"尽力扩大伊斯兰教,国家的运行与社会生活体现伊斯兰教理念"的国家,前面问题的答案是否定的。

奥斯曼帝国确实高举伊斯兰教的旗帜,但帝国统治者只是以"为了伊斯兰教"的名义,宣扬包含正义和公平在内的普世理念,以及为了在战争中取胜而已。他们和同样挥舞着宗教大旗的基督教徒作战,二者殊途同归。比如,奥斯曼帝国与哈布斯堡家族统治下的奥地利的战争,都是为了争夺带来财富的领土。宗教作为精神武器，能鼓舞士气，但这仅仅是宗教的一种职能而已。在此只强调奥斯曼帝国与宗教的关系，则会产生误解。

不过奥斯曼帝国确实利用了伊斯兰式的统治方法。换言之，即"运用伊斯兰教法治国"。对奥斯曼帝国来说，运用伊斯兰教法在多重意义上都有优势。

首先，奥斯曼帝国建立以前，伊斯兰教法就已经形成体系。它作为权威被广泛接受，有利于统治的稳定。其次，伊斯兰教法是非常具有包容性的法律体系。因此，与伊斯兰教法毫无关系的奥斯曼帝国的世俗规则也能够纳入该体系。再次，伊斯兰教法对于如何统治和对待非伊斯兰教徒做了原则性规定。后文还将提到，奥斯曼帝国虽然是在伊斯兰教徒较少的地区建立的国家，不过"依据伊斯兰教法统治非伊斯兰教徒"这一原则和正当性就由此而来。

在上述意义上，伊斯兰教法对奥斯曼帝国很重要，重视这一点，称其为伊斯兰帝国也并非不可以，但是，整个国家利用伊斯兰教及其法律体系这一事实仍不应该被过分强调。帝国的许多措施都是打着伊斯兰教的旗号推行的，但这些举措的实质更为重要。若想当然地称奥斯曼帝国为"伊斯兰帝国"，我们对许多历史事实都无法做出合理的解释。

何为奥斯曼帝国？

既非"土耳其帝国"，亦非"伊斯兰帝国"，那么，奥斯曼帝国究竟是怎样一个国家，又经历了怎样的历史变迁呢？这正是本书要说明的主题。

先说结论：奥斯曼帝国是继承巴尔干、安纳托利亚和阿拉伯地区既存文化传统，吸纳各类制度，有效统治上述区域的中央集权国家；帝国通过在周边的对外战争，维系着内部的安定与和平。

以16世纪末的体制变化为界线，可以对奥斯曼帝国的历史分两阶段加以说明。

国家财政的本质是中央政府将税收收入在统治阶层中分配，以确保其承担相应的义务。由分权传统的游牧民族建立起来的、依靠征服来维持的国家形象，和奥斯曼帝国的实态相去甚远。五百余年的奥斯曼帝国史就是一部中央集权的历史。长时间形成的中央集权体制走向衰落，奥斯曼帝国自身也要从内部开始走向解体。在此期间，奥斯曼帝国的中央集权制的实质究竟是什么？探究国家的内在问题就是本书的目的。

对奥斯曼帝国历史的研究在最近二十年进展很快，这是很多因素影响的结果，但归根结底是由于巴尔干局势、中东局势受到了广泛的关注。学术界从现实出发，进而关注奥斯曼帝国的历史问题。此外，各种史料的公开和国际间的学术合作，也支撑着脚踏实地的奥斯曼帝国史的研究。

随着研究的深入，一些不言自明的既有结论受到质疑，新的历史解释层出不穷。比如，奥斯曼帝国并非"在16世纪最为繁荣，随后就逐渐衰退"，这一事实已经被从各个角度证明。现在的研究进展很快,也许十年之后,奥斯曼帝国会显示出新的历史形象。奥斯曼帝国史还有很多不解之处,本书若能介绍近年来研究成果的大概面貌,则已是荣幸。

# 第一章

安纳托利亚时代（1050—1350）

建国序曲：11世纪至13世纪的安纳托利亚

地理概况 安纳托利亚三面环海，由高原和丘陵构成，向南延伸至叙利亚和美索不达米亚平原，向东经过伊朗高原到达中亚。安纳托利亚中央是高原，南北的边缘部分是山脉，地势西低东高，呈阶梯状。大河较少，中央安纳托利亚的降水集中在冬季，年均四百毫米左右。农业靠自然降水，种植秋小麦。不过，安纳托利亚总体上人口密度很低，广阔的平原包围着村落及其周边的耕地，逐渐向山区过渡。

安纳托利亚的大部分地区自公元前2世纪以来，便是罗马帝国（前27—395）及东罗马帝国（395—1453，又称拜占庭帝国）的一部分。从11世纪开始，当地人口多数是希腊和亚美尼亚的基督教徒，受皇帝与教会统治。不过，安纳托利亚的南部，从7世纪阿拉伯大征服以来，一直处于伊斯兰教王朝的统治之下。11世纪时期，这片土地归属于塞尔柱王朝。居民由亚美尼亚人、库尔德人和阿拉伯人构成。在塞尔柱王朝的统治下，现代土耳其人的先民在此开始了活动。

土耳其人的祖先属于突厥族。突厥系的游牧民族从东向安纳托利亚的高原部分（拜占庭帝国治下）的大规模迁徙始于11世纪初期。这些游牧民族，带着羊群奔向安纳托利亚广阔的草原和山地。冬季和夏季，他们在不同的营地之间转移。这种移动性让他们和定居农民的区分非常明显。不过，在这种冬春的游牧循环固定下来之前，经常出现他们劫掠农村和城市的行为，因为机动力强的游牧民很容易转化为山贼。

移民的浪潮持续了大约一个世纪。特别是在1071年，在安纳托利亚东部的曼齐刻尔特战役中，波斯的塞尔柱王朝的军队击败了拜占庭皇帝罗曼努斯率领的军队，此后，移民浪潮进一步加速。塞尔柱王朝皇室的旁支、突厥系游牧民族的上层都加入其中。他们在塞尔柱王朝的统治下属于非主流派，因此前往安纳托利亚寻求新的生存空间。

随着他们登上政治舞台，安纳托利亚地区的新生力量——突厥系游牧民的社会中，逐渐形成政治核心。最终，1077年，塞尔柱王朝的旁支从波斯的本家分离出来，建立了罗姆苏丹国。游牧民以部族为纽带，因此其组织化（形成国家）的过程很迅速。

12世纪后半期的安纳托利亚 安纳托利亚西部的拜占庭帝国、高原部分的罗姆苏丹国和达尼什曼德王朝三足鼎立。12世纪80年代,罗姆苏丹国统治区域扩大

这种新的政治构造又加速了突厥系游牧民族的西迁。

罗姆苏丹国和拜占庭帝国

在中央安纳托利亚自立的罗姆苏丹国,一举扩张到西安纳托利亚的尼西亚(现称伊兹尼克),并暂时在此建都。但是,1097年第一次东征的十字军,和拜占庭帝国的军队联合起来,夺回了尼西亚。罗姆苏丹国被迫放弃爱琴海沿岸的平原部分,撤回到高原的孔亚地区。随后,12世纪的安纳托利亚,罗姆苏丹国、同属突厥系的达尼什曼德王朝和西部的拜占庭帝国鼎足三分。由于三方力量均衡,12世纪安纳托利亚高原的政治版图相对稳定。

拜占庭帝国在11世纪上半期达到鼎盛,在随后的半个世纪却丧失了安纳托利亚的大部分地区。但是,在12世纪科穆宁王朝时期,拜占庭帝国的国力有所恢复,通过和两个突厥系国家保持战略同盟关系,维持其势力。曼努埃尔一世统治后期的1176

年,拜占庭帝国在孔亚以西的密列奥塞法隆被罗姆苏丹国大败,但是依然维持着对西安纳托利亚沿海地区的控制。

13世纪初,安纳托利亚形势巨变。威尼斯主导的第四次十字军东征占领了君士坦丁堡,1204年建立了拉丁帝国。拜占庭皇族被迫逃亡到尼西亚和特拉布宗,建立流亡政府,直到1261年才还都君士坦丁堡。拜占庭帝国通过巧妙的外交手段,在安纳托利亚保存着自己的命脉。

另一方面,在安纳托利亚的中部和东部,罗姆苏丹国灭掉了达尼什曼德王朝,占据了大部分安纳托利亚,并在13世纪上半期达到全盛。时至今日,那些装饰主要都市的波斯风格的建筑,依然在诉说着罗姆苏丹国昔日的荣光。

但好景不长,13世纪中期,罗姆苏丹国被蒙古军队击败。随着罗姆苏丹国的衰落,安纳托利亚出现了突厥系小国林立的状态。1261年还都君士坦丁堡的拜占庭帝国,也在这种混乱中失去了安纳托利亚西部的大部分领土。几乎整个安纳托利亚都处于突厥人的控制之下。正如后文所说,不久,奥斯曼率领的政治集团诞生在混乱的西安纳托利亚,并成为奥斯曼帝国。

君士坦丁堡和孔亚的统治者

在长达二百年的政治发展中,安纳托利亚社会到底发生了怎样的变化呢?提供答案的线索并不很多。因此,从连年征战、开疆拓土,以及作为其结果的安纳托利亚的突厥化和伊斯兰化来看，或许会有观点认为这一地区出现了一种民族纯化的过程，即作为基督徒的希腊人被驱赶或杀戮，整个安纳托利亚逐渐成为从东方入侵的突厥人这一伊斯兰教徒的天下。

但历史事实和我们的臆断可能大相径庭。一部分突厥人虽然进入了希腊人占多数的广袤土地，但在数量上却未必能超过后者。突厥化和伊斯兰化都是长期接触之后产生的结果。在这一时期，安纳托利亚对峙的政治势力——罗姆苏丹国和拜占庭帝国并非只是刀兵相向。

首先，在罗姆苏丹国的孔亚宫廷和拜占庭帝国的君士坦丁堡宫廷之间，人员交流非常频繁。综观罗姆苏丹国的历史，其宫廷中为突厥裔君主服务的拜占庭出身者不在少数。另一方面，在拜占庭的宫廷里也有突厥裔的家臣群体。从拉丁帝国夺回君士坦丁堡，并创立帕列奥列格王朝的米哈伊尔八世，就有在罗姆苏丹国工作的经历。

罗姆苏丹国时期的文化 上图是建在科尼亚到阿克萨赖路上的驿站（kervansaray）。13世纪前半期。建造者是罗姆苏丹国的君主卡伊库巴德一世。下图是当时的青铜工艺品。这个时代制作了优秀的以人物或动物主题的石雕及地砖。笔者拍摄

这样的人员交流并非仅限于罗姆苏丹国和拜占庭帝国之间。当时的安纳托利亚与巴尔干半岛诸国之间，政治避难、人质交

换、政治婚姻都属于家常便饭,这种交往已经超越了伊斯兰教和基督教的文化圈。为调整纠缠的政治关系,贵族上层人物随意改宗的情况也屡见不鲜。拜占庭帝国政府使用希腊语,罗姆苏丹国的官方语言是波斯语,但突厥系的达尼什曼德王朝的货币上刻的是希腊文字。

军事上,罗姆苏丹国和拜占庭帝国都是混编军队。众所周知,当时的拜占庭帝国军队是由雇佣军和同盟国派遣的军队组成。其中,佩切涅格人、钦察人组成的突厥系部队占重要的一部分。罗姆苏丹国的军队是各部族的联合军队,还有俘虏构成的奴隶军团。拜占庭方面的史料显示,罗姆苏丹国的军队中有很多讲希腊语的混血军人。因罗姆苏丹国内部的纷争,一些部族加入拜占庭帝国,有些也会加入拜占庭军队。也就是说,罗姆苏丹国与拜占庭帝国的统治阶层,与学者的预想相反,并非完全异质。

罗姆苏丹国在与拜占庭帝国交往的过程中,为学习治国方法,任用了部分波斯人,积极引入伊斯兰式的统治与文化。结果,宫廷中的波斯文化结出了硕果。不过也不可否认,罗姆苏丹国的统治阶层中,还有很多拜占庭出身的人。从这一思路再往前思考,则会知道波斯风格的文化在拜占庭宫廷内部也一度流行。

安纳托利亚社会的重组

在以农村为中心的广大地区,安纳托利亚农民和移民而来的突厥系游牧民的交往具有两重性。

作为普通生产者,游牧民和农民生活方式不同,二者共存。他们经常买卖和交换谷物与畜产品。据研究,海拔五百米等高线是希腊系的农民与突厥系游牧民生活区域的分界线。

虽说如此,游牧民很容易转化成草寇,去抢夺农民的劳动果实。特别是在政治混乱的时代,这种掠夺已经具有"正当性",而且司空见惯。这种负面的接触也应该不少。

掠夺者中的部分人,渐渐以抢夺为业。他们作为没有主君的骑士,在无数小股政治力量的博弈中异常活跃。12、13世纪在安纳托利亚出现的口头传播的英雄传奇里,充斥着类似的情节:农民遭到骑士的抢劫,村庄陷入混乱,于是逃亡到有坚固防卫的城镇,等待另一阵营骑士的营救。这些骑士把敌方看作没有宗教信仰的人而随意地加以掠夺,不久他们被称作"加齐"(圣战的战士),掠夺行为也被美化为"圣战"。但本质上掠夺就是掠夺。掠夺的结果是,安纳托利亚地区的很多城镇遭到反复袭击,沦为废墟。

经历了和平的商业贸易和武力的弱肉强食,安纳托利亚的居民缓慢地向伊斯兰教改宗。从伊斯兰教已经渗透到的地区中可以看到,一旦新的政权确立,就先由权力的中间阶层开始改宗,之后再逐渐向普通民众扩散。其中有些改宗者是为了确保经济利益与人身安全吧。另外,信奉萨满教的突厥系游牧民族被逐渐引导而接受了伊斯兰教。与此同时,不可忽视的一点是,以信仰作为人神交流中介的圣人为基础,带有神秘主义性质、当地固有特点的伊斯兰教，也被安纳托利亚的基督教徒所接受。

成为伊斯兰教徒的安纳托利亚居民，逐渐和那些在新土地上放弃游牧而定居的突厥系居民相互融合，成为新的安纳托利亚的农村人口。这些变化的结果是，虽有地域差异，但是到13世纪末，伊斯兰教徒已经占总人口的80%，在语言上，土耳其语也占据优势。

只是，这些变化是各种偶然因素综合作用的长期结果，在安纳托利亚的版图上，人口、民族、宗教的分布呈现出色彩斑驳的状态。只占总人口20%的不同教派的基督徒，以及不同语言在伊斯兰文化和土耳其语的大熔炉里一直存续到20世纪。

今天生活在安纳托利亚（约占土耳其共和国国土面积的97%）的人们，自然就是上述文化交流、宗教改宗、民族融合的结果。那种认为当代土耳其人都来自中亚的观点，只不过是一种具有罗马主义倾向的土耳其民族主义的产物。

奥斯曼国家的形成

在大旅行家的笔端　　经历了二百年的土耳其化和伊斯兰化，现代土耳其人的祖先步入了小国林立、诸侯割据的时代。在14世纪前半期，一位阿拉伯知识分子游历了安纳托利亚。他就是著名旅行家伊本·白图泰（Ibn Battuta，1304—

安纳托利亚诸侯国与伊本·白图泰的足迹　伊本·白图泰在 1332 年开始了在小国林立的安纳托利亚的旅行。诸侯国的国境是 14 世纪中期的状态，带箭头的虚线表示伊本·白图泰的足迹

1369）。他的游记虽然有些纰漏，但对于很少有同时代记录的安纳托利亚，史料价值极高。我们从中可以感受到生活在 14 世纪的安纳托利亚并与伊本有接触的人们的气息。

伊本·白图泰开始在安纳托利亚旅行时才二十八岁，但这位年轻人受到了非比寻常的欢迎。他在游记中写道："我们的投宿令主人感到无上荣幸。"在某个小镇（拉孜库），为招待伊本·白图泰一行，两群人互相争斗，竟变成拔刀相向的骚乱。尽管这记载中有一些自负和夸张，但他确实曾经受到各地部落酋长和小国君主的欢迎。这究竟是为什么呢？

答案或许是伊本·白图泰及其同伴讲阿拉伯语，是曾经去麦加朝圣的有学问的人。对于刚刚接受伊斯兰教的安纳托利亚人来说,从阿拉伯世界来的客人,是从文化中心、世界中心来的。欢迎伊本·白图泰表达了安纳托利亚人对遥远的麦加和阿拉伯世界的敬畏。

阿基主导的市镇

在伊本·白图泰所遇见的人中,给他留下最深印象的是安纳托利亚的城镇中被称为"阿基"(akhi)的人。他们是靠精神纽带连接在一起的城镇职业组织的会长,在城镇中影响力很大。以阿基为会长的团体,在自己的修道场(khānqā、zāwiya)招待了伊本·白图泰三天。加入该团体的手工业者结成了称作阿基利奇(ahilik,阿拉伯语称作Fütüvvet)的模拟兄弟关系,在工作后聚集在修道场。这群人特别重视行业仪式和业界的朋友,不时地设宴欢迎外地旅游者。

例如,在安塔利亚招待阿拉伯客人的修鞋业阿基在伊本·白图泰眼中简直就是一个柔弱的穷光蛋,但实际上他在城镇中很有势力,是该行业人士推举出来的人。在战乱持续,时不时会失去军事保护的安纳托利亚小城镇,这种由同业人士组成的模拟兄弟团,无疑是承担居民自卫和相互扶助任务的重要组织。事实上,在很多城镇都可以看到携带武器的他们。

但是,这类组织的基础是职业集团,是商人和手工业者组建起来的。因此,后来奥斯曼帝国都市中发达的工商业基尔特(guild,土耳其语称作 esnaf)的源流便可以追溯到这一兄弟团。事实上,16世纪以后奥斯曼帝国的部分基尔特组织还保留着供奉职业保护神和佩戴职业标志的习惯，延续过去兄弟团的传统。

此外，伊本·白图泰的游记包含着下面一些很有意思的信息。首先，他认为当时还是一个侯国的奥斯曼国在当地最具备实力。他写道："在突厥系游牧民的众多君王中，奥斯曼苏丹拥有其他人无法匹敌的权力。他占有的财产、领有的土地、率领的军队数量也是最多的。他拥有将近一百座城池和要塞……"另外，虽然没有和奥斯曼苏丹会面的记载，但是在和其他侯国的君主会面的时候，伊本·白图泰也目睹了当地的很多风俗习惯。在安纳托利亚这些君主的周围，活跃着犹太人医生，君主们在侧近也设置了伊斯兰教法官，表明他们引入了伊斯兰式的统治方式。此外，许多好看的希腊出身的奴隶作为宫廷侍童，享受很好的待遇。奥斯曼帝国在政治和文化上的很多习惯，已经在安纳托利亚这些小侯国有所显现。

奥斯曼集团诞生的环境

在伊本·白图泰到达安纳托利亚的1332年，已经崭露头角的奥斯曼侯国的领袖是奥尔汗。该侯国在奥尔汗的父亲奥斯曼一世（Osman I, 1258—1324）统治时期自立，并且以奥斯曼的名字命名，但是，关于奥斯曼以及其父埃尔图鲁尔（Ertuğrul）的确切记载却很少。原本，对于确有埃尔图鲁尔其人的唯一证据是在伊斯坦布尔考古博物馆保存的一枚刻有"埃尔图鲁尔之子奥斯曼"字样的硬币（据说也有另外一枚同样的硬币在私人收藏家手中)。不过，这类硬币出土数量太少，因而真伪难辨。依据奥斯曼侯国和拜占庭帝国两方面的史料，能够确信的是奥斯曼一世之后的历史。

如前所述，13世纪上半期，安纳托利亚还沐浴在罗姆苏丹国的文化繁荣之中。但是，1240年，当地的苏菲派掀起了一场叛乱，罗姆苏丹国的内政陷入混乱。而蒙古军队对西亚的入侵，则火上浇油，并导致长期混乱。

由东方袭来的蒙古军队，在1220年攻击了花剌子模沙王国，席卷了中亚和波斯的霍拉桑地区。因此，当地众多突厥系的游牧民族西迁，涌入安纳托利亚。花剌子模沙王国的末代君主札兰丁·明布尔努也逃往安纳托利亚，部分蒙古军队随后追击而来。在1243年克塞山（Köse Dağ）战役中，罗姆苏丹国被蒙古军队击败，不久就臣服于暂以伊拉克为政治中心的蒙古伊利汗国。

这样，13世纪中叶以后，罗姆苏丹国丧失了权威。在安纳托利亚的中部和东部，众多自称是突厥系血统的君主统治的小国家分立，还有一部分处在蒙古伊利汗国统治下，整个地区进入了"战国时代"。此外，这一地区还受到南部的马穆鲁克王朝和西部拜占庭帝国的干涉。

面对这样的状况，安纳托利亚西部陷入了更大的混乱。因为从突厥系、蒙古系强大部族脱离出来的大量小规模骑士集团和苏菲主义教团纷纷涌入安纳托利亚西部，远比中央安纳托利亚的侯国小的流氓集团四处割据。

奥斯曼一世率领的集团，就是在这种背景下产生的。该集团是安纳托利亚地区尚无根据地的小政权，一种说法认为其曾隶属于楚邦王朝和桑达尔（Jandarids, 亦作 Isfendiyarids）王朝，但具体起源尚无定论。或许奥斯曼集团只是无数流民集团之一。他们从炫耀血统纯正的游牧民部落军队中脱离出来，在实力决定一切的混乱边境中求生存。这股势力和安纳托利亚其他有着光辉历史的正统国家相比，明显是支流末派。

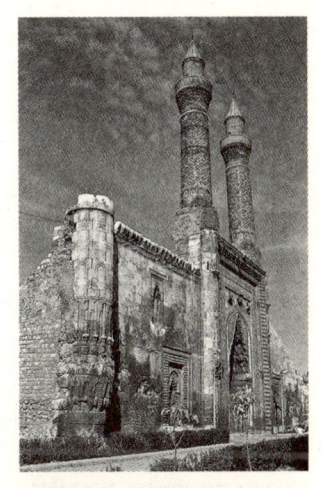

锡瓦斯的伊利汗国的建筑　伊利汗国大宰相主持修建的伊斯兰宗教学校（madrasah）。目前还保留着嵌有美丽雕刻的正门和两侧的圆形塔

奥斯曼集团的崛起

奥斯曼一世的出身，以及他如何率领他的战士从无数流民集团中脱颖而出，史料也语焉不详。一两百年后，奥斯曼帝国史官书写的"早期史"，都属于传说和杜撰，几乎没有历史性的事实。

不过，拜占庭的史料可以说明一些事实。拜占庭帝国的史家怎么也没想到，他们眼前的"奥斯曼等人"后来竟建立了一个庞大的帝国。因此，依据拜占庭方面的史料，可以局部还原奥斯曼帝国早期的历史。

依据拜占庭史家帕奇梅雷斯（George Pachymeres）的记载，

第一章　安纳托利亚时代（1050—1350）

1300年左右的安纳托利亚西北地区

1302年（一说1301），奥斯曼一世率领军队，在马尔马拉海南岸由山地向平原过渡的地方出现，与拜占庭皇帝派遣的军队在巴菲乌斯发生战斗。史书上的"巴菲乌斯"具体位置不详，可能在马尔马拉海南岸的赫拉克勒斯（现在的亚洛瓦）附近，也可能在尼科米底亚（现伊兹米特）近郊。不论具体在哪个位置，"巴菲乌斯"都是君士坦丁堡的前哨。

分析拜占庭帝国治下的安纳托利亚西北部（比提尼亚地区）的状况，可以对奥斯曼军队的组成和战斗力做些说明。帕奇梅雷斯记载，1250年以后，这里的山地涌入了突厥系游牧民。同一时期，拜占庭帝国的皇帝米哈伊尔八世为整编军队，废除了当地守军的免税特权。因此，在战斗前线的拜占庭军队士气低迷，其统治下的村落归顺突厥人，部队的粮食补给也近乎告罄。

结果，很多拜占庭守军投靠了突厥系的军事首领，其中似乎包括格鲁吉亚裔的原拜占庭帝国雇佣军团。接受投降的很可能就是奥斯曼集团。如果这是事实情况，那么可以知道奥斯曼集团的军队是由突厥系骑士和旧拜占庭军人混编而成。

1302年,萨卡里亚河泛滥,结果河水改道,米哈伊尔八世从1280年开始构筑的沿萨卡里亚河岸的防线毁于一旦。奥斯曼集团迎来一次历史性机遇。奥斯曼势力增大正是在这一段时间。

奥斯曼率领军队攻入拜占庭帝国领土,如前所述,先是在巴菲乌斯大破拜占庭军队,随后沿着萨卡里亚河不断扩大势力范围。这一时期,奥斯曼的军队还没有实力攻击帝国的重要城市,但是,平原地区的城镇和村落却时常暴露在其威胁之下。

传说中的奥斯曼及其始祖

14世纪初的奥斯曼一世是较之出身更看重实力的杂牌集团的领袖。但是,他的后裔缔造了一个庞大的帝国,不能对自己的祖先一无所知,于是开始了对奥斯曼国家创立过程的杜撰。在这里稍微偏题,看一下这一传说。

从奥斯曼生活的时代算起,大约过了一个世纪,到15世纪第二个十年,奥斯曼国家的史官开始了他们的工作。大规模的通史编修始于15世纪末,那时候,奥斯曼已经撇下他的子孙和部下两百余年了。最初的奥斯曼通史是阿修克·帕夏·扎迪写的编年体史书,约成书于1480年。与后世严肃的史学著作相比,本书内容十分粗略,基本上是讲述奥斯曼始祖的故事。

据称,奥斯曼的始祖可追溯到诺亚的儿子雅弗(《圣经》记载,诺亚另外两个儿子叫闪与含),经过多代,到了突厥各族的祖先乌古思和他的儿子阔阔汗,而乌古思的第十三代孙苏莱曼沙阿率领族人移居到了安纳托利亚。当时波斯的君王向苏莱曼下达命令："出发，在罗姆（安纳托利亚）发动圣战！"苏莱曼就向安纳托利亚进发了。

苏莱曼率领族人经过埃尔祖鲁姆，在埃尔津詹驻扎下来。他在那里与异教徒常年作战。但是，安纳托利亚地形险要，羊群和军队都异常疲惫。苏莱曼计划返回中亚的故乡。但经过叙利亚的时候，无法渡过幼发拉底河，苏莱曼客死他乡，就葬在幼发拉底河畔。他三个儿子之一的埃尔图鲁尔·加齐率领四百户牧民留在帕申平原。牧民们在那里开辟了冬季营地和夏季营地，并且在埃尔图鲁尔的率领下往返于两大营地之间。

这时候，塞尔柱王朝统治了安纳托利亚，而且在与异教徒作战。埃尔图鲁尔听到这个消息，也表示"自己要前行，参加圣战"。他和三个儿子带领部族向西。塞尔柱王朝的君主很高兴，为了表彰他们，把安纳托利亚西北部的苏叶特（Söğüt）作为冬季营地、另有两座山脉作为夏季营地赐给他们。苏叶特是被基督教诸侯包围的地区。埃尔图鲁尔接受了赐封，经安卡拉前往封地，在冬季营地和夏季营地定居下来。

埃尔图鲁尔的时代，战争距离这个部族还很遥远。他们的冬季营地附近是突厥系的杰里米扬（Germiyan）侯国和蒙古部落，周边的村镇时常遭其抢劫。但是，自从埃尔图鲁尔前来，这里的异教徒不再受蒙古人的侵略，过上了安定的生活。

迁居到这片土地数年后，埃尔图鲁尔去世，其子奥斯曼·加齐继承了父业。奥斯曼与周边的异教徒相处得很好。但是，与杰里米扬侯国之间却摩擦不断。杰里米扬侯国残酷地压迫异教徒。奥斯曼不分昼夜，出征作战，平定周边的敌人，归顺者越来越多……接下来，就开始了奥斯曼军队不断壮大，四处征伐的故事。

后世的杜撰 上述内容是15世纪末的史书记载的奥斯曼及其始祖的故事。故事充斥着传说和演绎。但各版本的传说有四点共性：

第一，奥斯曼家族被附会成一神教先知的后人。犹太教徒、基督教徒和伊斯兰教徒，都被解释成"诺亚"的子孙。编造出从

第二，在中亚起源的突厥系游牧民族"乌古思"的传承系谱也被和奥斯曼家族联系到一起。上述传说强调奥斯曼家族的血管里流淌的是正统突厥人的血液。

第三，把"圣战的战士"称为"加齐"，强调圣战的正义性。但是，这种意识形态在15世纪以后才产生影响。

阿修克·帕夏·扎迪并未隐讳奥斯曼发动的战争的本质，总的来说，奥斯曼也保护治下的异教徒，与同属突厥系的伊斯兰教的杰里米扬侯国作战。可见，奥斯曼集团的每次军事行动并非都是针对异教徒的宗教圣战。

第四，表明了奥斯曼家族与罗姆苏丹国之间的联系。事实上，奥斯曼家族与塞尔柱家族并无直接接触，但依据"埃尔图鲁尔

从塞尔柱王朝接受领地"的传说,奥斯曼侯国自身是塞尔柱王朝的后继者之一。

综上所述,从后世杜撰的奥斯曼家族传承中不能得出真实的历史,因为史实已经被淹没在"应有的祖先形象"之中。出身不明确的奥斯曼,在历史著述中变成了突厥系游牧民的望族乌古思的后裔、纯正的伊斯兰教徒;他从塞尔柱王朝继承了王权,是一位勇敢善战、令异教徒闻风丧胆的英雄。

祖先的"英雄事迹"不过是现实世界中力量的翻版。后来,奥斯曼帝国的权势有足够的理由让人相信——至少谈论——这一伟大的传说。

奥尔汗的时代

现在,我们继续回到 14 世纪,看看之后的历史发展。

如前所述,14 世纪初在拜占庭帝国边境活跃的奥斯曼军队,已经从萨卡里亚河流域向拜占庭的领土进军。在东征西讨的过程中,奥斯曼军队声威大振,应者云集。他们的军团已经足够包围城防坚固的大都市了。

在围攻该地区中心城市布尔萨时,奥斯曼身亡。其子奥尔汗在 1326 年成功夺取了布尔萨。这位雄才大略的年轻领袖在此后的四十年间继续指挥军队南征北战,他是奥斯曼侯国真正的缔造者。

奥尔汗最辉煌的战绩是在 1329 年的贝勒卡侬战役中打败了

拜占庭帝国的正规军。以此为契机，"奥斯曼"从流民集团发展为西北安纳托利亚的侯国。随后，奥尔汗率军在1331年征服尼西亚、1337年征服尼科米底亚。奥尔汗的名字刻在1326年至1327年铸造的硬币上，可见那时的"奥斯曼"已具备了完整的国家形态。

刻有奥尔汗名字的货币 货币上刻的年代是伊斯兰历727年（1326—1327），重约一克。货币的铸造是国家形成的证据。摘自《奥斯曼帝国货币史》（剑桥大学出版社，2000）

然而，当时的安纳托利亚处于群雄割据的状态。奥斯曼侯国只是政治多极化局势下的一极。敌对的杰里米扬侯国以及突厥系的卡雷斯（Karesi）侯国包围着奥斯曼侯国。

面临马尔马拉海和爱琴海的卡雷斯侯国，已经将掠夺的触角越过海洋伸展到欧洲一侧。奥尔汗在1345年将其吞并，具体细节史书记载不详，可能是逐步干涉对方内政的结果。因此，卡雷斯侯国的武装力量被安抚，直接收归到奥斯曼侯国。

奥尔汗不断以这样的方式扩充兵力，其主力部队应该和父亲奥斯曼时代一样，包括突厥系和蒙古系的流民骑士、苏菲主义教团中武装起来的修道者、拜占庭帝国的雇佣兵、从拜占庭诸侯的统治下投靠到奥斯曼侯国的基督教徒军人。奥尔汗率领的军队仍然是多元复杂的武装联合体。

与基督教军事家族的合作 奥斯曼家族也与周边的军事集团结成同盟，协同作战。长期一致行动的盟友是活跃在周边的军事家族：埃布雷诺斯（Evrenos）家、米哈尔（Mihal）家和图拉罕（Turahan）家。埃布雷诺斯家和米哈尔家的族长虽然后来改宗伊斯兰教，但他们都曾经是基督徒。他们麾下的基督教徒骑士队伍，或许也和聚集在奥斯曼家周围的武装集团别无二致。

埃布雷诺斯家、米哈尔家在征服巴尔干的军事行动中极为活跃，至15世纪后半期，在奥斯曼军队中仍作为独立的军团保有势力。随着把奥斯曼国家的崛起归功于奥斯曼家族单打独斗的历史观的兴起，这些军事家族的作用被史书忽略不计了。但是许多证据清楚地显示，他们在早期奥斯曼侯国的对外战争中发挥过重要作用。这些军事世家在当时，可以被认为是与奥斯曼家族对等的势力，是奥斯曼帝国的共同奠基者。

实际上，奥斯曼侯国之所以能在诸侯混战的乱局中脱颖而出，那些有实力的同盟者发挥了很大作用。埃布雷诺斯家、米哈尔家、图拉罕家最终选择了在奥斯曼侯国的麾下维持生存，无疑，另外有无数的小股力量在混战中被消灭或淘汰了。

这样，在14世纪初的拜占庭帝国边境，能征善战的军事领袖们利用国家权力的真空，汇集了众多骑士与流民，称霸一方。这些军事领袖既有伊斯兰教徒，也有基督教徒。他们以获取战利品为目标，根据政治现实，与其他集团不断结盟或背约；几乎所有的集团都在用"圣战"的口号鼓噪士气。在此过程中,以萨卡里亚河的泛滥为契机,奥斯曼集团崭露头角。一旦超过其他集团,便有更多人归顺,其实力进一步强大。14世纪20年代,他们变成了奥斯曼侯国,之后将以巴尔干半岛为中心,开始新的扩张。

第二章

在巴尔干扩张（1350—1450）

向巴尔干进军

名为巴尔干之地　　向欧洲一侧进军的战略选择让奥斯曼侯国从安纳托利亚地区林立的小国中脱颖而出。越过达达尼尔海峡的三十年后，奥斯曼侯国成为巴尔干大国，在那里积蓄力量，转而取得对安纳托利亚一侧众多小国的绝对优势。奥斯曼侯国何以能在巴尔干取得胜利，首先要看奥斯曼进军欧洲之前的巴尔干形势。

巴尔干是奥斯曼帝国的发祥地，事实上，作为地名的"巴尔干"一词在14世纪初并不存在。后世通常把东南欧由奥斯曼帝国统治过的区域称作"巴尔干"。而且，"巴尔干"被广泛使用是20世纪以后的事情。也就是说，由于奥斯曼帝国的统治才产生了

"巴尔干"的地区意识。奥斯曼帝国将这里称为"鲁米利亚",意思是"罗马之地",大致包括多瑙河与萨瓦河以南的欧洲地区。

巴尔干地势险要,东部纵贯着东西走向的山脉,西部则是呈南北走向的山岳。山岭之间是平原,河流将其与外部世界联系起来。整个地区地形复杂,人口迁移频繁。在被山脉阻隔成诸多部分的巴尔干,生活着许多民族。

巴尔干多山的地形,与隔海峡相望的亚洲一侧(安纳托利亚)很相似。博斯普鲁斯海峡两侧的社会结构也相差无几:世代耕种、靠天吃饭的农民,在山地和平原间迁徙的游牧民,占山为王的草寇,以及作为农作物集散地的城市。在生产方式上,农业灌溉都是依靠自然降水。拜占庭帝国和取代它的奥斯曼帝国控制的领土虽然分属欧亚两大洲,但都是以君士坦丁堡为圆心,属于相同自然环境和相似经济生活的同心圆区域。

14世纪上半叶的形势

14世纪的巴尔干,随着拜占庭帝国的衰落,斯拉夫人陷入了比西安纳托利亚更严重的四分五裂。早在11世纪,拜占庭帝国在马其顿王朝时期收复了多瑙河以南地区,但12世纪后半期,塞尔维亚王国、保加利亚王国自立。拜占庭帝国承受着两个王国的压力,同时极力维持着对巴尔干东南部的色雷斯和马其顿的统治。13世纪,它依靠外交地位和华美的国际礼仪维持着所剩无几的权威,但实际已近于地方政权。如前章所述,13世纪后半期,安纳托利亚一

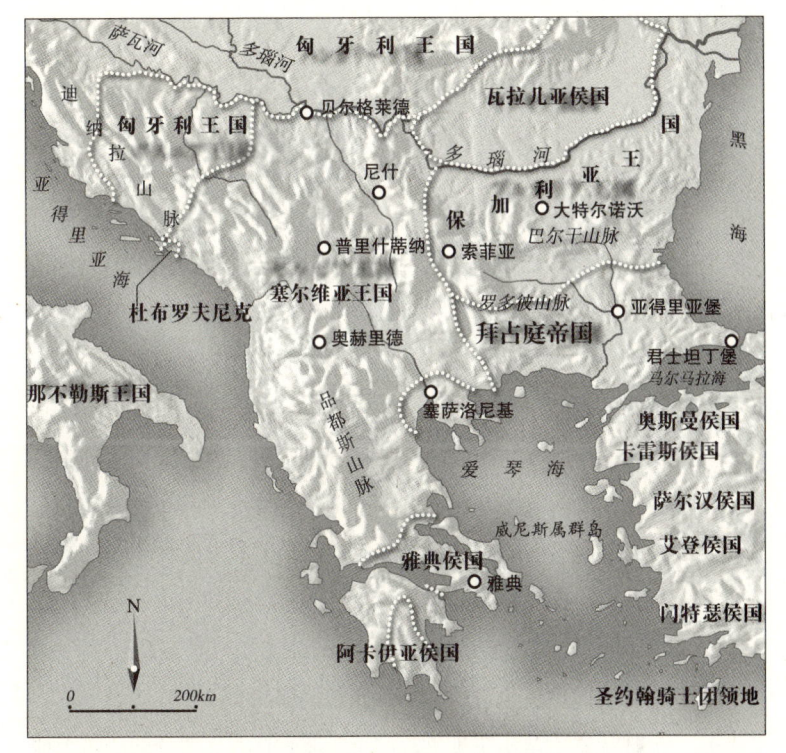

14世纪前半期的巴尔干 巴尔干地区西部的山脉南北走向，东部的山脉东西走向。图中表示的是塞尔维亚王国领土扩张时期的版图

侧多数的突厥系和蒙古系诸侯国已经自立，夺取了很多拜占庭的领土。尽管面临如此艰难的局面，但拜占庭帝国最棘手的并非对外关系，而是皇位继承问题。为夺得皇位，皇族拉帮结派、明争暗斗，争斗的余波甚至影响到巴尔干和安纳托利亚各地。

14世纪，巴尔干最强盛的是塞尔维亚王国。在12世纪，尼曼雅王朝已经统一了塞尔维亚的大部分地区，成为牵制拜占庭帝国和保加利亚王国的重要力量。1331年即位的斯蒂芬·杜尚吞并了阿尔巴尼亚和马其顿，使保加利亚王国臣服，统治了巴尔干的三分之二。其中的马其顿是从拜占庭帝国治下夺取来的。斯蒂芬·杜尚使塞尔维亚教会从君士坦丁堡教会独立，同时，制定了《杜尚法典》，约束封建领主，加强中央集权。他的方法是尊重各地的习惯法和封建领主的权益，避免过激的改革，用明确的成文法加强国家统一。

斯蒂芬·杜尚治下的塞尔维亚王国达到了鼎盛时期。拜占庭帝国在巴尔干的统治基础几乎要被连根拔起。斯蒂芬·杜尚制定了征服君士坦丁堡的宏伟计划，但在四十七岁正值壮年的时候撒手人寰，成为史书上的悲剧式英雄。不过，到他去世的1355年，似乎还未具体实施远征君士坦丁堡的计划。斯蒂芬·杜尚死后，塞尔维亚王国的黄金时代结束，很快分崩离析。

一时被置于塞尔维亚支配之下，抑或在四周围绕的巴尔干地区，其局势随着塞尔维亚王国的分裂也在变化。保加利亚、阿尔巴尼亚、波斯尼亚、拜占庭治下的色雷斯等都陷入了诸侯割据、群雄并起的局面。在巴尔干的"战国时代"，不仅有本土的政治力量，还有外来军队和集团在争夺地区霸主：从黑海北岸袭来的突厥系诺盖人部队、从安纳托利亚来的艾登侯国雇佣骑士团、包括加泰罗尼亚军团在内的欧洲雇佣军、威尼斯和匈牙利派遣来的部队。奥斯曼侯国的军队也越过达达尼尔海峡，加入了巴尔干的混战。

越过达达尼尔海峡——奥斯曼侯国进军巴尔干

奥斯曼侯国进兵巴尔干,并非游牧民移民浪潮的进一步扩大,而是作为雇佣军团加入乱局。拜占庭帝国开始和"敌人的敌人"联手,希望通过巧妙的政治平衡,维持其地区"霸主"地位。拜占庭帝国的衰落已经无法避免,奥斯曼侯国利用这一政策,加入了巴尔干的"列强"纷争,并且在一个世纪以后,成为拜占庭帝国在巴尔干的实际继承者。

拜占庭皇帝初次与奥斯曼侯国君主奥尔汗会面是在1333年,此时,奥尔汗已经征服了尼西亚,包围了尼科米底亚。拜占庭皇帝安德鲁尼克斯三世亲自拜会了奥尔汗,同意支付贡纳金。此时,拜占庭帝国在亚洲一侧最大的威胁是渡海在色雷斯地区抢夺的卡雷斯侯国。拜占庭与奥斯曼侯国结成同盟,显然是要牵制卡雷斯侯国。

与奥斯曼侯国缔结同盟的安德鲁尼克斯三世在1341年死去,君士坦丁堡宫廷再次陷入皇位继承人之争。此时这一同盟关系更加重要。1346年,奥尔汗迎娶了摄政王约翰·坎塔库泽努斯(安德鲁尼克斯之子,后来的约翰六世)之女提奥多拉。这场政治婚姻使奥斯曼侯国成为拜占庭帝国皇位之争中一方的同盟者。约翰已经将他的另一个女儿许配给了安纳托利亚的艾登的君主乌姆鲁。可见在拜占庭贵族的同盟战略中,宗教信仰显然不是障碍。

如前所述,奥尔汗在1345年吞并了卡雷斯侯国,收编了对方的海军。奥斯曼侯国具备了越过海峡向欧洲进军的条件,成为西安纳托利亚最强的政治力量。另一方面，约翰·坎塔库泽努斯的政敌约翰五世与萨尔汉（Saruhan）侯国结成了同盟。对于和拜占庭帝国结盟一事，后来编写的奥斯曼帝国史书讳莫如深。但当时的拜占庭帝国编年史却记载，奥尔汗多次应坎塔库泽努斯的请求，派遣长子苏莱曼率领军队进兵，有时甚至到了亚得里亚堡（今埃迪尔内）附近。

这一参战不久就涉及领土，从而使奥斯曼侯国成为巴尔干诸侯之一。其起点是达达尼尔海峡欧洲一侧的加里波利地区。首先，他们在1351年占据了加里波利附近的要塞。不久，那里发生地震，奥斯曼军队乘机占领了包括加里波利在内的沿海地区。拜占庭皇帝约翰五世和约翰六世（共治皇帝）多次要求返还该地区，但是，奥尔汗顾左右而言他，没有任何回应。

对于和其他安纳托利亚的侯国不同，且在巴尔干一侧取得领土的奥斯曼侯国，不仅是拜占庭帝国，塞尔维亚王国也保持高度警戒。巴尔干唯一有实力的斯蒂芬·杜尚在1355年撒手人寰，对奥斯曼侯国是天赐良机。再次独占皇位的约翰五世也拉拢奥尔汗，将自己的女儿许配给奥尔汗的儿子哈鲁力，以加强双方的同盟。但是，1362年奥尔汗死后，在继承人之争中胜出的是穆拉德而非哈鲁力，约翰五世的如意算盘落空了。

穆拉德一世的征服

虽然详情不清楚，但奥尔汗死后，王子之间发生了权力斗争几乎是无可否认的事

实。与巴尔干诸国和安纳托利亚突厥系侯国一样,当时的奥斯曼侯国也面对由君主交替而直接引起的政权危机。原因主要是缺少完备的继承人制度以及国家的政治基础相对

塞萨洛尼基城址 1387年,穆拉德一世征服塞萨洛尼基,将此作为奥斯曼军的驻屯地

薄弱。继承危机往往数年才尘埃落定,14世纪60年代末,穆拉德一世取得了胜利,此后,奥斯曼侯国在安纳托利亚和巴尔干两个方向大幅度扩张。

首先,1362年,穆拉德一世占领拜占庭帝国重要城市亚得里亚堡,并以此为都城,作为向巴尔干进军的基地。随后,在1371年,他打败了保加利亚和塞尔维亚的一部分诸侯,并使其臣服。已经臣服的巴尔干诸侯和王族被迫协同作战,并入奥斯曼军队的一翼,参加下次远征。奥斯曼军队以滚雪球的方式迅速壮大。

奥斯曼家族的君主权力也在加强。奥尔汗时代实行分权体制,各王子被委以部分军队和某一地区的统治权。从穆拉德一世开始,整个统治区域一元化,由苏丹直接领导。1387年,经历了四年的包围战以后,马其顿中心城市塞萨洛尼基陷落。在奥

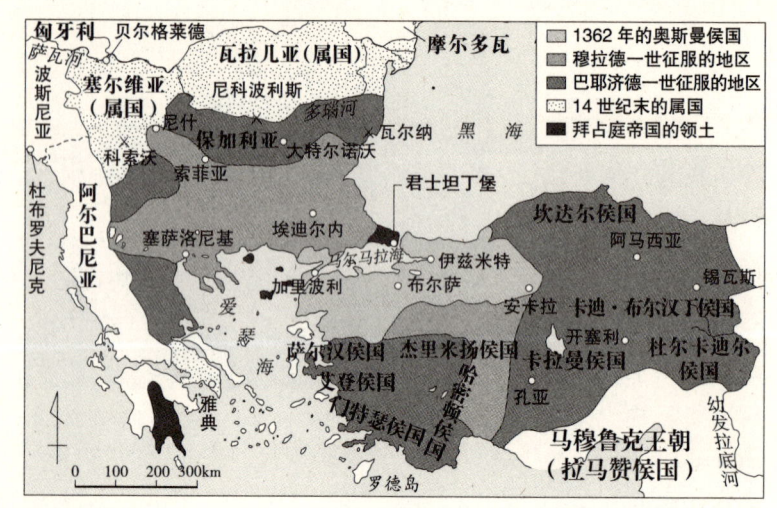

地图图例:
- 1362年的奥斯曼侯国
- 穆拉德一世征服的地区
- 巴耶济德一世征服的地区
- 14世纪末的属国
- 拜占庭帝国的领土

奥斯曼侯国的扩张 14世纪后半期,疆域扩张到从多瑙河到幼发拉底河的广大区域。虽然在推进中央集权,但各地区旧统治阶层联合体的性质依然很浓厚

斯曼军队的强大压力下,越来越多的诸侯臣服。1381年以后,拜占庭皇帝为换取政治援助与国家安全也一直臣服于奥斯曼侯国。在安纳托利亚方面,奥斯曼侯国还吞并了杰里米扬侯国和哈密顿(Hamit)侯国。

穆拉德一世继续进军波斯尼亚,1389年,在科索沃大胜塞尔维亚和波斯尼亚联军。但是,穆拉德一世本人也战死疆场,其子巴耶济德一世迅速即位。

对属国的约束——巴耶济德的进攻

穆拉德一世死后,旧领主在各地蠢蠢欲动,奥斯曼侯国的稳定受到威胁。巴耶济德一世整顿局面,继续扩张。1390年,奥斯曼侯国的军队，臣服的拜占庭军队，塞尔维亚、保加利亚、阿尔巴尼亚等属国的军队，组成庞大的远征军，扫平了安纳托利亚地区的萨尔汉侯国、艾登侯国、门特瑟（Menteşe）侯国。这次远征，拜占庭后来的皇帝曼努埃尔二世作为奥斯曼的"家臣"随军同行。奥斯曼侯国以强大的巴尔干国家的身份，向安纳托利亚进军，寻求更为广阔的历史舞台。

当时的奥斯曼侯国，如后所述，不断培育直辖的常备军。但是，和其他的巴尔干国家一样，奥斯曼军队没有脱离"政治势力联合体"的模式，虽然一些领主接受了奥斯曼侯国的支配，但总是伺机举起叛旗。奥斯曼君主以常备军为基础，用各种战略压制叛乱。巴尔干各地历史传统和现实状况千差万别，要巩固对这个地区的统治，奥斯曼侯国需要长时间的投入。

奥斯曼侯国对巴尔干的支配逐渐加强，其手段和步骤非常重要。依据对象的状况，它巧妙地使用同盟、支付贡纳金、直接支配三种方式。

科索沃惨败以后，塞尔维亚在1392年臣服于奥斯曼侯国。已经称臣的保加利亚国王伊凡·希什曼和匈牙利联合起来，再次反叛，但遭到镇压。奥斯曼军队在1393年征服了保加利亚首都大特尔诺沃，并远征瓦拉几亚，在回军途中，处死了保加利亚国王，王室的血脉断绝。整个保加利亚在1396年被纳入奥斯曼帝国统治之下，在此后的五百年间，一直是奥斯曼帝国领土的重要部分。

为加强统治，政治婚姻屡屡缔结，且发挥效用。如前所述，奥斯曼家族迎娶历代拜占庭皇帝的女儿。在帝国向巴尔干进军的过程中，穆拉德一世迎娶了保加利亚国王希什曼的妹妹，巴耶济德一世即位前就在安纳托利亚娶了杰里米扬侯国的公主，即位后又娶了塞尔维亚国王斯蒂芬·拉扎列维奇之妹奥利维拉。但是，政治婚姻不一定能延长属国的"寿命"，杰里米扬侯国和保加利亚最终都被吞并了。

突然的瓦解——安卡拉之战

巴耶济德一世加强了对巴尔干的统治，他在1394年包围了君士坦丁堡，拜占庭皇帝的命运岌岌可危。面对咄咄逼人的攻势，威尼斯和匈牙利感到前所未有的危机，终于实现了各种政治力量联合派遣十字军。这就是历史上最后一次十字军东征。

拜占庭皇帝期盼已久的来自欧洲"西部"的援军终于出发了。这次的十字军是由匈牙利国王西吉斯蒙德指挥，包括法国的勃艮第大公，英格兰、苏格兰、瑞士等地的骑士。1396年，十字军与奥斯曼军队在多瑙河畔的尼科堡（Nicopolis）展开决战。塞尔维亚的斯蒂芬·拉扎列维奇率军协同奥斯曼侯国作战。结果，奥斯曼侯国以绝对优势取胜，守住了多瑙河以南的地区。巴耶济德一世继续对安纳托利亚施加强大的压力，吞并了卡拉曼（Karaman）侯国，消灭了以锡瓦斯为中心的蒙古系的卡迪·布尔汉丁（Kadı Burhâneddin）政权。

但是，即便是正向东西两线积极扩张的奥斯曼侯国，也面临一旦君主死亡就一举分崩离析的危险。而从中亚率军远征的帖木儿（1336—1405）击败了巴耶济德一世后，这一局势就显露出来。这就是1402年的安卡拉战役。从包围君士坦丁堡的前线仓皇撤回的、不完整的奥斯曼军队，在战场上全面溃败。军队投降、逃跑，巴耶济德一世沦为阶下囚，不久含恨而死。

再统一的道路

安卡拉战役中，巴耶济德一世的军队无法应对帖木儿的巧妙战术，是其失败的原因。奥斯曼侯国在安纳托利亚扩张，很多侯国的君主被流放。帖木儿让这些人在战场上打头阵，以动摇奥斯曼侯国的军队。参加奥斯曼军队的安纳托利亚骑士看见昔日的主君已经投诚到帖木儿一方，就纷纷动摇。苏丹的常备军也因为在巴尔干和安纳托利亚两个方向上远征而士气低落，数量上占优势的帖木儿军队终于击垮了不可一世的巴耶济德一世，奥斯曼侯国解体了。

帖木儿回师向东，据说他曾经设想远征明帝国，恢复蒙古人在欧亚大陆东部的统治。

在巴尔干和安纳托利亚，巴耶济德一世的王子们的残余部队不但缺乏坚强的核心力量，还互相残杀。在巴尔干和安纳托利亚这个舞台上，奥斯曼家族分裂与内讧上演了二十余年。此时，从西欧求救归国的拜占庭皇帝曼努埃尔二世看到了中兴的良机，或许都暗自感谢上帝吧。因为巴耶济德一世的死，在其包围中如同

```
                                    奥斯曼一世（？—1324？）           （）内为在位时间
                                                                    * 1402-1413年无人继位
                                    2 奥尔汗（1324？—1362）

  苏莱曼帕夏              3 穆拉德一世（1362—89）    哈里尔

                        4 巴耶济德一世（1389—1402）*

  苏莱曼       穆斯塔法    5 穆罕默德一世（1413—1421）  伊萨    穆萨    约瑟夫

  6 穆拉德二世（1421—1444，1446—1451）        穆斯塔法

  阿拉艾廷阿里   7 穆罕默德二世（1444—1446，1451—1481）           艾哈迈德

        穆斯塔法    8 巴耶济德二世（1481—1512）                    杰姆

  艾哈迈德   科尔库特    9 塞利姆一世（1512—1520）

                    10 苏莱曼一世（1520—1566）

  穆斯塔法    穆罕默德   11 塞利姆二世（1566—1574）  巴耶济德          吉罕吉尔

                    12 穆拉德三世（1574—1595）

                    13 穆罕默德三世（1595—1603）

          14 艾哈迈德一世（1603—1617）  15 穆斯塔法一世（1617—1618，1622—1623）

  16 奥斯曼二世（1618—1622）    17 穆拉德四世（1623—1640）    18 易卜拉欣（1640—1648）

  19 穆罕默德四世（1648—1687）  20 苏莱曼二世（1687—1691）  21 艾哈迈德二世（1691—1695）

  22 穆斯塔法二世（1695—1703）  23 艾哈迈德三世（1703—1730）

  24 马哈茂德一世   25 奥斯曼三世    26 穆斯塔法三世    27 阿卜杜勒·哈米德一世
  （1730—1754）  （1754—1757）  （1757—1774）     （1774—1789）

                              28 塞利姆三世   29 穆斯塔法四世   30 马哈茂德二世
                              （1789—1807）  （1807—1808）  （1808—1839）

        31 阿卜杜勒·麦吉德一世（1839—1861）      32 阿卜杜勒·阿齐兹（1861—1876）

  33 穆拉德五世   34 阿卜杜勒·哈米德二世   35 穆罕默德五世   36 穆罕默德六世   37 阿卜杜勒·麦吉德二世
  （1876）      （1876—1909）         （1909—1918）   （1918—1922）   （1922—24）仅存哈里发称号
```

奥斯曼家族系谱

风中之烛一般的拜占庭帝国，又得以残喘半个世纪。

奥斯曼诸王子中，穆萨、穆斯塔法和父亲一起被俘，但随后被释放，苏莱曼、穆罕默德和伊萨在安卡拉战役中逃脱。继承人之争在他们之间展开。还有一名王子约瑟夫亡命拜占庭，改宗基督教。在诸王子中，苏莱曼最初非常有实力，即将完成侯国的再统一。但是拜占庭帝国、塞尔维亚和艾登侯国等周边的政治力量从自身利益出发，支援相对弱小的王子，从而大大延长了这出上演在安纳托利亚高原的奥斯曼侯国的继承人争夺战。苏莱曼的对手穆萨和穆罕默德又强大起来，最终，由穆罕默德一世完成了奥斯曼侯国的再统一（1413年）。

在这场争夺中，通过政治婚姻与穆萨结成同盟的瓦拉几亚国王、在东南安纳托利亚有影响力的开罗马穆鲁克王朝不断插手。这是一场国际化的博弈。奥斯曼家族以外的政治势力无法完成对该地区的统一，只能寄希望于奥斯曼侯国的长期分裂。如果诸王子的争夺结束，这一地区势必再度出现强大的奥斯曼侯国，而那对各种政治力量都是威胁。从奥斯曼侯国方面来看，重新统一的道路并不陌生，不过是在各派武装林立的乱象中再次确立奥斯曼家族的权威，扩大统治地域而已。奥斯曼侯国在军事、政治方面恢复到安卡拉战役之前的状态，超过了周边的竞争对手。再统一后，奥斯曼家族的权威反而提高了。政治混乱的时代，安纳托利亚社会的整合却逐渐深入。两度统一的政治经验，对于改进奥斯曼国家体制，稳固在安纳托利亚的统治是有所裨益的。

穆拉德二世的时代

1421年，穆罕默德一世的后继者穆拉德二世即位，奥斯曼侯国再度统一。穆拉德二世最终结束了继承人之争酿成的混乱。他在战场上击败了叔父穆斯塔法和弟弟穆斯塔法，并将他们处死。国家的内政终于安定下来。在此期间，煽动奥斯曼内部的继承人之争，试图削弱奥斯曼侯国实力的拜占庭帝国，必然感受到了情况紧急。1424年，拜占庭帝国再次同意向奥斯曼侯国上缴贡纳金，并且割让了部分领土。

在巴尔干一侧，穆拉德二世在1430年夺回了安卡拉战役后被拜占庭帝国占领的塞萨洛尼基（拜占庭帝国后来将这块领土割让给了威尼斯），挫败了威尼斯的扩张野心。1425年，穆拉德二世远征安纳托利亚，在帖木儿帝国支持下重建的西安纳托利亚诸侯国又被依次吞并。远征的结果是，中央安纳托利亚地区仅剩下卡拉曼侯国作为奥斯曼侯国与马穆鲁克王朝的缓冲区还在形式上保留。

巴尔干战争的焦点是塞尔维亚和阿尔巴尼亚。塞尔维亚王国受到来自匈牙利和奥斯曼侯国两方面的压力，1428年，再度沦为奥斯曼的属国。但是，为了扩大直接统治的疆域，1438年，奥斯曼侯国再度远征塞尔维亚，攻陷了首都斯梅代雷沃等。此后它再次远征阿尔巴尼亚，将其也纳入了直接统治的区域。

从多瑙河沿岸到安纳托利亚，穆拉德二世基本恢复了其祖父巴耶济德扩张到达的区域。为确保这片疆域统治的稳定，成为

"真正的领土",穆拉德越过多瑙河、萨瓦河一线,向北塞尔维亚和特兰西瓦尼亚进军,与统治匈牙利的哈布斯堡王朝直接对峙。

但是,这一进展并不顺利。1440年,奥斯曼军队进攻匈牙利控制下的多瑙河要塞贝尔格莱德时失败。在匈牙利,则被特兰西瓦尼亚大公亚诺什·匈雅提率领的军队阻止了进军(1441—1442)。在此情况下,匈牙利和威尼斯重新整编了十字军,计划与安纳托利亚的卡拉曼公国结成同盟。

1443年,亚诺什·匈雅提率领的十字军,通过塞尔维亚,进军索菲亚。双方一度缔结和约。和约生效期间,穆拉德退位,十二岁的穆罕默德即位。匈牙利与其他东南欧军事力量试图乘机重夺保加利亚。结果,1444年,他们在黑海港口瓦尔纳,被复位的穆拉德指挥的奥斯曼军队击败。

1446年,穆拉德正式复位。1448年,他率军在奥斯曼侯国占领下的科索沃击败亚诺什·匈雅提;1449年,在阿尔巴尼亚击败了斯坎德培,为穆罕默德正式接掌苏丹大权铺平了道路。1451年,穆拉德二世去世。在帝国周边和山岳地带的反奥斯曼武装已经受到牵制,帝国境内基本安定,从多瑙河到中央安纳托利亚的大片领土由穆罕默德二世继承。同年,十九岁的穆罕默德二世再度即位。

穆拉德为何将皇位一度让给十二岁的穆罕默德,历史真相很难明了。不过结果是,有第一次让位的先例,穆拉德死后苏丹的继承很平稳。穆罕默德即位后,将其弟弟杀害,消除了内部纷争的隐患。即位的苏丹，即便没有遇到大位之争也要采取预防措施，杀掉自己的兄弟，这种残忍的办法后来成为惯例。

巴尔干的奥斯曼化

奥斯曼侯国"征服巴尔干"的再评价　　前节可见，从14世纪中期至15世纪中期，是奥斯曼侯国在巴尔干扩张的一个世纪。奥斯曼侯国为何能成功实现对巴尔干的统治呢？

正如前文所述，在巴尔干扩张的奥斯曼侯国的君主是伊斯兰教徒，这是和其他政治力量显著不同的地方。奥斯曼君主同当地的其他诸侯一样，在军事和外交两方面合纵连横，按照巴尔干的"规则"扩大势力范围。所谓规则包括达成同盟、缔结政治婚姻或支付贡纳金的协定，以及在战场上"正义的决战"等。奥斯曼侯国绝非巴尔干半岛的外来政权。

然而，19世纪下半期以来对巴尔干的研究，把奥斯曼侯国视作一场外国人入侵的"悲剧"的看法已经根深蒂固。因为艰难实现了独立且需要高扬民族意识的巴尔干各国，在回顾历史的时候，需要"土耳其人"作假想敌。那是一种认为巴尔干诸民族遭受土耳其全面的侵略和屠杀、被强制改变宗教信仰的"巴尔干悲剧"的说法。

还有一种"解放说",意思是奥斯曼侯国对巴尔干的渗透是和平进行的,并且最终将巴尔干人民从封建势力的绞索下解放出来。勇敢的土耳其人进入巴尔干,平定乱世,带来了安宁。无论何种说法,都强调奥斯曼侯国作为巴尔干统治者的外来性和异质性。20世纪20年代以后,主要由土耳其人构成的土耳其共和国与巴尔干国家已经在形式上没有任何瓜葛,出现上述论调也不足为怪。

然而,针对过去的看法,现在的研究至少在两个问题上加深了认识:首先,奥斯曼侯国能够成功统治巴尔干的关键是其统治政策的合理性。正因为其合理,所以才能给巴尔干带来长期的稳定。

其次,奥斯曼的统治阶层,包括了超出之前想象的更多的巴尔干本土派,他们并不是突厥系统治集团的代理人和助手。奥斯曼帝国的前半期,是靠突厥系出身的军人和巴尔干出身的旧统治阶层双方共同支撑的。他们一起构成了奥斯曼帝国的统治阶层。

新的支配阶层,围绕在奥斯曼家的领袖周围,用合理的统治方法,在巴尔干缔造了新的统治秩序。这当然不能视为"伊斯兰教徒对基督教世界的征服"。

有组织的掠夺　　那么,"合理的统治手法"包括哪些呢?
奥斯曼侯国按照"掠夺—同盟—臣属—直接统治"的顺序,分阶段加深统治的程度,最终在实现直辖的

马背上的"土耳其人" 17世纪在威尼斯印刷，表现的是在马背上勇猛果敢的"阿金基"的形象。威尼斯博物馆藏

领地上推行蒂玛尔（Tımar）制度。以下按阶段顺序详细说明。

在巴尔干扩张的奥斯曼侯国，首先有计划地掠夺要征服的土地。用小分队机动而又彻底地掠夺城镇、袭击村庄这一方式是在安纳托利亚的边境地带产生的方式。和安纳托利亚地区相比，更适合骑兵机动性作战的巴尔干，更容易远征掠夺。在极短时间内，奥斯曼军队就可以深入巴尔干腹地，出其不意地包围对方。他们掠夺的目标很明确：物资、黄金和奴隶。

参加掠夺战的骑士被称为"阿金基（akıncı）"。他们自愿投入战斗，以掠夺的战利品作为经济收入。奥斯曼侯国将这些人员记录在案，加以管理，但他们并没有参加军事行动的义务。有些阿金基直接参加到前章提到的埃布雷诺斯家、米哈尔家、图拉罕家等军事家族的麾下，而以个人身份加入奥斯曼远征军者也不在少数。奥斯曼侯国时期，他们作用巨大，15世纪时约有五万阿金基。

关于阿金基，有一则含义丰富的史料。奥斯曼帝国史专家洛里发现了一份苏丹在1472年发布的敕令，内容是向巴尔干地方诸郡募集去安纳托利亚参加掠夺战的骑士。敕令说："招募基督教徒骑士，登记在册，出兵圣战。若无人志愿参加，则招募伊斯兰教徒骑士。"响应命令的基督教骑士成为参加奥斯曼侯国的阿金基。

奥斯曼侯国随时在安纳托利亚和巴尔干招募骑士。巴尔干旧统治阶层中的中下层骑士应募后加入奥斯曼军队。有趣的是，在安纳托利亚作战的阿金基主要来自巴尔干，在巴尔干作战的则主要来自安纳托利亚。但是，到16世纪，阿金基的名称在军队建制中消失了。一般认为众多的阿金基后来得到了蒂玛尔，正式统合到了奥斯曼骑士中。

如上所述，阿金基的掠夺并非随心所欲的冒险，而是以国家为后盾的有组织的行为。所以，参加掠夺战的人首先要登记在册，掠夺的战利品的五分之一作为税收上缴，由军队和国家统一使用。同时代的史料中称其为"圣战"。但是，正如洛里所说，掠夺就是掠夺，绝非伊斯兰教徒对基督教徒的宗教战争。

由属国到直接统治

通过不断的掠夺与扩张，奥斯曼侯国终于以"国家"的面貌活跃在安纳托利亚高原。这是第二阶段。奥斯曼侯国建立了由骑兵和步兵构成的正规军，使得巴尔干诸侯被迫称臣。最初是交付贡纳金的属国，其武装力量编入奥斯曼军队，有义务协同远征。随后，奥斯曼侯国伺机剥夺它们属国的地位，流放王族等统治层，即第三阶段。其统治区域则被纳入奥斯曼直辖,组建名为"桑贾克(市)"的行政单位。在此阶段,旧统治阶层的中下级军人以"库鲁(奴隶)"的身份被编入奥斯曼军队,从而有机会晋升为骑士。

穆拉德二世的时代,塞尔维亚境内既有由旧统治阶层治理的属国,也有奥斯曼帝国直辖的地域。直辖的区域逐渐扩大,但如果出现问题,也有可能复归为属国。穆拉德二世不急于求成,慢慢调整和当地的旧统治阶层的关系,谨慎推进属国直辖的过程。

但是,若不在直辖土地上实施蒂玛尔制,就不能从根本上稳固统治。再度发生安卡拉战役之后那样的危机也不足为怪。因此,国家对帝国称臣者严密监视和控制,待时机成熟就将其纳入直辖。

蒂玛尔制——军事采邑

奥斯曼侯国的直接支配区域是指推行蒂玛尔制度的地区。蒂玛尔制度是指授予骑士在乡间等地方的征税权,作为代价,骑士承担相应军事义务的制度。这既是一种农村治理的制度,也是一种军事制度。

蒂玛尔制度在奥斯曼侯国始于何时,很难下结论,但如后文所述,在15世纪前半期已经比较完善。拜占庭帝国在巴尔干、西安纳托利亚授予领主农村征税权(普罗诺亚制,Pronoia),也许奥斯曼侯国在此基础上创造并推行了蒂玛尔制度。罗姆苏丹国推行的伊克塔制(Iqtā') 也与之相似。

被授予的征税权根据额度分为几类,两万银币以下的征税权称为蒂玛尔，这就是制度名称的来源。比蒂玛尔的额度略高的是"齐阿迈特"（zeamet）与"哈斯"（has），把这三类总称为"提尔里克"（dirlik）更贴切，

在马上记录军功的书记 随时记录战场上骑士的功劳，以增加蒂玛尔封地。1597年绘，托普卡帕宫博物馆藏

但蒂玛尔采邑的数量远远多于另外两类，因此奥斯曼帝国的采邑制习惯上被称为蒂玛尔制。可以看到，这种制度的根基是授予用金额表示的征税权。

获得征税权的在乡骑士，在当地上级军官的指挥下，有义务在夏季集中起来参加军事行动。服兵役的时候，根据蒂玛尔采邑的额度，在乡骑士提供相应数量的马匹、武器、帐篷和随从，并到指定地点集中。

这样集中起来，在省军政官指挥下的军队称在乡骑士军（希帕西骑兵，Sipahi）。据史料记载，1527年，奥斯曼帝国的在乡骑士在巴尔干有10688人，在西安纳托利亚有7536人（加上在东安纳托利亚、阿拉伯地区及其他地区，总计约28000人）。其中，巴尔干的在乡骑士及其随从组成的军队总计达44000人。

蒂玛尔的额度根据战场的情况和军人的表现有增减，逃脱或者未在集合地点出现，采邑会被没收。相反，如果有军功，

采邑的额度就会增加。赏罚分明地管理在乡骑士是政府的重要任务。因此，奥斯曼军队开赴前线的时候，书记官同行，负责颁发记录军功的证明。赏罚分明的蒂玛尔制，保证了骑士们的士气。

在乡骑士在战场上，接受有封地的市或省的上级军官的指挥。在14、15世纪，这些高级军官直接参与对下属骑士的蒂玛尔分封，负有整编地方骑士军的责任。但是，随着奥斯曼帝国的中央集权化，授予蒂玛尔的权限慢慢收归中央。到16世纪，只能通过中央政府，也就是以苏丹的名义实施了。

蒂马尔制——统治农村

平时，在乡骑士是一种行使征税权的税官。被授予的蒂玛尔，多数是在农村的征税权。所以，在乡骑士的工作是从农民那里征税，并且在相关的经济活动中管理农民。

必须注意，在乡骑士被授予的只是征税权，绝非土地和人口的统治权和所有权。因此，在乡骑士没有权利要求农民在自家的农地上服劳役，也无权裁判农民之间的纠纷，更无权处罚农民。司法权属于地方法官（qāḍī），警察权属于县级长官。而且，高级军官有义务监督下属的骑士是否有随意役使农民的行为。

不过，蒂玛尔制度随着时代的发展也在调整。14世纪开始，采邑相关的信息逐渐登记造册，形式上日趋完备。15世纪后半叶巴耶济德二世时代，政府通过颁布法令、发出通告对蒂玛尔采邑加以管理。从那时起，政府以市为单位，结合当地的实际与习惯，以地方法令的形式公布了在乡骑士的权利和义务。

在蒂玛尔制度下，农民耕种土地，完成缴纳当地确定的土地税和什一税的义务后，就可以确保土地的收益权。作为各村征税人的在乡骑士，一般居住在距离村庄较近的都市。他们经常在农村巡视，在秋季和春季确定的日期向农民征税。许多地方法令规定"骑士有每次在乡村居住三日，接受村人款待的权利"。不过，这种法令并非在帝国全境通行。

征税调查与分封蒂玛尔

蒂玛尔制的实施有一个大前提。例如，授予在乡骑士一万银币的蒂玛尔，奥斯曼侯国政府必须明确哪些村庄的征税额核算起来是一万银币。为此，政府在被征服地区实施了被称为"塔弗里尔"的税源调查，确定征税总额。调查的记录被严格保管。苏丹皇位更替或有其他大变动的时候重新调查，尽力保持一手调查资料的准确性。蒂玛尔采邑的分封就是以征税调查的结果为基础的。

现在以1431年开始的阿尔巴尼亚市（包括今阿尔巴尼亚和希腊）的蒂玛尔分封为例，介绍这种制度。

在阿尔巴尼亚市，哪些人被授予蒂玛尔呢？根据伊那尔杰克整理的阿尔巴尼亚市蒂玛尔分封记录，在335名被授予者中：甲类占30%，属于安纳托利亚各地来的突厥裔骑士；乙类占12%，身份来源不明；丙类占58%，是信仰基督教或伊斯兰教的巴尔干人。丙类又分三种，a种被授予者占总数335名的20%，他们属于为高级军官效命的"奴隶"军人；b种占总数的20%，是直接受苏丹指挥的"奴隶"军人；c种占18%，是以基督徒身份参加奥斯曼侯国的阿尔巴尼亚出身的骑士。

这里说的"奴隶"是指作为战俘被编入苏丹直属部队或其他军人麾下的属于巴尔干旧统治阶层的军人。授予蒂玛尔采邑时，明确登记"奴隶"军人（丙类中的a种和b种）的征税权"属于个人所有"。他们很多人的父辈用的还是基督教徒的名字，自己则刚刚改宗不久，起了伊斯兰风格的名字。在阿尔巴尼亚市，这类蒂玛尔采邑的领有者占总人数的40%。

没有成为"奴隶"，以自由身份为侯国作战的基督教骑士占18%，毫无疑问，他们曾经为阿尔巴尼亚的旧领主服务。在战争中他们倒向奥斯曼侯国一方，或者有志于加入掠夺等，从而加入奥斯曼的统治阶层。

在阿尔巴尼亚市，被授予蒂玛尔的军人中至少有58%曾服务于当地的旧领主，由此判断，这一时期新的奥斯曼统治阶级的混合性一目了然。虽然阿尔巴尼亚市的统计不能代表整个巴尔干地区的情况，但可以作为一个参考。

奥斯曼侯国在巴尔干通过分封蒂玛尔，将当地的中间支配层大量吸收进来，因此统治逐渐稳定，并在实质上扩大。在阿尔巴尼亚市的数据中，出身巴尔干的采邑获得者的数量超过了安纳托利亚出身者，不过遗憾的是，巴尔干总体的数据还没有办法统计。

培养"苏丹的奴隶"

耶尼切里军团的创立　奥斯曼侯国从14世纪中叶开始,创立了以保卫苏丹为首要职能的常备军,其兵源多数来自巴尔干。常备军的核心是耶尼切里军团,创立于14世纪中叶穆拉德一世在位时期。最初它是由在战争俘虏中挑选的精壮编成,后来通过被称为"德米舍梅"的制度补充。德米舍梅类似于征税一般,征用少年补充常备军。史料明确记载了1395年巴耶济德在位时期实施德米舍梅的情况。

穆拉德一世的时代,耶尼切里军团的数量是两千人;15世纪前半期穆拉德二世的时代达到三千人,他们是名副其实的近卫军精锐。他们有军饷,总是保卫在苏丹周围,有值得夸耀的特权。

这种特殊地位用"苏丹的奴隶"(卡普库鲁)一词来表示,"卡普库鲁"直译就是"门旁的奴隶","门"是指苏丹的家,"卡普库鲁"是苏丹私家的奴仆。他们属于伊斯兰法定义的奴隶身份,但只是表面如此。"苏丹的奴隶"仅仅对苏丹而言是奴隶,而且只要在宫廷和军中有职位,就不会被解放。他们属于苏丹,生存权也掌握在苏丹手中,但对苏丹以外的世界来说却属于特权阶层。耶尼切里军团属于"苏丹的奴隶"的一部分。

耶尼切里的数量,如下一章所见,随着帝国的扩张而逐渐增加。在穆罕默德二世的时代，从五千增加到一万左右；在苏莱曼一世时期，增加到一万两千至一万三千人。15世纪后半期，常备军开始使用枪炮。16世纪，用最新式火枪装备的耶尼切里步兵和炮兵成为奥斯曼帝国对外远征的核心力量。

耶尼切里坐像 曾在伊斯坦布尔活动的意大利画家真蒂莱·贝利尼所作。1479年至1480年，大英博物馆藏

德米舍梅制度

如前所述，德米舍梅是为补充"苏丹的奴隶"而推行的在巴尔干各地征用男童的制度。根据需要，这一制度不定期地举行，主要在农村征用八至十五岁的少年。每家征用一人，犹太教徒除外，工商业者子弟和已婚者除外，但实际上也看到各种例外。一经录用的少年，登记造册，集体送往伊斯坦布尔进修。为学习土耳其语，他们还要被安排到基层农村接受训练，在此期间，政府发给工资。农村训练结束后，他们返回伊斯坦布尔，编入预备役，参加耶尼切里军团。不过，被征用的一部分少年留在宫廷御用，成为和从军的耶尼切里完全不同的精英阶层。

下页的图画是16世纪中叶巴尔干出身的宫廷画家绘制的德米舍梅制度实施图。这位宫廷画家也是从"苏丹的奴隶"中培养出来的，早年可能也是通过德米舍梅制度征用的。在以巴尔干风格的教会庭园为背景的图画中，画家冷静地描绘了被征用的身着红衣的少年、面无表情只顾记录的书记官、收受金钱的实力派军人，以及对征用少年表示不满的母亲、负责协调的主教和身份不明者的形象。

这幅画中留存着画家少年时代对故乡的最后印象和他对母亲的模糊记忆，其余则是想象。不过在这幅多数人面无表情的细密画中，可以看到红衣少年表现的不安及喜悦。画家

实施德米舍梅的场景 1558 年绘，托普卡帕宫博物馆藏

的人生也是如此，通过德米舍梅制度走向未知的世界，走向更为安定的生活的起点。苏丹的奴隶中，像画家这样靠特殊才能走上职业道路者大有人在。而更多的人则是告别了家乡，开始了作为步兵在战场上冲锋陷阵的军旅生涯。

深宫中长大的"苏丹的奴隶"

通过德米舍梅制度征用的年轻人，其中一些被选拔出来并送到宫廷。不过 16 世纪后，这种情况才多见一些。15 世纪以前，宫廷更多的是通过另外的渠道接受"苏丹的奴隶"。即从接受奥斯曼统治的巴尔干或者安纳托利亚的旧王族、贵族的后代中选取适合的人才，变成"苏丹的奴隶"。他们作为侍童，在奥斯

曼家族的宫廷中接受教育、训练，其中多数成为了奥斯曼帝国的军人政治家。这种方式可以说是作为人质，也可以认为是通过加入奥斯曼统治阶层，使自己和整个家族得以延续的手段。

"苏丹的奴隶"中，阿尔巴尼亚出身的斯坎德培（又称伊斯坦德尔培）是个特例。他的本名是吉鲁吉·卡斯特利奥特，出身于阿尔巴尼亚贵族家庭。九岁的时候，父亲臣属于奥斯曼帝国，他也被送到埃迪尔内的宫廷，作为侍童培养。成年后，斯坎德培离开宫廷，返回故乡阿尔巴尼亚，被任命为县级长官，接受了蒂玛尔封地（在前文提到的阿尔巴尼亚的蒂玛尔封地记录簿中也有他的名字）。可是，由于对封地和长官不满，他最终向奥斯曼侯国举起义旗，与本土势力及威尼斯联合，反抗穆拉德二世和穆罕默德二世的统治。最终，阿尔巴尼亚被奥斯曼帝国征服，但由于长期抗击奥斯曼帝国，到了近代，斯坎德培被视作阿尔巴尼亚的民族英雄。

如果斯坎德培仕途顺利，不举起义旗，他肯定会通过在阿尔巴尼亚地区的政绩，作为奥斯曼侯国的军人继续活跃下去。实际上，许多"人质"出身的人也成为奥斯曼帝国上层统治者的主要成员。

例如，在15世纪后半叶穆罕默德二世在位时期（1451—1481），担任大宰相的八人中，有六人是巴尔干地区出身，有四人是巴尔干旧统治阶层。这四人中有三人出身拜占庭贵族家庭，但他们在灭掉拜占庭帝国的奥斯曼帝国的官场安身立命，并且晋升为大宰相。作为人质进入奥斯曼帝国宫廷的人，和按照德米舍梅制度被征用的人一样，被视作"苏丹的奴隶"。所谓"奴隶"，在这里只是意味着直属于苏丹的一种特权。

在巴尔干和安纳托利亚，这种交换人质的政治习惯是从奥斯曼帝国成立之前延续下来的。不同派系的贵族、各国统治者在政治实力的博弈中进行着人质交换。奥斯曼帝国也仿效拜占庭帝国，在征服或臣服的地区，把旧统治阶层中的适龄子弟送入奥斯曼宫廷，亲自教育，最终把他们培养成奥斯曼帝国的军人。虽然也有斯坎德培这样罕见的例子，但多数人质都是以奥斯曼军人的身份度过一生。他们的命运从进宫那一刻起就和奥斯曼帝国的命运联系在了一起。

本章写的是 1350 年至 1450 年间，以巴尔干为舞台的奥斯曼侯国发展为奥斯曼帝国的过程。在这里，和安纳托利亚出生的突厥系伊斯兰教徒一样，巴尔干出身的基督教徒也被委以重任，二者共同构成了奥斯曼国家的统治阶层。阿金基、在乡骑士、被称为"苏丹的奴隶"的耶尼切里和宫廷出身的军人精英，都有巴尔干出身者。正如前文所述，有很多基督教徒在不改宗的情况下加入到奥斯曼政权之中。

在接下来的 16 世纪，统治阶层中已看不到基督徒的身影。与其说基督徒被排除出奥斯曼的统治阶层，更确切的答案是他们已经改宗，成为伊斯兰教徒了。伊斯兰教徒承担整个国家领导重任的时代开始了。

但是，这仅仅是改宗个人的事情。改宗的时候，不用说祖先，就连父亲、祖父，甚至同辈的兄弟都不会被要求是伊斯兰教徒。作为新改宗者的"苏丹的奴隶"毫无政治包袱。

直到16世纪末，"苏丹的奴隶"主要还是从巴尔干地区得到新的补充，在随后的一百年中，他们为奥斯曼帝国的军事上的辉煌发挥了重大作用。

第三章

在苏丹麾下战斗（1450—1520）

攻陷君士坦丁堡与十八次远征

苏丹时代开始 1451年，穆罕默德二世即位。穆罕默德二世、巴耶济德二世、塞利姆一世和苏莱曼一世统治的一百年间，奥斯曼帝国在疆场上战果辉煌，控制的疆域远远超过了全部推行蒂玛尔制的"本土"。本书第三、四章将按顺序梳理这四位苏丹执政时期的历史。

这四位苏丹，个性相异，但都具备领袖才能，各自主导着奥斯曼帝国的一个时代。他们成功的基础是此前一个半世纪形成的独特的适应军事征服和政治统治的体制。军事上，在乡骑士和"苏丹的奴隶"构成的常备军冲锋在前。背后相应的行政与司法制度也逐渐完备。在占领巴尔干半岛过程中积累的统治经验，使整个帝国有效控制了包括安纳托利亚中东部在内的广大地域。

上述四位苏丹执政的时代,整个体制进一步向中央集权的方向发展。统治的方法以法令的形式固定下来,作为规范传于后世。随着综合国力的提高和战场上的胜利,战利品和新增税收充实了国库。财富的增加使苏丹有余力发动下一次征服战争。以军事领袖苏丹为中心的中央集权制是奥斯曼帝国的最大特征。

中央集权的加强带来了一系列副作用,在安纳托利亚尤为显著。前章所述的一百年间,多瑙河以南的巴尔干地区被纳入奥斯曼帝国的统治体制之内。但是在安纳托利亚,这种统治体制的完善却是在15世纪中叶开始的。虽然奥斯曼帝国被视为"土耳其人的国家",但它在16世纪面临的一个难题就是安纳托利亚地区的土耳其系游牧民族。用对外辉煌战果装点起来的苏丹的时代,也是对内用武力和强权压制安纳托利亚的"土耳其人"的时代。

包围君士坦丁堡

对君士坦丁堡的征服开启了英雄式的苏丹的时代。拜占庭帝国的皇帝宛如西沉的落日;君士坦丁堡成了一座无援的孤城。千年古都的荣光不会轻易消散,拜占庭人或多或少期待着奇迹的发生;进攻者也承受着心理压力。结束这些悬而未决的问题的是即位不久的穆罕默德二世。

1451年,再度登上苏丹宝座的穆罕默德二世,在采取了一系列牵制周边国家的措施之后，在博斯普鲁斯海峡最狭窄的地方构建要塞，形成了对君士坦丁堡的包围。这个新要塞的对岸就是包围了君士坦丁堡八年之久的巴耶济德一世修筑的要塞（阿纳多利·希萨尔城）。这样，从博斯普鲁斯海峡两岸都可以攻击从黑海沿岸的威尼斯殖民市派遣来的援军。

穆罕默德二世肖像 意大利画家真蒂莱·贝利尼作于 1479 年至 1480 年，英国国家美术馆（伦敦）藏

威尼斯是拜占庭帝国的最大盟友，其援军对苏丹来说是一种威胁。拜占庭帝国只有五千人左右的旧式军队，其防卫依靠来自威尼斯和热那亚的援军、少量雇佣军，以及市民。

继巴耶济德一世、穆拉德二世之后，穆罕默德二世是第三位包围君士坦丁堡的奥斯曼苏丹。先前，巴耶济德一世企图长期围困君士坦丁堡，但由于军粮供应问题，战争比预想的持久，最终以苏丹的失败告终。腹地纵深的君士坦丁堡能够进行持久防卫，大规模和长期的包围战无法奏效。

有此前车之鉴，穆罕默德二世决定速战速决，特别是以最新研制出的巨炮对大陆一侧的城墙全面轰击，以十万（一说是十六万）军队对八九万人的绝对优势，力求早日攻破君士坦丁堡。巨炮的研制者是苏丹雇佣的匈牙利技术人员。

刚开战时,奥斯曼帝国的海军和威尼斯海军相比处于劣势。苏丹军队直接侵入金角湾。穆罕默德二世避开了海上的正面交锋,出奇制胜,利用涂油板将船队拖上岸,越过金角湾一侧对岸的丘陵,然后直接驶入金角湾内。这是在海陆两方面不惜财力物力的全面战争。对于发动这场征服战,苏丹的侧近也有反对者,一旦失败,势必影响苏丹的权威。对于在阵前指挥的穆罕默德二世来说,这是一场生死攸关的战役。

君士坦丁堡的陷落

正因如此,这场胜利以给穆罕默德二世带来众多好处。包围持续了五十日以后,苏丹下令在1453年5月29日黎明前发起最后的总攻。奥斯曼军队像潮水一样冲入这座千年古城。这一天,拜占庭帝国灭亡。拜占庭皇帝战死,但其遗体并未找到。穆罕默德二世随后就使用了"征服者"的称号,这场胜利也使得他的权力在战后进一步集中。

加入包围战的意大利人、拜占庭文人和很多奥斯曼人都记录了这场具有历史意义的中世纪大决战。所以,后人很详细地了解到战斗的过程。不过,即便如此也有很多不清楚的地方,比如,城市被破坏到何种程度。对于征服后奥斯曼士兵究竟掠夺了几天,各种史料也众说纷纭。伊斯兰法承认士兵有掠夺三日的权利,但认为掠夺在一天之内收场是比较妥当的观点。有史料记载奥斯曼一方进行了彻底的掠夺,但另一方面,因为被纳入了奥斯曼帝国的保护之下,也有很多没有被破坏的建筑物和免于逮捕的平民。穆罕默德二世不希望破坏城市，想将各方面的破坏减到最低程度，这一点各史料记载是一致的。对于俘虏，苏丹态度慎重、区别对待。特别是对拜占庭帝国的部分贵族，确保他们交纳赎金以后就能够自由。

穆罕默德二世很快进入了圣索菲亚大教堂，将其改为清真寺。此外，在征服之后，城市的主要教会与修道院也被改建为伊斯兰教设施。这些宗教设施是整个城市复兴的核心。其中包括保

君士坦丁堡攻防战 上图是千余年来作为君士坦丁堡屏障的迪奥多西城墙。下图是当时的巨炮。伊斯坦布尔军事博物馆藏。该炮重达十五吨，据说是进攻君士坦丁堡时使用的。笔者拍摄

存到今天的卡朗德哈东正教教堂，不过也有些设施则仅在战争后的奥斯曼帝国史料中出现过名字，比如阿里斯托医院。宏大的君士坦丁堡并非在陷落后的一天内被掠夺毁掉，而是在被征服以前就近乎荒废。我们可以认为穆罕默德二世希望把城市尽快恢复到可以使用的状态，以便由奥斯曼帝国继承。

陷落三日后的星期五礼拜在圣索菲亚清真寺举行。主持者是出身于大马士革的苏丹的宗教事务助手阿克西姆·赛廷。他在包

围战的最后阶段，宣布找到了先知穆罕默德的教友阿尤布的墓，以此来鼓舞士气。阿克西姆·赛廷大肆宣传奥斯曼帝国对君士坦丁堡的征服是伊斯兰教的胜利。他书写的文辞优美的捷报，还送到了开罗的马穆鲁克王朝的宫廷。

建设新都

依据奥斯曼帝国的史料，在征服战进行时，穆罕默德二世就宣称要将"宝座移往伊斯坦布尔"。君士坦丁堡被攻占后，具体的复兴政策很快提出。但作为城市的名称，多数情况还是使用"君士坦丁堡"（土耳其语称"君士坦丁尼亚"，下文一律称伊斯坦布尔）。

穆罕默德二世首先确保未被逮捕的或已支付赎金而获得自由的希腊人的安全，承诺维持旧有的习惯与宗教。而且，他还保证了在加拉塔地区的热那亚商人的人身安全、通行和买卖的自由，虽然热那亚曾经支持拜占庭帝国。

另外，穆罕默德二世为复兴这座人口锐减的城市，给予了参加攻城的军人、欧莱玛、苏菲派成员市内建筑物的居住权。根据后来的诸文书，作为军功的奖励而获得市内不动产的人中，就有在征服战中做出重大贡献的巨炮研制者匈牙利人乌尔班，还有在第一章介绍的著有编年体史书的阿修克·帕夏·扎迪。而且，穆罕默德二世向帝国各地派遣使者，招募自愿移居伊斯坦布尔的人。

不过这些并不能完全达到效果，于是他从奥斯曼帝国统治下的大城市及其他被征服地区选出富裕的商人、工匠，强制将它们迁移到伊斯坦布尔。这种政策在各地引起了不同程度的混乱。

关于城市的复兴，在征服战争后，帝国政府首先开始修补城墙、建设要塞，以防备可能到来的十字军的攻击。结果，连十字军的影子也没出现，新加固的城防再也没派上用场。

1457年，穆罕默德二世提出了在伊斯坦布尔建立大型市场和商队专用旅社的计划，目的是为移居来的商人和手工业者从事经营活动创造条件。依据伊斯兰世界的商业习惯，这些商业设施会租赁给商人和手工业者。穆罕默德二世将这些商业设施"捐赠"给圣索菲亚清真寺，商人和手工业者上交的租金用于维护和管理宗教设施。这被称为"瓦合甫（Vakıf）"制度。

在统治的后半期，穆罕默德二世在过去的圣使徒教会所在地修建了宏伟壮丽的梵提夫清真寺。圣使徒教会所在地是拜占庭帝国历代皇帝的墓地。在象征着拜占庭王权的地方修建象征奥斯曼王权的苏丹清真寺，绝非突发奇想，这是穆罕默德二世

1453年颁布的承诺保障居住在君士坦丁堡的热那亚商人的安全的奥斯曼文书　希腊语。1453年。大英博物馆藏

第三章　在苏丹麾下战斗（1450—1520）

深思熟虑的结果。

穆罕默德二世不仅修建了各自的清真寺，而且命令身边的将军们根据财力在市内重要的地方修建自己的清真寺。不过，将军们的清真寺不能超越苏丹的规格，而且大小是统一的。以苏丹为顶点的权力金字塔在建筑上已经有所体现。

苏丹极力倡导的建设计划和人口政策推动了伊斯坦布尔的复兴，在征服战争后的三十年，城市的人口又恢复到十万，其中四成是希腊正教徒、亚美尼亚教徒和犹太教徒。1453年以前几乎是零的伊斯兰教徒迅速增长到全市人口的六成。在新来的移民中，非伊斯兰教徒也有很多。奥斯曼帝国不问宗教出身，积极吸纳富裕的商人和手工业者移居伊斯坦布尔。伊斯兰教徒占六成、非伊斯兰教徒占四成的伊斯坦布尔人口比例一直维持到20世纪。

被诅咒的伊斯坦布尔

在今天看来，帝国的领土已经扩展到整个巴尔干和安纳托利亚，选择伊斯坦布尔为首都是理所当然的。但在当时，这种选择也并非顺理成章。因为，奥斯曼帝国的部分臣民，不会自然而然地把自己当成在伊斯坦布尔深宫里居住的伟大的苏丹所缔造的国家的一员。

他们多数是在国境地带作为阿金基而活跃的自由身份的骑士。虽然被整合到了领受蒂玛尔的在乡骑士之中，但是和由"苏丹的奴隶"构成的常备军和苏丹侧近集团相比，他们对苏丹保持着独立性。他们希望维持这种独立性，在战场上继续拼杀。

他们为征服君士坦丁堡做出了贡献，并为此庆祝，但同时，他们不希望战后苏丹停止不前，而应该还都埃迪尔内，继续向遥远的西方出征。这种"反伊斯坦布尔"的心理背后，是骑士们对奥斯曼"帝国"建立后苏丹的强权和自身受到的束缚的反感。

穆罕默德二世的三个儿子中，杰姆王子在上述人群中威望很高。杰姆王子编纂了英雄传记《萨尔托克（Saltuklu）之书》，在其中反复强调奥斯曼帝国的都城应该在埃迪尔内，伊斯坦布尔是不吉利的城市。另外，从穆罕默德二世的时代开始广为流传，后来被多部奥斯曼帝国编年史引用的"君士坦丁堡和圣索菲亚的传说"，也在反复讲述这座城市的不幸。穆罕默德二世的帝国化野心或明或暗地遭到批判。不希望定都伊斯坦布尔的特定人群的不安，被假托成"古代罗马贵族的不幸"，并用各种方式表现出来。这股思潮的核心是伊斯坦布尔是一个反复被征服者践踏的城市，是一个被诅咒的城市。这些言论和书籍还举出穆罕默德二世为重建伊斯坦布尔而消耗巨额资金，杀害在建筑苏丹清真寺过程中出错的建筑师等史实，以证明伊斯坦布尔的不吉利。

后来目睹伊斯坦布尔的繁荣的人们会对这种反应感到莫名其妙。但是，对当时的人们来说，苏丹在伊斯坦布尔修筑新的宫殿虽然标志着新时代的到来，却也带来了不和谐感。新修的托普卡帕宫殿被厚厚的高墙包围，对人们开放的空间只是其中一小部分。那些在战场上浴血奋战的骑士，再也难以看到苏丹的尊容。

但是,号称"征服者"的穆罕默德二世,强力压制那些反对定都伊斯坦布尔的声音,把耶尼切里等"苏丹的奴隶"置于部队的核心位置,在此后的三十年间,继续开疆拓土。

东征西讨三十年

穆罕默德二世在攻占君士坦丁堡以后的三十年间,不断东征西讨。他曾十八次御驾亲征。从次数看,夏季开始并长达数月的远征已经成为苏丹每年的"例行工作"。

远征的目标几乎覆盖了在一个夏天之内能够到达的所有地区。穆罕默德二世统治前期,在巴尔干夺取了塞尔维亚、希腊(包括色雷斯、爱琴海和伯罗奔尼撒半岛)、波斯尼亚;在安纳托利亚消灭了特拉布宗王国和卡拉曼侯国。在统治后半期,穆罕默德二世投入了对乌尊·哈桑领导下的白羊王朝(土库曼民族建立的波斯系帝国),还有对威尼斯的战争。威尼斯、匈牙利和白羊王朝结成了反奥斯曼帝国的同盟。各地的战况随时在变化,穆罕默德二世审慎地判断形势,拟定下一步的作战计划。他无疑是一位有才能和决断力的出色指挥官。

然而,战场上没有常胜将军。亚诺什·匈雅提率领的匈牙利军队守卫的贝尔格莱德久攻不下。穆罕默德二世的战略没能奏效。征服特拉布宗王国以后,对安纳托利亚的远征也陷入了困境,苏丹对耶尼切里军团支付了特别奖金以后,大军后撤。虽然最终被放逐,但瓦拉几亚(今罗马尼亚)的弗拉德三世和阿尔巴尼亚山岳地带的斯坎德培率军激烈抵抗，结果，帝国对上述地区只能维持间接统治。海军强国威尼斯成了奥斯曼帝国的宿敌，二者之间的战争进入僵局，进而导致了圣约翰骑士团盘踞的罗德岛久攻不克，穆罕默德二世的大军最终没有威胁到欧洲的核心地。

但是，经过三十年的征战，从多瑙河到幼发拉底河，除少数岛屿外，几乎都成为奥斯曼帝国的疆土。在这广大的地域，穆罕默德二世将许多半独立的属国和意大利城市国家支配的地方全部荡平，为了将许多地方纳入直辖范围，或牵制能够在背后干涉上述地区事务的政治力量而发起进攻，因此，他的远征有巩固奥斯曼帝国"本土"的性质。在新征服的地区，奥斯曼帝国依次实行征税调查，推行蒂玛尔制。穆罕默德二世直接统治的疆域的大半地区，奠定了19世纪之前奥斯曼帝国的疆土。

奥斯曼帝国也在开拓海疆。穆罕默德二世向黑海北岸派遣舰队，驱逐了克里米亚半岛及其周边的热那亚和威尼斯的武装力量，同时利用克里米亚汗国陷入继承人之争的局势，迫使其承认了奥斯曼帝国的宗主权。黑海成为奥斯曼帝国平静无波的内海。

穆罕默德二世消灭了塞尔维亚王国和波斯尼亚的割据政权。在安纳托利亚方面，带有拜占庭皇室血统的特拉布宗王国、奥斯曼帝国的宿敌卡拉曼侯国也都被征服者荡平。缓冲国的消失，使奥斯曼帝国和控制匈牙利的哈布斯堡家族、控制埃及和叙利亚的马穆鲁克王朝直接对峙。为进军波斯和伊拉克，奥斯曼帝

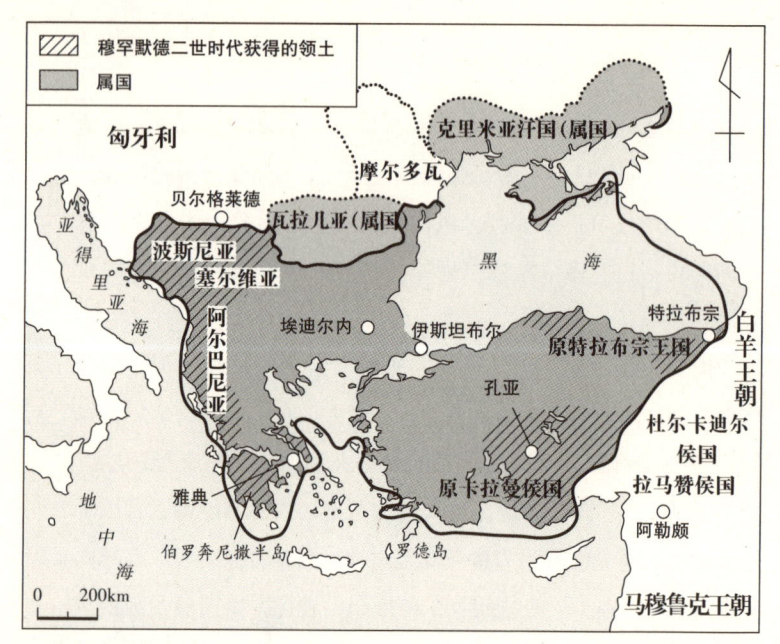

1480年左右的奥斯曼帝国 穆罕默德二世时期,帝国向东西方扩大,将图中黑线内侧的大部分地区置于直接统治之下,黑海成为奥斯曼的内海。

国一度陷入了和能与帖木儿帝国相抗衡的白羊王朝之间的纷争;白羊王朝的后继者萨法维(波斯)王朝成了奥斯曼帝国的劲敌。

接受亚历山大大帝的权杖　　穆罕默德二世末期的领土,与11世纪中兴时期的拜占庭帝国的疆域大致等同,都是以伊斯坦布尔为中心,在政治经济上能够控制的范围。奥斯曼帝国和拜占庭帝国一样,支配着伊斯坦布尔,控制了从中亚大草原地区前往黑海的北方贸易通道和从印度、波斯到地中海的沙漠商队通道。奥斯曼帝国用优质的产品保障自身供给，对过境物资收取关税。穆罕默德二世强化军备、数次远征，给国库带来沉重负担，在位时期国家时常陷入财政困难，但长期来看，这种扩张为奥斯曼帝国带来了巨大的经济收益。

统治如此广大区域的君主，自然会自视为东地中海的霸主吧。穆罕默德二世在宗教捐赠的文书等等中，称他的国家是继罗马（拜占庭帝国）之后崛起的帝国，并称自己是继承了亚历山大大帝权杖的帝王。他是否自视为塞尔柱王朝等突厥游牧国家的政治传统的继承者？他是否把权力来源追溯到了阿拔斯王朝（中国史书称"黑衣大食"）等"伊斯兰帝国"？后人不得而知。比较合理的认识是，穆罕默德二世作为安纳托利亚"当地"的君主，继承了"异教徒"亚历山大大帝和有基督教徒身份的罗马皇帝的帝位，他的这种世界观体现了伊斯兰时代的特征。

根据伊斯兰教的解释，时间从创世开始，经犹太教时代、基督教时代后，进入伊斯兰教时代，之后向终了之日流逝。基督教的黄金时代已经过去，帝国统治的疆土正向着伊斯兰时代迈进。这样的世界观，不仅是苏丹一个人的，也是刚刚接受伊斯兰教的巴尔干旧统治阶层共有的。正因为如此，他们才能在祖先代代相传的土地上成为新统治阶层的一员，并作为苏丹亲信大显身手。进入宫廷作为"苏丹的奴隶"身份的年轻人，也在这种世界观下成长起来。

两幅《书记员坐像》

穆罕默德二世重用阿克西姆·赛廷等人，尊重伊斯兰文化传统，另一方面，他也关心希腊古典文化和文艺复兴时期的意大利艺术。穆罕默德二世在1479年停止了与威尼斯的对抗，在当年8月向威尼斯元老院提出派遣优秀画家到伊斯坦布尔的请求。

应奥斯曼帝国的请求，威尼斯派遣了名声远扬的画家真蒂莱·贝利尼前往伊斯坦布尔。他在那里住了一年半。据说，穆罕默德二世的目的是希望能为自己画一幅肖像，并且为正在修建的宫殿画一些装饰画，但不管怎么说，他的各类作品都深受苏丹喜爱。1824年建于伦敦的英国国家美术馆现在还展出着以他的两幅《书记员坐像》为代表的作品。归国之际，真蒂莱·贝利尼获得了刻有苏丹"花押"（苏丹的签名或图章，又称图格拉）的金牌以及数不清的贵重礼物。在其最后的作品《亚历山大的圣马可》中，受委托完成该作品的弟弟乔万尼·贝利尼亲手描绘了他那佩戴金牌洋洋得意的样子。

值得一提的是，关于真蒂莱·贝利尼在奥斯曼宫廷的作品《书记员坐像》，还有一段历史的小插曲。那就是波斯和印度的画家也曾多次临摹这幅画。其中一张有在中亚和波斯非常活跃的著名画家贝赫札德（？—1533）的署名。虽然被认为是假的署名，但是，这幅画的画家一定是见过真迹才仿作的。

那么，书记坐像究竟是如何画成的呢？这张画原本是托普卡帕宫殿中收藏的一部画册中的一幅，画册是在萨法维王朝的宫

廷制作的。也许是伊斯坦布尔的穆罕默德二世（或其子巴耶济德二世），把包括《书记员坐像》在内的数张作品作为礼

《书记员坐像》 左图是由萨法维王朝的画家于1500年左右的仿作，弗瑞尔美术馆（华盛顿）藏。右图是真蒂莱·贝利尼于1479年至1480年所作，伊萨贝尔·斯图尔特·加德纳美术馆（波士顿）藏

物送给了白羊王朝，画册被萨法维王朝的宫廷获得，加上了波斯语题字，和中国、欧洲的景物画共同收集在一部画册中。这部画册在后来奥斯曼军队远征大不里士时作为战利品被带回伊斯坦布尔。但是它实际上是在波斯的临摹品。西方画家的作品成为伊斯兰教文化圈画家的教科书，不过，《书记员坐像》本来就是真蒂莱·贝利尼借鉴了奥斯曼帝国的袖珍画绘制而成的。作为背景的花卉等即是证据。

在这个膝上放着纸张、一心一意书写的年轻人的形象中，贝利尼到底寄托了什么，以及临摹这幅画的画家又想到了什么，后人已无从知晓。但从两幅《书记员坐像》可以看出，东西方两个世界一直在相互交流，在伊斯兰世界禁止的人物画早就广泛流行。

巴耶济德二世的时代

继承人之争与王子杰姆

1481年1月,贝利尼回到威尼斯。同年夏天,穆罕默德二世召集军队,没有告知目的地,就从安纳托利亚出发了。这是使敌人猝不及防的策略。因此,战争的对象是谁?一时间众说纷纭。但是,出发不久,穆罕默德二世病故。他的死使奥斯曼帝国再次陷入继承人之争。

穆罕默德二世有三位王子,最有才能的穆斯塔法在1474年早逝。根据斯塔夫里迪斯(Stavrides)的研究,这是一起大宰相实施的暗杀事件。围绕大宰相卡拉马尼·穆罕默德·帕夏的妻子,王子与大宰相产生争执。余下的是杰姆与巴耶济德。耶尼切里常备军支持巴耶济德。支持杰姆的是突厥贵族出身的大宰相卡拉马尼·穆罕默德·帕夏,这位大宰相主张把杰姆先迎接到伊斯坦布尔,但他被耶尼切里军团杀死,随后巴耶济德二世宣布继位。杰姆王子以布尔萨为据点发起叛乱,失败后带着妻子和母亲(穆罕默德二世的妃子)逃往马穆鲁克王朝统治下的开罗。

这是耶尼切里常备军影响苏丹继承的最早例子。在下一任苏丹(塞利姆一世)继位的时候,类似的剧情重演。即位后的巴耶济德二世不得不给耶尼切里军团重金回报,授予他们种种特权。

在混乱中开始的巴耶济德二世时代同前任相比,远征和战争的次数大为减少。只有稳操胜券,苏丹才肯出兵。奥斯曼帝国很难保证在与东西两线的宿敌的对峙中同时取得优势。

一系列政策标明,巴耶济德二世在避免穷兵黩武。结果,巴耶济德二世统治的三十年间,使穆罕默德二世末期已消耗殆尽的国力略有恢复。在避免战争的策略之下,巴耶济德二世全力更新陆海军武器。武器革新的成果为16世纪帝国新一轮扩张奠定了基础。

杰姆王子的墓(左侧) 从意大利运回的杰姆的遗体被送到布尔萨,葬在其兄穆斯塔法的墓地

在财政方面,巴耶济德二世继位的时候,国家财政非常困难。巴耶济德二世废除了穆罕默德二世推行的导致社会不满的各种税收。削减支出,重建财政是巴耶济德二世的使命。

弟弟杰姆离开开罗,经安纳托利亚前往圣约翰骑士团控制的爱琴海的罗德岛。他依靠欧洲人的支持在罗德岛盘踞十三年,这种异常的情况对巴耶济德二世时代的外交有很大影响。杰姆是罗马教皇与欧洲各种政治力量对奥斯曼帝国政策的一枚棋子。1495年,杰姆王子客死那不勒斯。遣送遗体也成为政治交涉的筹码,四年之后,他的遗体被运回国内,埋葬在布尔萨,陪同英年早逝的兄长穆斯塔法。他的母亲和妻子、女儿受到巴耶济德二世的保护,但是,男性子孙除一人逃往罗德岛后改宗基督教外,全部被巴耶济德绞杀。

稳中有进的对外关系

杰姆流亡欧洲期间,巴耶济德对威尼斯、匈牙利的战略都面临困境。但是,在其周边却取得了少数重要对外战果。首先,他远征多瑙河北岸,攻占了黑海西岸的阿克凯里曼和多瑙河口的重要城市,将摩尔多瓦并为属国(1492)。这样黑海西岸的交通路线得以确保,对外战争中可以动员属国克里米亚汗国的骑兵。

另一方面,在东方,他们与马穆鲁克王朝的对抗进一步深化。双方之间夹着突厥系的杜尔卡迪尔(Dulkadiro)侯国。马穆鲁克王朝对分布在叙利亚平原,在安纳托利亚南部有据点的突厥系游牧民族有很大影响力。一时间,攻势咄咄逼人的马穆鲁克王朝进攻到中央安纳托利亚的开塞利,威胁到奥斯曼帝国。马穆鲁克王朝为确保对阿达纳地区的影响力,在1491年与奥斯曼帝国达成和平协议。在叙利亚平原和安纳托利亚高原,拉马赞(Ramazan)侯国和杜尔卡迪尔侯国成为马穆鲁克王朝与奥斯曼帝国的缓冲区。

1495年杰姆王子的死,成为巴耶济德二世对威尼斯和匈牙利开战的良好契机。巴耶济德二世调动克里米亚汗国骑兵和阿金基进攻波兰,挫败了波兰在黑海取得出海口的计划。

另一方面,奥斯曼和威尼斯争夺在伯罗奔尼撒半岛南岸和西岸面向亚得里亚海的城市,双方在各有胜负之后,于1503年议和。威尼斯依然保持着海上作战的优势,但面对从陆海两方进攻的奥斯曼帝国,逐渐失去了很多陆上据点。

为对抗威尼斯，奥斯曼帝国大力发展海军。15世纪末，大西洋已经进入大航海时代，葡萄牙和西班牙的大型帆船开始远距离航海。在地中海，单层甲板的大帆船也在改良，已经可以搭载火炮。在这一时期，奥斯曼帝国的海军在技术革新方面并不逊色于欧洲各国的海军。在和威尼斯的战争中，奥斯曼帝国使用了最新的配备武器的船只，所以才能在海战中首次压倒威尼斯。

奥斯曼帝国的成功得益于在战争技术革新的时代从意大利还有欧洲其他国家积极招聘技术人员。其中就有"收复失地运动"之后被流放到西班牙的犹太教徒。这群人的后裔在15世纪90年代移居伊斯坦布尔，在五百年后依然生活在这座横跨欧亚两洲的大都市。同样，在地中海活跃的海盗，有一部分也加入了奥斯曼帝国海军，并且受到重用。由多"民族"构成的奥斯曼帝国，特别欢迎对国家有用的人才，而不是过分警戒他们。对于那些居无定所、渴望重用的欧洲技术人员和军人来说，奥斯曼帝国是不错的就职选择。

东安纳托利亚与萨法维王朝

巴耶济德二世时代的另一个特征是伊斯兰文化传统开始在帝国统治阶层中渗透。巴耶济德的王子时代是在安纳托利亚的马西亚度过的。和父亲穆罕默德二世不同，他醉心于波斯和中亚地区成熟的伊斯兰文化。苏菲主义的思想、韵文诗、波斯传来的史书和文学作品流行于巴耶济德的宫廷中，和穆罕默德二世时代相比，奥斯曼宫廷"东方化"了。

新的力量在帝国东方崛起。高举什叶派旗帜的萨法维王朝，从正面向奥斯曼帝国对安纳托利亚的统治提出挑战。奥斯曼帝国牢固统治着巴尔干地区，正在强化海军，向西侧的海洋发展，但在穆罕默德二世时代，帝国才刚刚开始对生活着大量突厥系游牧民的中央安纳托利亚实现直接统治。安纳托利亚的东部和南部依然是帝国间接统治的区域。

奥斯曼帝国对安纳托利亚统治的脆弱性，在与萨法维王朝的对峙中不时暴露出来。在巴尔干稳固统治、加强中央集权的奥斯曼帝国对安纳托利亚游牧民族来说是外来政权。刚灭亡不久的突厥系诸侯国的骑士，即便被奥斯曼帝国录用，接受了蒂玛尔封地，但只要一有机会，就会摆脱帝国的束缚，寻求更自由的立场。这部分人是萨法维王朝极力争取的对象。不过，和什叶派的教义相比，游牧民族相似的价值观、部族血统的亲缘关系和部族成员间的平等更能打动这部分人的心灵。游牧民族对伊斯坦布尔推行的中央集权制有一种朴素的"反感"。

萨法维教团秉承极端的什叶派穆斯林教义。他们在里海南岸的阿尔达比勒产生，后来迁往东安纳托利亚，在从安纳托利亚到波斯的广大游牧民中争取信众。萨法维家族的族长伊斯玛仪自称是先知穆罕默德女婿、什叶派最初的伊玛目（负责主持公共仪式的宗教领袖）阿里再世，似乎经常宣称自己是神。1501年，萨法维家族击垮白羊王朝，攻占大不里士，随后占领整个伊朗高原，进而在1508年进入伊拉克，夺取巴格达。跟随伊斯玛仪的萨法维教团的游牧民，头戴红帽，围白色头巾，因此被称为"凯兹巴什"，即突厥语"红帽"之意。

伊斯玛仪自称神的代表，时常对信众吟唱为神而战的宗教色彩浓厚且具有煽动性的诗篇。这些诗篇在安纳托利亚的游牧民中传播，为伊斯玛仪争取了更多的支持者。多数凯兹巴什出生在安纳托利亚，他们已经成为波斯的统治阶层。安纳托利亚的许多游牧民受伊斯玛仪宣传的影响，或多或少有些动摇。当时在特拉布宗任职的塞利姆王子对此了如指掌，但也许是巴耶济德年事已高，也许是他对苏菲派的教义有所向往，总之，巴耶济德并未拿出有效的办法，反而是静观其变。但是，1511年，伊斯玛仪的同道者在西安纳托利亚的发起叛乱，事态变得严峻了。

塞利姆王子政变上台

西安纳托利亚叛乱的首领是安纳托利亚本土的小型苏菲主义教团领袖沙库尔。沙库尔的意思是"沙（王）·伊斯玛仪的奴仆"。他在阿舒拉节起兵，即什叶派最早的伊玛目阿里的儿子侯赛因殉教的日子，并且北上进逼布尔萨。很多对奥斯曼帝国心怀不满的人纷纷加入，恰如一伙暴徒，他们击败了科尔库特王子的军队，使奥斯曼帝国陷入混乱。巴耶济德二世派遣另一位王子艾哈迈德率军镇压沙库尔之乱，但平叛过程中，大宰相战死，帝国军队损失惨重。在此之中，下一任苏丹候选人科尔库特王子与艾哈迈德王子失去了耶尼切里军团的信赖，塞利姆王子后来居上，支持者越来越多。

先前介绍过，奥斯曼帝国新即位的苏丹杀掉兄弟已经成为惯例。每位王子都尽可能地作为市政官积累行政和军事指挥的经验，为争取苏丹宝座做准备。在此过程中，王子们争先恐后地发挥才能、建立军功、在伊斯坦布尔的各派政治力量中寻求支持。老苏丹通过把自己的后任任命为距离伊斯坦布尔较近的市的军政官，显示出王子们继承大位的可能性的顺序。最先进入伊斯坦布尔的王子将继承王位，但这已经是老苏丹去世以后的事情了。最终，在伊斯坦布尔获得广泛支持的王子才有继承王位的机会。这样，耶尼切里军团等首都常备军势力在王位继承中发挥了重要作用。

三个王子中最年轻的是塞利姆，在此之前，他继位的机会最为渺茫。塞利姆决定为政治前途做最后赌注，离开遥远的任地特拉布松，对父亲巴耶济德举起了叛旗，要求在巴尔干一侧获得距离首都较近的任地。这时，另外两名王位继承的竞争者正忙于应对沙库尔之乱。不过，这个时点的叛乱没有立刻成功，塞利姆王子被逼退到克里米亚半岛的卡法。父亲巴耶济德明确表示支持艾哈迈德王子。但是，镇压了沙库尔之乱后，计划率军进入伊斯坦布尔继承王位的艾哈迈德王子却被耶尼切里军团挡在城外，无法渡过博斯普鲁斯海峡，迫不得已退回安纳托利亚。盘踞在克里米亚半岛的塞利姆最后逼迫父王让位，并在1512年4月19日登上了苏丹的宝座。整个事件起决定作用的是耶尼切里军团。

巴耶济德二世在6月10日离开人世，有传言说是被塞利姆毒死的，不过真实情况已无法考证。即位的塞利姆一世在第二年率军击败了两个哥哥，将他们处死。留在帝国疆域内的两位兄长的孩子也都被斩草除根。这种兄弟残杀的惯例，让奥斯曼帝国皇室的血统丧失了很多支脉。

塞利姆一世的征服战

向萨法维王朝进军

塞利姆一世在混乱和血腥的气氛中即位，在帝国史上也就有了"雅布兹"（意为冷酷者）的外号。客观地评价这段历史，塞利姆对父亲和兄弟确实冷酷无情，但他的决断避免了奥斯曼帝国的分裂。

塞利姆一世即位后，迅速对萨法维王朝出兵。这并不是以开疆拓土为目的的远征，而是为巩固对安纳托利亚的统治，是国内问题的延续。因为与塞利姆一世对抗但处于不利地位的艾哈迈德王子向萨法维王朝的国王伊斯玛依求助，于是萨法维王朝派遣的部队在1512年3月袭击了中安纳托利亚的托卡特。艾哈迈德在1513年被杀，但其子穆拉德已经作为凯兹巴什骑兵加入到伊斯玛依的麾下。沙库尔之乱表明，安纳托利亚的突厥系游牧民族广泛支持伊斯玛仪，若他们与奥斯曼王家的一部分联合则有可能导致帝国的分裂，进而也可能导致安纳托利亚被萨法维王朝占领。

作为东部的特拉布松的军政官，塞利姆熟知这种危险，在即位前就决心根除萨法维王朝的影响。即位后，他首先与统治匈牙利的哈布斯堡家族缔结合约，避免了两线作战。之后在安纳托利亚各地搜捕伊斯玛仪的支持者，将他们投入监狱或者处刑。据说有四万人被杀。若这一措施确实存在，那么暗中支持伊斯玛仪的力量已经无处藏身。

塞利姆一世用强硬的手段根除了眼前的危险，随即挥师东征。他先请修行很高的穆斯林学者从教义中得出了"剿灭异端的凯兹巴什是圣战"的判断，确保了对什叶派出师有名。到这时为止，奥斯曼帝国也在安纳托利亚多次与伊斯兰教国家作战，但萨法维王朝非常重视伊斯兰教的宣传，因此他们有必要作为逊尼派的伊斯兰国家而加强理论武装。事实上，那时的奥斯曼帝国刚开始接受正统的逊尼派主张，但为了与萨法维王朝的争雄，迅速将其推进，变成真正的逊尼派接受者。

查尔迪兰战役　　1514年春，塞利姆一世率军从伊斯坦布尔出发，向东进兵。他们进兵的道路，被突厥系的杜尔卡迪尔侯国再次破坏。道路崎岖，粮草不足，耶尼切里军团内部也散布着不满情绪，但苏丹态度强硬，将消极反战的带头者处死。

奥斯曼军队进入萨法维王朝的领地之后，伊斯玛依的军队神出鬼没，以逸待劳。最终，8月23日，双方都投入近十万军队,在凡湖附近的查尔迪兰平原展开决战。面对敌方担任主攻的凯兹巴什骑兵,奥斯曼军队采取诱敌深入、大炮轰击的战术。奥斯曼军队的右翼作战很成功,但是左翼出现混乱,伤亡惨重。双方的主力都是突厥系骑士,虽说是奥斯曼帝国方面的在乡骑士,但是他们也并非不可能叛变到萨法维一侧。不利的战况如果持续下去,安卡拉惨败可能再度上演。

最终决定战局的是奥斯曼军队的枪炮。耶尼切里军团的火枪队投入战斗以后,形势很快转向奥斯曼一方。伊斯玛依重伤撤退,萨法维王朝的军队大败。

在枪炮中,容易牵引且角度灵活的轻型炮发挥了巨大威力。亲身体验到其威力的塞利姆一世不顾两千五百公里的距离,最终把多数火炮运到了决战地点。当然,耶尼切里军团的新式滑膛枪也远远胜过萨法维王朝的弓箭与刀剑。

塞利姆下令追击萨法维王朝的败兵,9月,挺进大不里士,并在那里停留了九日。大军在掠获大量战利品、俘虏无数优秀工匠后,返回伊斯坦布尔。

塞利姆一世原本计划在阿塞拜疆过冬,待翌年春天继续追击伊斯玛依,也许是想彻底铲除萨法维王朝的根基。但是,大规模的主力部队在敌方疆土上过冬是前所未有的事情。按照惯例,奥斯曼帝国的军队春季集合、夏季出征、秋季班师。因此,耶尼切里军团反对在阿塞拜疆过冬,甚至到了不辞发动叛乱的态势。塞利姆一世的班师回朝就是向耶尼切里军团妥协的结果。他

查尔迪兰战役 右侧是奥斯曼军队，左侧是萨法维王朝的军队。右下角是手持火枪的耶尼切里军团。绘于1525年，托普卡帕宫博物馆藏

回到阿马西亚，阿塞拜疆和东安纳托利亚依然在萨法维王朝控制之下。

占领东南安纳托利亚

奥斯曼军队在查尔迪兰战役中的胜利，对东南安纳托利亚的归属产生了深远影响。这片领地是萨法维王朝刚从白羊王朝夺取的。查尔迪兰战役的翌年（1515），再次从阿马西亚出发的塞利姆在3月攻克萨法维王朝的据点——埃尔津詹附近的凯玛城。从那里，塞利姆继续向东南安纳托利亚进军，1515年9月攻占这个地方的要冲阿米德（今迪亚巴克尔）。

从东南安纳托利亚直至北伊拉克的山岳地带，向来是由库尔德人的部落酋长实际控制的区域。他们向白羊王朝和萨法维王朝称臣，奥斯曼帝国任命旧白羊王朝中熟悉当地情势的伊德里斯·皮德里奇等人，对酋长采取怀柔政策。从结果来看，几乎所有的库尔德酋长都维持了世袭权力，臣服于奥斯曼帝国，并配合奥斯曼对萨法维王朝的战争。

下一个目标是南安纳托利亚。这里有附属于马穆鲁克王朝的

杜尔卡迪尔和拉马赞侯国。很快拉马赞侯国也臣服于塞利姆一世，而杜尔卡迪尔的君主阿拉乌达乌拉是塞利姆的外祖父，但他拒绝参加前一年的远征萨法维王朝的战争。对塞利姆一世来说，前一年的萨法维王朝与马穆鲁

塞利姆一世的征服战

克王朝可能的联手令人不安。事实上，结盟的动作已经开始。杜尔卡迪尔侯国占据的从托罗斯山脉直至丘库罗瓦平原的广大地域，正是交通和战略要道。

塞利姆对这里发起攻击，1516年6月，阿拉乌达乌拉败走，安纳托利亚最后的独立侯国杜尔卡迪尔灭亡。阿拉乌达乌拉的首级被送往马穆鲁克王朝的苏丹宫廷。这反映出攻击杜尔卡迪尔的背后是塞利姆意识到马穆鲁克王朝的存在。

对旧杜尔卡迪尔侯国统治的地区，奥斯曼帝国任命投降己方的阿拉乌达乌拉的外甥阿里为军政官。这种安排表明奥斯曼帝国阶段性地吞并安纳托利亚南部的新领土。对东南安纳托利亚的库

第三章 在苏丹麾下战斗（1450—1520）

尔德族酋长们支配的地区也是采取同样手法：先利用本土势力间接统治，再慢慢纳入直辖范围。

向马穆鲁克王朝开战　暂时返回伊斯坦布尔的塞利姆在1516年再度远征。历史学家很难判定塞利姆此次出兵的最初目标就是征服埃及的马穆鲁克王朝，还是要讨伐伊斯玛仪但在出兵途中才决定挥师南下。可以肯定的是，讨伐马穆鲁克王朝也是为了帮助对萨法维王朝的战局。讨伐马穆鲁克王朝，不仅意味着切断萨法维王朝和马穆鲁克王朝的联系，还意味着在经济上打击萨法维王朝。

塞利姆一世对萨法维王朝的战略之一是经济封锁，断绝其主要出口产品绢的对外贸易。波斯地区产的生丝通常运往布尔萨，由意大利商人把生丝或由生丝加工成的绢销往欧洲。波斯地区产的生丝质量高、价格贵，为它带来庞大的利益。为切断这条商路，塞利姆逮捕了许多在布尔萨的波斯商人，焚烧了许多丝织品，并禁止和波斯商人贸易。

通过布尔萨的贸易虽然被禁止了，但是，波斯产的生丝却被运送到了阿勒颇，因为从大不里士到阿勒颇还有一条商路。塞利姆一世计划夺取马穆鲁克王朝控制的阿勒颇，彻底切断马穆鲁克王朝与萨法维王朝之间的商路，1516年春，他再次率军从伊斯坦布尔出发远征。

为加强战争的合法性，塞利姆一世宣称从伊斯兰法的权威解释中得到启示：现在，塞利姆一世面对的马穆鲁克王朝，它与奥斯曼帝国同属逊尼派，且是麦加、麦地那的保护者，因此必须寻求更明确的正义性。塞利姆一世不断在伊斯兰法中寻找依据，并向叙利亚进军。

大马士革的伊本·阿拉比清真寺　塞利姆一世在开罗停留了九个月。回师途中在大马士革又停留了八个月，并在此期间，修复了伊本·阿拉比清真寺，在附近还建设了其他清真寺。伊本·阿拉比是出生在伊比利亚半岛安达卢西亚的伊斯兰神秘主义（苏菲主义）思想家。他曾经在安纳托利亚的孔亚居住，在大马士革走完了自己的人生。奥斯曼帝国有他的很多信众，塞利姆一世也是其中之一

与马穆鲁克王朝军队的最初战役发生在1516年8月的阿勒颇近郊，一小时左右，奥斯曼帝国的军队就取得了压倒性胜利。埃及的编年体史书记载奥斯曼军队"卑鄙地"使用了大炮与火枪，不过双方的军事实力确实也存在巨大差距。马穆鲁克王朝的阿勒颇守将哈伊尔·本投降，他先前就与奥斯曼帝国暗通款曲，投降后不久就被任命为奥斯曼帝国阿勒颇市的军政官。御驾亲征的马穆鲁克王朝的老迈苏丹康思布·扎乌迪（Qıansuh Al-Ghuri）死在逃亡的路上。塞利姆的军队挺进大马士革，所到之处势如破竹。在大马士革著名的乌马伊亚清真寺的宗教仪式上，"塞利姆"作为君主的名字开始使用，从而表明奥斯曼帝国已成为叙利亚事实上的统治者。

深秋临近，远征的季节接近尾声，但塞利姆继续挥师直捣开罗。刚刚即位的马穆鲁克王朝最后一位苏丹图曼·贝伊(Tuman Bay Ⅱ)率军抵抗，结果在开罗北部的来达尼亚战败。1517年1月开罗失守。但是，完全占领埃及并非一朝一夕之事。塞利姆一世又耗时两个月，镇压利用地利条件负隅顽抗的马穆鲁克，终于在3月末（一说4月中旬）抓获了马穆鲁克王朝的末代苏丹，将其处死。马穆鲁克王朝灭亡。奥斯曼帝国占领了埃及与叙利亚，开始统治一直居于马穆鲁克王朝保护之下的麦加和麦地那两处宗教圣地。

征服埃及带来的影响

此后，塞利姆一世在开罗滞留了数月。从进攻萨法维王朝时就希望早日回师东方的耶尼切里军团也没有表现出不满，而是和他们的最高主君塞利姆一世一道在埃及流连忘返。在此期间，塞利姆一世开始根据阿拉伯地区的社会结构，着手推行奥斯曼帝国的各种制度。和其他地区一样，塞利姆一世在叙利亚和埃及起用了很多马穆鲁克王朝的旧统治阶层，原阿勒颇守将哈伊尔·本被调往埃及，担任帝国埃及省的首任军政官。

另一方面，驰骋疆场的塞利姆一世居然在开罗滞留如此之久。在历史的长河中，多次出现外来统治者被"埃及化"的先例。征服者塞利姆也似乎深为埃及文化所折服。

奥斯曼帝国通过埃及征服战，已经成为包括埃及在内的阿拉伯世界的统治者。另一方面，此后它也必须长时期为统治埃及和伊斯兰教圣地付出代价。奥斯曼帝国成了伊斯兰世界的守护者。其是否能做好"守护者"则由帝国内部以欧莱玛为首的民众来判断和评价。伊斯兰教社会那种独特的"正义"之感开始在奥斯曼帝国社会扩散。征服埃及成为以巴尔干国家的身份四面扩张的奥斯曼帝国加深伊斯兰化的重大契机。

第四章

苏莱曼一世的时代（1520—1560）

"壮丽王"时代的开启

帝国史上的转折期　　塞利姆一世在位八年，开疆拓土，将帝国面积扩大一倍。而其后继者苏莱曼一世，则是帝国历史上最知名的君主。

苏莱曼之所以有名，一是因为他曾经率军包围维也纳，令欧洲各国的王公贵族闻风丧胆。他在欧洲被称为奥斯曼帝国的"壮丽王"。面对着奥斯曼帝国的威胁，许多欧洲人感觉苏莱曼的宝剑似乎随时会刺向他们的咽喉。另一方面，他受基督徒女奴出身的许蕾姆王妃的（名为洛克姗拉娜）的操控，两人的宫闱艳史为人津津乐道。

苏莱曼一世的丰功伟业和他的后宫佳丽一样，留给欧洲人很

苏莱曼一世的画像 纳加什·奥斯曼画（Nakka Osman）。1597年，托普卡帕宫博物馆藏

多想象空间。那些丰功伟业标志着奥斯曼帝国达到了顶峰时期，而苏莱曼与王妃的宫闱秘闻则象征着帝国开始走向衰落。在他的时代，奥斯曼帝国达到顶峰，之后则必然是漫长的下坡路。这就是苏莱曼大帝留给后世的印象。

的确，苏莱曼一世的统治在奥斯曼帝国历史上具有划时代意义。但是，这种划时代并非是帝国上升与衰落的拐点。实际上，它是由依靠军事征服建立起来的军事国家，向着在固定疆域内整合各社会阶层的官僚制世俗国家转化。在前半期，帝国采取的是超越宗教的统治策略；在后半期，伊斯兰教在帝国已经处于支配地位。从兴盛的前半期到衰落的后半期的转折，并不是瞬间发生。对于苏莱曼大帝在位时期是奥斯曼帝国鼎盛时代的理解，不过是从"对欧洲的威胁"的视角上的一种简单评判而已。

这种转折时期的到来，主要来源于苏莱曼即位时帝国面临的两个客观事实：第一，他从父亲手里继承了一个非常广阔的东西狭长的帝国，显然很难继续扩大；第二，他是奥斯曼帝国第一个作为麦加、麦地那保护者即位的苏丹。由于这两点因素，苏莱曼在位四十六年，帝国慢慢开始转型。苏莱曼以后的苏丹迎来了一个"新时代"。

易卜拉欣·帕夏登场

父亲塞利姆一世执政八年，几乎全在远征东方的马背上度过。塞利姆一世仿佛没有时间把伊斯坦布尔的宝座坐热。在此期间，苏莱曼作为无可争议的皇太子担任马尼萨市的军政官。根据需要，他会往返于伊斯坦布尔和埃迪尔内，以抵御可能来自西方的攻击。塞利姆是否有其他子嗣并无史料记载，但留下具体名字的只有苏莱曼一人。由于他"独生子"的特殊地位，1520年塞利姆去世的时候，帝国没有出现大的混乱。

但这不意味着苏莱曼身边没有任何政治上的风吹草动。在塞利姆一世去世的前一年，中亚亲萨法维王朝的凯兹巴什再度挑起叛乱，此时余波还未平息。在苏丹更替的时候，大马士革市的军政官也趁机举起叛旗，试图将叙利亚从帝国的版图分割出去。叛军的领袖是旧马穆鲁克王朝出身的军人。这一叛乱很快被镇压下去，但是新苏丹的根基明显尚未巩固。

在立足未稳的时候，苏莱曼把王子时代的好友、宠臣易卜拉欣·帕夏提拔为宫廷中的侍童首领，留在身边。1522年罗德岛征服战后，正处于而立之年的易卜拉欣·帕夏被提拔为大宰相。此后十余年，苏莱曼的重大政策和主要战役都有易卜拉欣在背后的支持。

易卜拉欣·帕夏并非一直都像影子一般。作为极其优秀的大宰相，他也在政治第一线处理政务。他和苏莱曼一世的关系颇为暧昧，"甜心"的绰号显示他和主君之间的恋爱关系基本无疑。后文还将提到，在奥斯曼帝国的统治阶层中，同性恋比比皆是，这种关系并不特别。但易卜拉欣·帕夏与苏莱曼的关系之特殊性在于，作为宠臣的前者非常有能力，在政治舞台上异常活跃。他的成功引来了嫉妒和猜疑，最终落得身首异处的下场。在这里还要补充一句，易卜拉欣·帕夏娶了苏莱曼的妹妹、公主哈迪吉为妻。

宫廷侍童——从巴尔干贵族子弟到德米舍梅制

易卜拉欣早年的经历是个谜团。有人说他的父亲是亚得里亚海沿岸城市帕尔加的威尼斯侨民，还有人说他出身于克里米亚。其进入宫廷，成为苏莱曼的侍童也有按照德米舍梅制度进宫和被海盗贩卖进宫两种说法，无法确定具体情况。能够肯定的有两点：易卜拉欣的父亲是普通的基督教徒；他在侍童时代就被苏莱曼提拔，成为宫廷里举足轻重的人物。

如前所述，15世纪以后的奥斯曼帝国宫廷中，侍童出身而担任大宰相者不在少数。穆罕默德二世时代和巴耶济德二世时代的宫廷里活跃着很多旧巴尔干统治阶层的子弟。但是，吸收旧统治阶层子弟的过程到16世纪已经告一段落。这时，侍童的出身进一步多元化。在理论上，放羊人的孩子也可以通过德米舍梅制进入宫廷,登上帝国权力的高层。

哈布斯堡家族驻奥斯曼帝国大使修斯贝克在一封书简(1555)中写道:

> 在奥斯曼帝国,所有人都可以通过自身努力,实现其天职,体验幸福。贩夫走卒的子弟,也有时出现在苏丹侧近,身居高位。他们不必为出身感到自卑和羞耻,相反却埋下了高傲的种子。他们从祖先那里基于出身而继承下来的东西越少,自豪感越强烈。

苏丹与侍童 照顾苏丹日常生活是侍童的工作。图中央是苏莱曼一世,右边是侍童长和两名带刀护卫。1558年绘制,托普卡帕宫博物馆藏

修斯贝克是贵族的庶出,因此饱尝了生活的心酸。他看到众多平民子弟进入奥斯曼宫廷,并且身居高位,心生艳羡之情。

但是,在宫廷接受培养并担任侍童的人,没有贵族出身这种身份保证(或者是进宫之前所接受的教育),其提拔和晋升的标准越来越依靠个人能力。一方面,这是为了促进他们作为帝国骨干的后备力量而尽可能发挥才干,另一方面,他们的晋升也是

苏丹个人意志的体现。

苏莱曼评价易卜拉欣"宽容""公正",另一方面,在对易卜拉欣超乎寻常的提拔中也显示出苏莱曼执着的爱恋之情。苏莱曼的爱情,在统治前半期倾注给了宠臣易卜拉欣,在后半期则为爱妃许蕾姆独享。其程度超出了至今为止的习惯和常识。

和不与任何人商谈的父亲塞利姆不同,他愿意倾听周边人的意见,并且在他们的影响下行动。这是一种美德,也是一种弱点。作为帝国史上的"壮丽王",苏莱曼后来完全被理想化了,但作为真实的个人层面,苏莱曼时而受万民拥戴,时而成为舆论的众矢之的。

易卜拉欣·帕夏与埃及

大宰相易卜拉欣·帕夏最初的功绩是把埃及正式纳入帝国的统治。1522年,帝国首任埃及军政官哈伊尔·本死去,旧的马穆鲁克王朝军人接连掀起叛乱,混乱一直在持续。为平息事态而作为军政官被帝国派出的实力派军人艾哈迈德也掀起了叛乱。1524年,艾哈迈德宣布脱离帝国统治。如果没有易卜拉欣的平步青云,艾哈迈德可能就晋升为大宰相了。他是身居高位的军人政治家。从他自荐担任埃及军政官来看,在埃及发动叛乱可能是蓄谋已久的事情。但是,这场叛乱很快就被镇压下去了。

为收拾混乱局面,易卜拉欣·帕夏在1525年被派往埃及,改革马穆鲁克王朝时代留下的行政残余,调查并编修新的地方法令，显示出奥斯曼帝国统治埃及的新手腕。他发挥出色的行政能力，稳定了埃及的局势，奥斯曼帝国对埃及的统治终于走上正轨。

在1526年至1527年，南安纳托利亚接连发生对奥斯曼帝国的叛乱，易卜拉欣·帕夏简直就像帝国的灭火队，又出兵平叛，立下功劳。叛乱依然是亲萨法维王朝的凯兹巴什骑兵挑起的，但其中很多是曾为杜尔卡迪尔侯国效忠的旧军人。帝国废除了利用先前的杜尔卡迪尔侯国的君主在当地维持的间接统治，直辖南安纳托利亚，因此遭到他们的反对。易卜拉欣·帕夏对这些叛乱分子——曾效忠杜尔卡迪尔侯国的旧军人——采取怀柔政策，授予蒂玛尔封地，成功地把叛乱平复了下去。

出色的行政能力，正是这个庞大帝国的统治阶级所必须具备的。即便在战场上能征惯战，也不一定能当一个出色的地方军政官。易卜拉欣·帕夏正是符合时代要求的军人政治家。

东南欧的海陆大战

攻占贝尔格莱德与罗德岛

苏莱曼大帝执政前期，对欧洲采取积极战略。由于父亲塞利姆一世的征战，奥斯曼帝国的疆域已经从多瑙河流域到幼发拉底河的"本土"扩展到阿拉伯地区，但欧洲一侧也留有很多问题。由于缓冲地带的政治势力已经被驱除殆尽，奥斯曼帝国即将与背后的匈牙利和当时欧洲

攻占罗德岛 细密画中安排了不同时间段的场面。军队整列（右）、进军（中）、战斗（左）合并在一幅画中。1558年，托普卡帕宫博物馆藏

最大政治力量哈布斯堡家族展开直接对决。

决战不久就到来了，经过了巴耶济德二世、塞利姆一世两代苏丹，匈牙利王室雅盖隆家族开始向奥斯曼帝国上缴贡纳金，但1516年即位的拉约什二世拒绝签订新的和约，与奥斯曼帝国进入敌对状态。也许他是看中了新苏丹上任的好机会。在苏莱曼即位时被接见的威尼斯使节，向外界传达出了新苏丹的友善与温和。这样的信息很快在周边国家散布开来。

苏莱曼无法宽恕匈牙利人的反抗，远征的第一个目标就是匈牙利王国控制下的贝尔格莱德，经过两个月的包围战，1521年8月29日，易守难攻的多瑙河要塞贝尔格莱德陷落。奥斯曼帝国向多瑙河以北的匈牙利疆土继续进军。

但是，翌年远征的目标不是匈牙利，而是圣约翰骑士团盘踞的罗德岛。巴耶济德二世即位以来，帝国不断增强海军力量，最终由二百三十五艘舰艇组建了庞大的舰队，能进行大规模海上作战。罗德岛在安纳托利亚沿岸，圣约翰骑士团以此为基地在东地中海四处侵扰，甚至袭击前往麦加朝圣的船只，令麦加和麦

地那的实际统治者——奥斯曼帝国的苏丹极为恼火。经过五个月的鏖战,1522年12月,罗德岛陷落。1523年1月,骑士团撤离了罗德岛。

号称"征服者"的穆罕默德二世曾进兵贝尔格莱德和罗德岛,但久攻不克。正因如此,其重孙苏莱曼在上述地区的连战连捷极大地提高了声威。这一切都离不开易卜拉欣·帕夏的支持。

匈牙利攻防战——包围维也纳

攻陷了贝尔格莱德的苏莱曼以此为据点,在1526年继续进攻匈牙利。大军越过多瑙河中游的湿地,在莫哈奇平原与匈牙利军队对峙。这场战争的结果对之后的局势产生巨大的影响,但战争本身却极其短暂,匈牙利军队一触即溃,国王拉约什二世战死,奥斯曼军取得绝对的胜利。苏莱曼继续进军,占领了匈牙利首都布达。

拉约什二世没有子嗣,他的死让匈牙利陷入了混乱。拉约什的妹夫、哈布斯堡家族的奥地利国王费迪南宣布领有匈牙利;匈牙利贵族却选择扎颇亚·雅诺什(Zápolya János)作为继承人,奥斯曼帝国也在背后支持他。

费迪南是神圣罗马帝国皇帝查理五世的弟弟。奥斯曼帝国与哈布斯堡家族围绕匈牙利的矛盾遂变成直接对抗。这一对立促使苏莱曼大帝与查理五世的另一个劲敌——法国国王弗朗索瓦一世结盟,两国的陆海军实现了协同作战。由此,奥斯曼帝国成为

16世纪影响欧洲国际关系的重要因素。

面对瞬息万变的欧洲局势,搜集情报和外交交涉尤为重要。在奥斯曼帝国,易卜拉欣·帕夏在外交事务方面也非常出色。赴奥斯曼帝国的使节归国后称,其对欧洲局势有详细的把握。

为巩固扎颇亚·雅诺什在匈牙利组建的亲奥斯曼政权,苏莱曼大帝于1529年再次远征匈牙利,夺回被费迪南占据的布达,进而包围费迪南政权的政治中心——奥地利首都维也纳。但是,还没有发起总攻,10月14日,奥斯曼军队就解除了包围,班师回朝。

奥斯曼帝国于1532年再次远征维也纳,依然是因为费迪南主张对整个匈牙利王国享有王权。他们攻占了距离维也纳八十公里的南部城镇,并没有攻陷维也纳。但是,已经到达欧洲中心位置的奥斯曼军队,粉碎了哈布斯堡家族进入巴尔干的设想,开辟了双方缔结和约的道路。1533年,双方达成妥协:费迪南领有匈牙利的北部和西部,扎颇亚·雅诺什领有匈牙利的南部和东部,匈牙利一分为二,"两个"匈牙利都向奥斯曼帝国上缴贡纳金。

直接统治匈牙利

巴尔干的局势在以匈牙利为轴心发生变动,但奥斯曼帝国也关注位于匈牙利东侧的属国摩尔多瓦的动态。1538年,苏莱曼似乎与哈布斯堡家族签订密约,在没有哈布斯堡家族干涉的情况下远征摩尔多瓦,

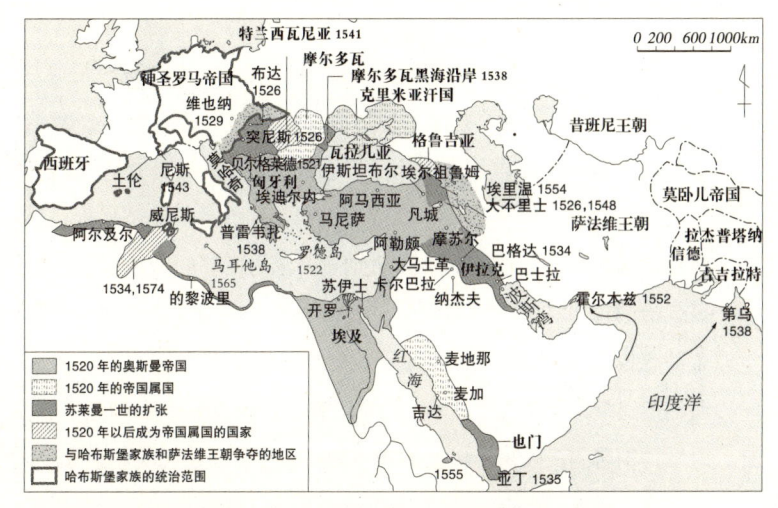

苏莱曼一世时代的奥斯曼帝国 地点旁边的数字表示奥斯曼军队远征的时间

直接统治了黑海沿岸。这样一来,摩尔多瓦大公的领地萎缩到内陆。对奥斯曼帝国来说,远征摩尔多瓦,清除了与克里米亚汗国陆路交通面临的威胁。正如前文所述,克里米亚汗国的骑兵,在奥斯曼帝国占领巴尔干半岛的战斗中已经不可或缺。

1540年,扎颇亚·雅诺什去世。1533年哈布斯堡家族与奥斯曼帝国签订的和约宣告破裂。扎颇亚尚未有孩子(妻子还在怀孕中),费迪南大公主张自己是继承人,占领了布达。苏莱曼再度远征,把特兰西瓦尼亚变成属国,把匈牙利南部改建为布达省,纳入帝国直辖。政府很快就在布达省进行征税调查,并在制定地方法令的基础之上推行蒂玛尔制度。在此后的一个半世纪里,匈牙利的主要地区都在奥斯曼帝国统治之下。

此后,哈布斯堡家族与奥斯曼帝国在陆地与海上依然冲突不断,但1547年,双方签订了为期五年的和约。费迪南大公缴纳每年三万金币的贡纳金。两者相互承认在匈牙利的势力范围。

只是,统治匈牙利使奥斯曼帝国付出了沉重的经济代价。奥斯曼帝国最初并非没有对上缴贡纳金、沦为臣属的匈牙利实行间接统治的理由。缓冲国的消灭,使对奥地利的防卫费骤增。对哈布斯堡家族的远征,即使从军事集结地埃迪尔内出发,到达边境地带通常也需要五十二天。历史记载,1529年的维也纳包围战,天气特别恶劣,光是从伊斯坦布尔到达布达就已经耗时四个月。

对于领土不断扩大的奥斯曼帝国而言,苏丹每年夏天从首都率兵远征极大地增加了财政负担。因此,在16世纪40年代于布达省设立军政官以后,与哈布斯堡家族的军事对抗,更多依靠的是布达省的军政官率领的守备兵和当地的在乡骑士。这样,在苏莱曼执政后期,战术也发生了变化。

巴巴罗萨·海雷丁与普雷韦扎海战

在进军巴尔干的同时,苏莱曼也在东地中海追求霸权。为此,他采取了一个重要措施,即任用以阿尔及尔为据点的海盗集团的领袖、在塞利姆一世在位期间臣属于帝国的巴巴罗萨·海雷丁(Barbarossa Hayreddin)为海军总司令,强化海军力量。

出身于爱琴海莱斯沃斯岛的巴巴罗萨·海雷丁与其兄奥尔切作为地中海海盗集团的领袖非常活跃。1516年以后,他们成为阿尔及利亚的实际领主。当时,以西班牙为首的大国舰队频繁出入地中海。在群雄并起的时代，海雷丁选择支持奥斯曼帝国，1519年正式向帝国称臣。作为回报，塞利姆一世将一支两千人的军队划归他指挥。

1534年，海雷丁就任奥斯曼帝国海军总司令，兼总辖爱琴海诸岛军政官。他致力于革新舰队装备，并且亲自指挥。虽然他一时占领了突尼斯，但第二年就被神圣罗马帝国皇帝查理五世（他同时担任西班牙国王，称查理五世）重新夺回，不过以法国和奥斯曼帝国的同盟为后盾，海雷丁率领舰队，对意大利本土展开攻势，而且逐步夺取了依然控制在威尼斯手里的爱琴海诸岛。威尼斯和哈布斯堡家族对这样的攻势感到威胁，结成同盟，在安德烈·托利亚的指挥下，组成了威尼斯西班牙联合舰队。1538年，双方舰队在亚得里亚海的普雷韦扎海湾展开决战，奥斯曼海军取得压倒性胜利。威尼斯在1540年被迫与奥斯曼帝国议和。

这样，奥斯曼帝国在从爱琴海到亚得里亚海，再到阿尔及利亚的地中海海域，确立了霸权地位。特别是在东地中海，只有塞浦路斯岛、克利特岛和希俄斯岛不在奥斯曼帝国的掌控之下。长期以来，东地中海的大陆部分由奥斯曼帝国控制，岛屿归威尼斯统辖的那种一分为二的局面一去不复返了。

向西地中海扩张

虽然与威尼斯议和，但与哈布斯堡家族的对立，即围绕匈牙利的争夺却在海洋上持续扩大。1543年，法国与奥斯曼帝国实现了陆海军协同作战。海雷丁率领奥斯曼舰队攻击哈布斯堡家族控制的尼斯；当年冬天，海雷丁率领的舰队停靠在法国的土伦港。但是，奥斯曼军队在法国本土的登场还是引起了法国皇帝弗朗索瓦一世的不安。他与查理五世达成议和。因此，海雷丁没有再度进攻尼斯，第二年春班师回国。尼斯成为奥斯曼军队进攻过的最西的欧洲城市。

以海雷丁效忠奥斯曼帝国为契机，从埃及到现在的阿尔及利亚北非沿海的广大地区也逐渐纳入奥斯曼帝国的版图。查理五世推行"收复失地运动"，不断驱逐伊比利亚半岛的伊斯兰教徒，宣扬向北非进军是宗教使命。为抵御查理五世的攻势，北非本土的政治势力期待着东边的奥斯曼帝国的援助。查理五世为实现称霸北非的野心，在1535年洗劫了突尼斯，在1541年攻打阿尔及尔，但因遭遇飓风而失败。然而，这时的奥斯曼帝国，也没有能力直辖地中海南岸，只是在形式上维持对这一地区的宗主权。地中海南岸实际控制在当地的海盗集团手里。就任奥斯曼帝国海军总司令之前的海雷丁，就是其中之一。

海盗集团在西班牙和意大利沿岸异常活跃，靠战利品维持生存；基督教徒方面，过去在罗德岛的圣约翰骑士团，也将基地转移到马耳他岛，以海盗的身份继续活跃在地中海的国际舞台上。

在此过程中，哈布斯堡家族的西班牙舰队与奥斯曼帝国舰队的主力，都根据欧洲形势的变化，不时在北非地区沿岸出没。突尼斯、阿尔及尔、的黎波里、马耳他这样的主要据点成为大国间争夺的对象。但是，舰队主力一旦返回本国，北非地区就只剩下少数的守军、当地的海盗集团和部落上层集团。西地中海就是在各大势力夹缝之间，接受大国保护的海盗集团活跃的世界。

向红海和印度洋进军

获得东地中海霸权的奥斯曼帝国，在16世纪的大航海时代，已经越过红海，扩张到印度洋。当时，在印度洋上，绕过好望角开辟新航路的葡萄牙人独占着与东方的香料贸易。葡萄牙人在马穆鲁克王朝后期就开始进入红海海域，攻占了吉达等，威胁着埃及。应海军力量薄弱的马穆鲁克王朝请求，1509年，巴耶济德二世送来了大炮和海军指挥官。

在16世纪30年代，征服埃及的奥斯曼帝国在红海一侧的苏伊士开始造船，以新建的七十二艘军舰编成舰队。帝国任命的埃及军政官哈迪姆·苏莱曼·帕夏率领这支庞大的舰队进入了印度洋，于1538年到达印度洋西海岸的古吉拉特地区的迪普。因为当时的古吉拉特地区已经被葡萄牙控制，土著王国向苏莱曼一世求救。

但是，苏莱曼·帕夏到达的时候，当地的国王已经被葡萄牙人杀害，局势发生了逆转。苏莱曼·帕夏在短期的包围战之后，必须在葡萄牙援军到来之前撤走。结果，这次大规模远征无功而返，简直类似于长途游行。但是，在远征途中，奥斯曼军队攻占了红海出口附近的亚丁，在也门建立了一个对抗葡萄牙的据

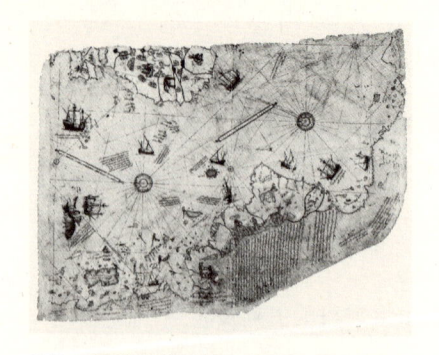

皮里·雷伊斯的世界地图 奥斯曼海军的指挥官皮里·雷伊斯绘制的包括美洲大陆在内的世界地图。他在1513年留下了海洋地理的杰作《海洋志》。托普卡帕宫博物馆藏

点，随后创立了也门省。但是，建立亚丁这一军事据点，并不能完全阻止葡萄牙船只出入红海。

在征服伊拉克之后，奥斯曼帝国获得了波斯湾沿岸的港口城市巴士拉，并且制订了从巴士拉进入印度洋的计划。但是，波斯湾入口处的要冲霍尔木兹控制在葡萄牙人手中，妨碍了帝国的海上交通。为打破葡萄牙人的封锁，苏莱曼一世从苏伊士派出了舰队，计划攻占霍尔木兹。海战以奥斯曼帝国的失败而告终，指挥官皮里·雷伊斯惨遭处刑。这位海军指挥官就是地图书籍《海洋志》的作者。

海洋战略的放弃

在地中海确立霸权地位的奥斯曼帝国，在波斯湾、红海和印度洋海域却无法与海洋强国葡萄牙抗衡。苏伊士的造船能力有限，奥斯曼苏丹的麾下也很难汇集大批有经验的船员。因此，奥斯曼帝国调整政策，在波斯湾设置了拉弗萨省，在红海沿岸附近设置了也门省和埃塞俄比亚省，在从陆地上牵制葡萄牙的同时，努力确保船只卸货后交易路线的安全。葡萄牙也不得不吞下主要港口被奥斯曼帝国

威胁的苦果。16世纪60年代以后,双方在红海沿岸势力均衡,没有赢家。

在海权日益重要的时代,奥斯曼帝国向阿拉伯地区扩张,以确保印度洋的出海口,但代价巨大,最终不得不放弃进一步的海洋战略。就像奥斯曼帝国在东地中海取得霸权主要依靠的是海盗集团一样,向印度洋的扩张面临着人才匮乏与经验不足的问题。

皮里·雷伊斯留下的地图还显示,为奥斯曼帝国服务的人才中包括当时世界一流的技术人员。但是,他们的经验尚未完全发挥就结束了。奥斯曼帝国的海军只能担当陆上作战的后援救护,帝国的统治者更没有考虑以海上贸易引领国家发展。奥斯曼帝国最终只是"陆上强国"。

对萨法维王朝的战争

战争的特点

在苏莱曼一世的时代,西方的哈布斯堡家族和东方的萨法维王朝是奥斯曼帝国的两大劲敌。然而,同为帝国的威胁,萨法维王朝与哈布斯堡家族还存在不同。

第一,萨法维王朝的威胁既是国际问题,也属于国内问题。这自然是指在安纳托利亚生活着的亲萨法维王朝的突厥系凯兹巴什游牧民。他们并非只是原本就存在的,甚至可以说是因对奥斯曼帝国统治的不满而"产生"的。奥斯曼帝国在查尔迪兰战役中取得了绝对胜利,但是,与萨法维王朝的关系依然是个难题,一些不满分子联合起来,支持和利用凯兹巴什游牧民,给奥斯曼帝国在安纳托利亚的统治留下了不稳定因素。

第二,萨法维王朝的作战方法和欧洲各国不同。依然以游牧骑兵为主力的萨法维王朝的军队,机动性非常高,在山区能够快速移动。拥有高效火炮、大规模移动的奥斯曼军队的所在地通常很明显,而萨法维王朝的军队则神出鬼没不见踪影。奥斯曼军队所到之处,敌人望风而降,而一旦大部队离开,则敌人出现,夺回城池。骑兵之间的争夺战中,萨法维王朝居于上风。这类消耗战,在漫长的边境线旷日持久地进行。和"外交交涉——决裂——开战——再交涉——缔结和约"的欧战模式相比,东部边境的安宁难以确保。

1534年远征波斯和伊拉克

在位时期,苏莱曼大帝发动了三次对萨法维王朝的战争,最初的远征是在1534年,在此前一年,帝国与哈布斯堡家族达成了议和。

战争的前兆是1526年至1527年凯兹巴什游牧民在南安纳托利亚的叛乱。叛乱被在政治舞台上崭露头角的易卜拉欣·帕夏镇压。苏莱曼一世决定寻找机会,讨伐凯兹巴什游牧民背后的萨法维王朝。机会终于来了,萨法维王朝的巴格达守将叛逃到奥斯曼帝国，提供了双方开战的最佳口实。萨法维王朝这时是伊斯玛依的儿子塔赫马斯普统治的时代，王朝持续受到东部乌兹别克系的游牧部族建立的昔班尼王朝的压力，处于腹背受敌的状态。

1533年，以大宰相易卜拉欣·帕夏为总司令的先遣部队向东进发。1534年，苏莱曼一世御驾亲征，和大宰相在已经被攻占的萨法维王朝的都城大不里士会合。奥斯曼帝国的军队从那里继续南下，攻入今天的伊拉克境内，9月30日到达巴格达。在此期间，奥斯曼军队虽然也攻入了萨法维王朝统治的区域，但是和塔赫马斯普的军队并未正面交锋，只是轻而易举地征服了伊拉克。

在巴格达度过冬天的苏莱曼一世，在第二年春天得到了萨法维王朝军队到来的战报，于是再度率军扑向大不里士，但在那里依然没有找到萨法维王朝实际统治者塔赫马斯普的身影。在随后的半年里，苏莱曼一世返回了伊斯坦布尔。持续了两年的东方远征，就这样在和萨法维王朝主力部队没有一场全面战斗的情况下收场了。但是收获很大，伊拉克的南部和中部被并入奥斯曼帝国，分别成为摩苏尔省与巴格达省。帝国的疆域在东方扩展到凡湖和大不里士。不过，凡湖和大不里士很快被萨法维王朝夺回。

摩苏尔省和巴格达省属于新征服的地区，帝国在摩苏尔省展开了征税调查，开始推行蒂玛尔制。在巴格达省，则开始了和埃及类似的独立核算的治理方法。征税由征税官（艾民）实施。在这两个省，奥斯曼帝国都研究旧的本土的法律，将其中的一部分加以继承，汇总在作为统治依据的地方法令集之中。

伊拉克的圣地

卡尔巴拉的伊玛目·侯赛因清真寺　马特拉库切·纳斯夫用独特的技法将苏莱曼一世访问的伊拉克圣地详细描绘出来。绘于1537年，伊斯坦布尔大学图书馆藏

远征波斯和伊拉克的过程，已经由宫廷史官兼画家马特拉库切·纳斯夫（Matrakçı Nasuh）记录下来。他生于波斯尼亚，通过德米舍梅制度被选拔入宫廷，在那里充分表现出画家和学者的才能。阿拔斯王朝时代的历史学家塔巴里的《历代先知和帝王史》被他翻译成土耳其语。他还写成了奥斯曼苏丹的断代史和远征记，受到苏莱曼一世高度赞赏。

马特拉库切·纳斯夫跟随苏莱曼一世远征波斯和伊拉克，他的远征记描绘了途中的城镇、山河，特别是还专门记录了巴格达的伊斯兰教朝圣地，并配有小型的美丽插图。和其他远征记不同，插图中并没有任何人物和战斗场景。这本类似于地图册的书籍，给人感觉是在讲述本书第一读者苏丹本人对遥远的伊拉克圣地的向往。

远征虽带有从萨法维王朝那里夺取领土的重要政治目的，但为取得成功，奥斯曼王朝必须描绘出一个对宗教极为虔诚的苏丹形象，而且要宣传对同属伊斯兰信仰的萨法维王朝开战的正义性。在巴格达期间，苏莱曼一世"发现"了逊尼派法学奠基人艾布·哈尼法（700—767）的墓地并加以修缮，而且还访问了什叶派的圣地纳杰夫和卡尔巴拉。纳杰夫是先知穆罕默德的女婿阿里（什叶派只承认阿里对穆罕默德的继承是合法的）的墓地；卡尔巴拉是阿里的儿子侯赛因的殉教地。

奥斯曼帝国属于逊尼派，萨法维王朝则秉承什叶派的旗帜。因此，苏莱曼在远征萨法维王朝途中访问什叶派圣地的举动也许有些微妙。然而，对于逊尼派来说，阿里是古莱氏族出身的第四代哈里发，其子侯赛因也承袭了先知穆罕默德的血脉。访问什叶派的圣地，或许可以向那些和萨法维王朝秉承共同教义的安纳托利亚人传达奥斯曼苏丹的立场。

易卜拉欣·帕夏之死

在远征波斯和伊拉克之后，奥斯曼宫廷出现了政治地震。一天深夜，大宰相易卜拉欣·帕夏在托普卡帕宫殿后宫的一个房间里被绞死。此事出乎意料，处刑的理由不明。在当时就有各种揣测和谣言，但至今仍不知道决定性的理由。

有人说在远征伊拉克的过程中，易卜拉欣·帕夏和苏丹意见不合，已被苏丹视为日益增长的威胁。还有人说宰相是被苏丹爱妃许蕾姆陷害。很难说哪个是决定性因素。无论如何，一人之下、万人之上的易卜拉欣·帕夏，依然还是苏丹的奴仆，他必须服从苏丹的命令，接受突如其来的厄运。

这是苏莱曼统治时期的转折点。苏莱曼大帝军功赫赫，攻占了贝尔格莱德（1521）、征服了罗德岛（1522）、夺取了布达（1526年）、包围了维也纳（1529）、占领了包括巴格达在内的伊拉克（1534），这些是他执政前期，在易卜拉欣·帕夏活着的时候达成的功业。此后的对外关系，不再处于攻势，而是陷入时攻时守的胶着状态，奥斯曼帝国军事上的鼎盛时代，随着易卜拉欣·帕夏的死而宣告结束。

后两次远征

战争的胶着状态在东方尤为明显。第二次远征的导火线，也是萨法维王朝政要的叛逃。塔赫马斯普的弟弟阿鲁卡斯·米尔扎（Elkas Mirza）亡命奥斯曼帝国。1548年，苏莱曼一世推出阿鲁卡斯·米尔扎打头阵，再次发兵攻打被萨法维王朝夺回的大不里士。然而，奥斯曼帝国的军队却在和塔赫马斯普作战时受挫。他们虽然追击撤退的塔赫马斯普的军队，进入大不里士城，但因为断水、断粮而被迫撤出。奥斯曼军队又夺得位置偏西的凡湖地区。在阿勒颇越冬的苏丹，在第二年春天从那里远征高加索，冬季才返回伊斯坦布尔。整个一年，奥斯曼帝国的军队没有再度和塔赫马斯普的军队遭遇。被遣返回萨法维王朝的阿鲁卡斯·米尔扎被塔赫马斯普处死。

苏莱曼一撤军，塔赫马斯普的军队立刻又在安纳托利亚出现，袭击奥斯曼帝国治下的都市。为此，苏莱曼一世在1553年开始了他最后一次东方远征。途中发生了后文叙述的穆斯塔法王子被处刑的事件。当年，年迈的苏丹依然在阿勒颇过冬。第二年，他攻击萨法维王朝治下的南高加索的纳希切万和埃里温，对周边地区大肆掠夺。

这样做或许是为了将塔赫马斯普引到战场上来，但结局却是双方议和。1555年，波斯的和谈使者来到阿马西亚，双方同意由奥斯曼帝国占据伊拉克，萨法维王朝统治大不里士和高加索地区。双方缔结的和约史称《阿马西亚和约》。在随后的四十年间，双方恪守和约、相安无事。

苏莱曼一世时期，奥斯曼帝国与萨法维王朝长期对峙，最终占据了伊拉克。但总体来看，塔赫马斯普抑制了奥斯曼帝国的攻势。在直接战争中注定失败，甚至会危及统治的萨法维王朝以牺牲伊拉克的最小代价换取了国家的生存。

不过，这意味着奥斯曼帝国消除了萨法维王朝的威胁，稳固了在安纳托利亚的统治。随着征税调查和蒂玛尔制的施行，纳入奥斯曼帝国行政体制下的安纳托利亚，已经感受不到萨法维王朝的内部威胁。在安纳托利亚东部，奥斯曼帝国的统治也在慢慢扩展和深入。

当然，这不等于安纳托利亚已经没有任何叛乱的火种。对帝国不满的游牧民和军人，用老套的占山为王的办法对抗正规军。

但是,这些叛乱者已经不再被称为凯兹巴什,他们没有对萨法维王朝抱有任何政治期待,而是在奥斯曼帝国内部寻求更广阔的生存空间,把斗争的矛头指向伊斯坦布尔。叛乱的参加者也有了另外的称呼——杰拉里(gelālī)。本书第五章将对此详细阐述。

法律与统治

伊斯兰法与苏丹法

在苏莱曼一世执政(1520—1566)的后半期,奥斯曼帝国对外扩张的势头停止,但这二十余年,帝国内政却取得了显著的建树。奥斯曼帝国成立以来,特别是苏莱曼的曾祖父穆罕默德二世开始推行的中央集权的各种政策在这时已经形成了体系。

奥斯曼帝国的统治者极力让制度体系化的过程符合伊斯兰逊尼派教义的解释,并以此为方针。特别是法制建设,沿着这个轨道取得了前所未有的进展。帝国法制建设的目标是明确无争议且全民共有的伊斯兰法和苏丹确定的法律(简称苏丹法,音译为卡努恩)的关系,并确定伊斯兰教在帝国体制中的位置。奥斯曼帝国已经将阿拉伯地区纳入统治范围,俨然成了伊斯兰教世界的盟主,所有的政策,包括法制建设都必须顺应这种新形势。而且,奥斯曼帝国与信奉什叶派的萨法维王朝长期对抗,为取得优势,也必须高举逊尼派的大旗,以争取逊尼派教徒的支持。

不过，这种法制建设并不改变既有的习惯法，反而可视作是为维持现状而封杀异端的理论武装过程。例如，在帝国各地依然有效的习惯法多数被纳入苏丹法体系，用于继续约束臣民。帝国总的法律体系还吸纳了基督教国家匈牙利的法律和东安纳托利亚的法律。帝国通过宣称"苏丹法"体系是以伊斯兰法为基础的，与伊斯兰法毫不抵触，从而使处于法律原点位置的习惯法也被纳入伊斯兰法之中而继续遵守。

苏丹的花押（图格拉） 花押是苏丹的证明。首席书记官负责在公文书上署上这一花押。此为苏莱曼一世的花押。伊斯坦布尔国民图书馆藏

法制建设的总设计师是苏莱曼一世非常信任的欧莱玛艾布斯托，他担任"谢赫伊斯兰"这一职位长达三十年，做了很多苏丹法明文化的工作，而且明确提出这些苏丹法都在伊斯兰法的框架之内。他主政司法部门期间，整理发行了很多涉及具体领域的司法判例（fatwā），总称《艾布斯托司法判例总集》，为帝国的司法实践提供了参考。结果，就像苏莱曼一世在后世被称为帝国的"立法者"那样，帝国的法制已经体系化了。这一切离不开苏莱曼的助手艾布斯托的努力。

艾布斯托起草的苏丹法涉及很多统治基础相关领域。例如，他整理了到当时为止以市为单位编纂的地方法令集，依据哈乃斐

派古典伊斯兰法理论详细说明了奥斯曼帝国的土地所有权问题。

在苏莱曼一世时期，中央政府和官吏必须遵守的"统治法令集"（相当于现在的行政法）也重新制定了。"统治法令集"始于何时？一说是穆罕默德二世时期，一说是巴耶济德二世时代。总之，政府在15世纪后半期开始大量编辑整理。布斯托与担任最高书记官的杰拉尔扎迪·穆斯塔法一起承担这项法律制定工作，具体内容包括中央政府的构成和官员的位阶、基本的税制、军人的义务、非伊斯兰教徒的待遇等。帝国的基本政治规则已经有法可依。

这样，官僚阶层设计的帝国应有形态已经很清楚了。法律规定的帝国的形态与真实的奥斯曼国家或社会的状况并不符合，不过后来的奥斯曼帝国臣民总是认为，在苏莱曼时代已经实现了法治化，眼前糟糕的现实是脱离了帝国正常运行轨道的结果。这种看法是把苏莱曼在位时期视作帝国鼎盛时代的奥斯曼臣民的历史观的出发点。

欧莱玛与谢赫伊斯兰

苏莱曼一世时代的立法者之一的艾布斯托在谢赫伊斯兰的位置上推进了立法工作。为此，在他任职时期，谢赫伊斯兰的重要性大为提高，此后被视作欧莱玛的最高职位。

奥斯曼帝国的欧莱玛职位，分为从事教育、培养后继人才的麦德莱赛（Madrasah）教授职位和地方法官职位两个系统。此外，还有负责为各类具体问题提供伊斯兰法解释的穆夫提。在伊斯坦布尔的穆夫提就是谢赫伊斯兰（伊斯兰教长老）。首都地区的穆夫提负责应苏丹要求以伊斯兰法为基础对政治问题做出判断，其作用非常重要。谢赫伊斯兰和出席御前会议的两名军人法官，是帝国欧莱玛机构的最高长官。

谢赫伊斯兰的工作 私宅亦是办公室，请求法律判决的人排成长队，台阶上的谢赫伊斯兰（右上角）在写判决回复。17世纪初绘，托普卡帕宫博物馆藏

历任谢赫伊斯兰和艾布斯托一样，努力从制度上巩固帝国的统治。他们作为苏丹的近臣，和军人政治家相互配合，共同支撑奥斯曼帝国的中央政府。因此，后来的谢赫伊斯兰也在事实上被和"苏丹的奴隶"等同对待。若因失策而造成损失，谢赫伊斯兰也可能被处刑和没收财产，而这样的刑罚原本是不针对欧莱玛阶层的。

欧莱玛的任官资格制度　艾布斯托的另一重要功绩，是设计了欧莱玛官僚的任用和晋升制度。

在理论上，欧莱玛集团是学习《古兰经》和伊斯兰法的知识分子的总称，其中能够在政府机构中任职的原本并不多。但是，奥斯曼帝国的欧莱玛已经职业化了。事实上，只有已经在政府机构中任职或候补的人才被视作欧莱玛，这样，对政府职位的竞

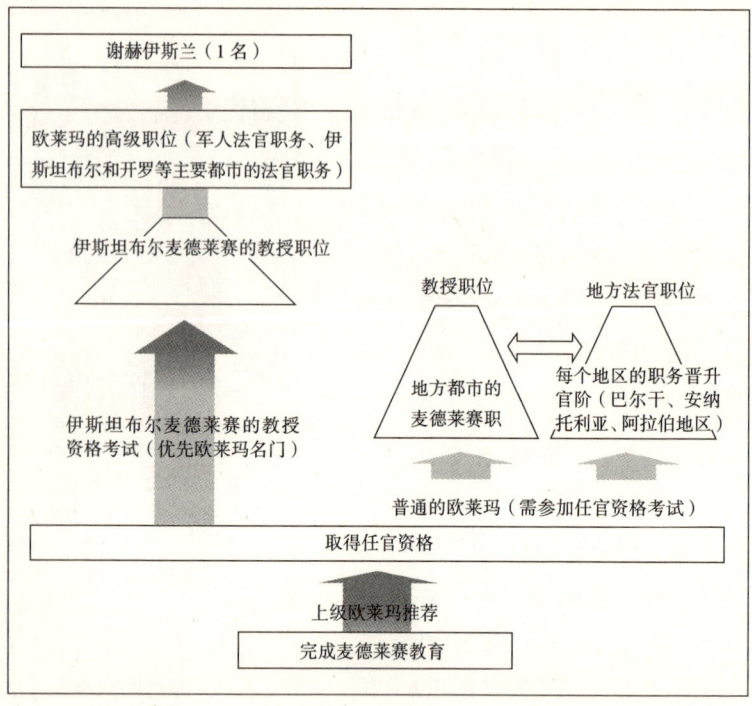

```
┌─────────────────────────────────────────────────────────────────┐
│  谢赫伊斯兰（1名）                                                │
│       ▲                                                          │
│  欧莱玛的高级职位（军人法官职务、伊                                │
│  斯坦布尔和开罗等主要都市的法官职务）                              │
│       ▲                                                          │
│   伊斯坦布尔麦德莱赛的教授职位                                     │
│       ╱╲                          教授职位      地方法官职位       │
│      ╱  ╲                           ╱╲          ┌──────┐         │
│     ╱    ╲                         ╱  ╲    ⇔    │每个地区│         │
│       ▲                          地方都市的      │的职务晋│         │
│                                  麦德莱赛职     │升官阶（│         │
│   伊斯坦布尔麦德莱赛的教授                       │巴尔干、│         │
│   资格考试（优先欧莱玛名门）                     │安纳托利│         │
│                                     ▲          │亚、阿拉│         │
│                                                │伯地区）│         │
│                                   普通的欧莱玛（需参加任官资格考试）│
│                                                                  │
│              取得任官资格                                         │
│                   ▲                                              │
│               上级欧莱玛推荐                                      │
│              完成麦德莱赛教育                                     │
└─────────────────────────────────────────────────────────────────┘
```

欧莱玛官僚的职业晋升

争越来越激烈。制定任用和晋升的规则，对欧莱玛集团内部来说已是维护自身权益的当务之急。艾布斯托努力着手解决欧莱玛官僚机构的制度化问题。

首先，1537年，政府制定了制度，授予在被视作首都最高学府的麦德莱赛中就读，并且接受哈乃斐派法学教育的学生任官资格，并登录在具有任官资格者的名单上。然后，政府以这个名单为基础，任命各地的地方法官和麦德莱赛教授。这一制度发挥了很大效力。没有候补资格，即未在名单上登录者完全没有被任命的可能。

因此而制度化的欧莱玛官僚集团的世界有明有暗。表面上，这是一种从地方城市到中央的层级性麦德莱赛教授和法官职务分配。他们的等级通过俸禄清楚地表现出来。此外政府有时还会进行职务晋升的专门考试。这种制度确保了庞大帝国的行政、司法和教育三方面的事务都处于同一发展水平，短时间内不会出现结构失衡。

但欧莱玛晋升制度还有内在的一面。首先，为取得任官资格，必须要取得特定职务的上级欧莱玛的推荐。而且，担任特定职务的欧莱玛，拥有将其子弟无条件登录"候补名单"的特权。此外，虽然乍看之下，这是金字塔形的教授和法官的等级体系，但实际上，欧莱玛官僚阶层只分成两层。就任高级欧莱玛必须具备特别的资格，即便别人有资格，也优先权贵子弟。

结果，在表面制度化的背后，欧莱玛为寻求升职而专心于经营人际关系。这样，就出现了掌控晋升体系的欧莱玛大族。很快，奥斯曼帝国的高级欧莱玛被少数大家族垄断了。

被边缘化的人们　　苏莱曼一世时代对法律和制度的修订与完备，带有运用伊斯兰教制度完善统治、加强中央集权的性质。但是帝国臣民中有相当一部分始终和作为统治工具的伊斯兰教不相容，坚持着土著的信仰。16世纪，挥舞着逊尼派旗帜的地方法官已经遍布帝国全境。毫无疑问,那些不接受逊尼派教义的人虽然日常生活受到了帝国的影响,但无疑逐渐在政治上边缘化了。

最初被边缘化的是帝国早期非常活跃的阿金基。他们中的多数人,讴歌圣战与殉教,信奉伊斯兰教中的异端。他们的信仰虽有很多被什叶派苏菲主义教团吸收,但不论怎样,在他们看来,伊斯兰教和法律或政治是毫无关系的。不仅仅是阿金基,在广阔的巴尔干和安纳托利亚,很多在乡骑士和游牧民的精神世界总是和正统的逊尼派伊斯兰教无法融合起来。

> 既非苏莱曼的奴隶
> 也非塞利姆的臣属
> 谁知我心
> 只为慈悲的贤王效力
> 来生为谁牵马坠镫
> 来生谁是我的主上
> 苦难来临
> 英勇的武士
> 转眼成了
> 啼血的杜鹃
> 真主自会垂青
> 我们在天国

也像永不停息的河水一样

勇往直前

　　这首诗的作者哈伊雷迪（？—1535）出生于马其顿，作为奥斯曼帝国的阿金基非常活跃。属于什叶派苏菲主义教团的他和凯兹巴什游牧民的地位相差无几，但是，却经常为帝国在前线效力。

　　写出如此过激诗篇的诗人，也曾经在伊斯坦布尔疏通关系，希望能够为大宰相易卜拉欣·帕夏服务。在16世纪前半期，他的住所依然在帝国境内。但是，随着苏丹权威的绝对化和帝国逊尼派色彩的强化，这类用诗歌吐露心声的骑士无声无息地消失了。

伊斯坦布尔社会百态

清真寺之城

　　1453年开始，历经百余年，伊斯坦布尔已发展为名副其实的帝都。伊斯坦布尔的再建是由苏丹与大宰相等军人政治家主导和设计的。他们以清真寺为中心修建了大量宗教设施。在苏莱曼即位以前，整个城市已经遍布清真寺，包括由基督教会专用设施改建成的圣索菲亚清真寺、穆罕默德二世的征服者清真寺、穆罕默德二世时代的军人马哈茂德·帕夏与哈斯·穆拉德·帕夏的清真寺、巴耶济德二世

的清真寺、巴耶济德二世的大宰相钱达尔勒·易卜拉欣·帕夏的清真寺。塞利姆一世的清真寺则是在他死后建立的。

在新的伊斯坦布尔地图上，宗教设施成倍增长。在苏莱曼一世的时代，特别是他在位后期，多数建筑物都是在宫廷建筑家希南的主持下修建的，包括为夭折的王子修建的王子穆罕默德清真寺、为许蕾姆王妃修建的哈塞基（"苏丹的宠爱"之意）苏丹清真寺、公主米赫丽玛赫的清真寺、大宰相鲁斯坦·帕夏的清真寺，以及最后的大宰相索库鲁·穆罕默德·帕夏的清真寺。

本书不厌其烦列举的一个又一个清真寺勾画出了近代伊斯坦布尔城区的主要轮廓。上述清真寺多数保留至今，可供访问伊斯坦布尔的旅游者参观。这些清真寺以适当的距离分布在市区各处，可知它们是在总体的城市规划布局中建立起来的。

在建设大清真寺的同时，政府也修建了供水管线。自征服后的1453年以后，国家修建了从伊斯坦布尔西部和北部引水的管道。随着开发的进展，由北向南的水道逐渐扩充，伊斯坦布尔的供水状况日益改善。市内水资源的分配，也由希南主管的宫廷建筑室的技术员负责管理。

供水管线的主干道又延伸了支线，联结了在日常生活中使用的街区的清真寺。苏丹的清真寺向平民开放，但伊斯兰教徒每日礼拜五次，去苏丹的清真寺多有不便。增加作为生活中心的小清真寺，是安定市民生活不可缺少的条件。史料记载，到16世纪中叶，伊斯坦布尔市内建立了大约两百座小清真寺。

伊斯坦布尔的繁荣

很难统计苏莱曼一世时代伊斯坦布尔人口的具体数字。史料留有1479年的户数数据,据此足以推测伊斯坦布尔人口有十万左右,但此后的数量并没有确切的史料。因此,虽然有时认为达到四十万,不过近年的研究向下修改,认为市区内的人口至多二十万。尽管如此,这也依然是欧洲数一数二的城市。

男性人口多集中在伊斯坦布尔的大商业区,主要是经营店铺的商人及手工业者、他们的学徒或弟子、搬运工等。如前所述,将近60%的人是伊斯兰教徒。军人、欧莱玛和书记员等奥斯曼帝国的支配阶层的大部分也居住在市内。市区开始向对岸的亚洲一侧扩展。

随着伊斯坦布尔人口的增多,为了维持秩序和保护生产活动,政府必须加强管理职能。因此,奥斯曼帝国政府把确保居民的粮食供应和市场的商品原料供给作为首要任务,为此整顿行政体制。小麦及羊肉的供给是通过连接伊斯坦布尔和帝国各地的行政网络实现的,大宰相是最高责任者。另外,都市的行政与风纪管理由地方法官和市场监督员(muhtesip)等欧莱玛负责,街区内的小清真寺的阿訇则位于行政机构的末端。"伊斯兰式的统治"就是通过欧莱玛阶层的行政支撑的。

另一方面,统治阶层为获得民众的支持而举办娱乐活动,粉饰太平。娱乐活动已经成为居民生活必不可少的部分。在伊斯坦布尔,王子的割礼、公主的婚礼或者是庆祝大捷,都要举办大型娱乐活动。每星期五和斋月的每天晚上,政府在各苏丹清真寺附属的餐厅,向人们派送正餐和点心。苏丹通过这种方式向外界展示自己的"德政",此外,他也负有顺利朝圣的重要义务。在即将开始朝圣的时候,隆重的分发赠品的仪式,将苏丹在宗教领域的精神作用发挥到了极致。

谣言由何而生

生活在帝都的人们,不管是被称为"阿斯科里"(Askari,原意是"军人"或"战士")的统治阶层,还是被称为"拉伊亚"(Layia,原意是"牧人看守的畜群")的包括商人、手工业者和乞丐在内的被统治阶层,自然都与政治有所关联。苏莱曼的时代,人们陶醉于帝国军队传回来的捷报,期待着苏丹胜利归来时的大型仪式。但是另一方面,苏丹宫廷中的权力斗争、苏丹及其侧近与后宫女性的谣言,像无声电波一样在城市中扩散,各种花边趣事、政治丑闻在伊斯坦布尔人的茶余饭后被津津乐道。

那个时代的诗歌可视作一种媒体。诗人的作品歌颂着苏丹和各级高官的功绩,同时也批判着他们的恶政。当然,能够理解古典诗歌的格律并能运用自如的诗人非常有限。多数诗人在权势者的资助与庇护下生活,因此诗歌基本上是社会精英的爱好。但是,口头吟唱、书面传抄的诗歌对舆论颇有影响。那些通俗易懂的诗歌则成为联结伊斯坦布尔社会大众与统治精英的一座桥梁。

在宏大的伊斯坦布尔,引发舆论哗然的事件在苏莱曼的宫廷中频频发生。比如,苏丹宠臣易卜拉欣·帕夏与穆斯塔法王子的处刑。这时,人们——或许称"舆论界"更好——把这些事件都与许蕾姆王妃联系到一起。这位奴隶出身的王妃在1534年破天荒地和苏丹结婚,造就了一位既爱江山又爱美人的苏莱曼大帝。她是伊斯坦布尔人最好的谈资。

16世纪,或许是在宫廷服务的女诗人尼萨伊写道:

> 对俄国妖女言听计从,
> 一代贤王早已鬼迷心窍,
> 不再关心大地上的收获,
> 他的博爱之心哪里去了?

俄国的"妖女"就是指许蕾姆王妃,诗歌也把批判的矛头指向被俄国的"妖女"弄得神魂颠倒的苏莱曼苏丹:

> 忆君少壮时,公正无褊狭。
> 雄姿英发日,万民齐欢腾。
> 垂垂至暮年,民怨无处诉。

许蕾姆王妃

这些谣言都指向许蕾姆王妃。这位原本是奴隶出身的王妃,在长达二十五年的时间里，与苏莱曼苏丹在事实上保持着一夫一妻的关系。苏莱曼长子穆斯塔法的母亲梅希德布朗王妃也是奴隶出身，但此后，在后宫众多的女性中，许蕾姆王妃独占了苏丹的爱情，并且为他生有五男一女。

苏莱曼对许蕾姆王妃的爱情，打破了奥斯曼帝国的惯例。在宫廷中，一个女性只能为苏丹生一个男孩。也就是说，已经为苏丹生男孩的女性必须远离苏丹。但是，苏莱曼或许是为了爱情，一直将她留在身边。1534年，许蕾姆与苏丹按伊斯兰法正式结婚。并且，她在法律上有了完备的"解放"手续。她得到了大笔财产，以自己的名义在伊斯坦布尔市中心建造了清真寺和多座建筑。在1558年去世之前，她一直占据着被称为哈塞基的后宫宝座。

苏丹的爱情被传为美谈，但是，如果破坏惯例，必然引发矛盾冲突。许蕾姆王妃已经为苏丹生了五个王子，她希望其中之一成为苏莱曼的继承者。据说，苏丹的女婿鲁斯坦·帕夏也为她出谋划策。如前所述，人们相信她嫉妒苏莱曼身边的易卜拉欣·帕夏，散布关于他的谣言，让苏莱曼处决了他，但是真相全都处于黑幕之中。

鲁斯坦·帕夏的贪欲

和许蕾姆王妃一样，舆论评价非常低的还有苏丹的女婿鲁斯坦·帕夏。许蕾姆王妃和苏莱曼一世育有一女，名米赫丽玛赫，公主一直生活在两人身边。依照惯例，公主必须下嫁实力派高官。出身于萨拉热窝的军人政治家、当时的迪亚巴克尔省的军政官鲁斯坦·帕夏最终成为苏丹的驸马。当时的舆论认为，许蕾姆王妃、鲁斯坦·帕夏、米赫丽玛赫组成的"三人帮"蒙蔽了德高望重的苏丹，飞扬跋扈地满足着自己的私欲。

确实，鲁斯坦·帕夏和此前的军人政治家相比，具备不同的素养。他熟悉理财、善于经营。在1544年担任大宰相后，他和哈布斯堡家族签订了和约，确保了帝国的贡纳金收入。而且，他在苏丹直辖的领地引入了包税制。在苏莱曼一世统治前期，由于对外战争，财政不断恶化。鲁斯坦·帕夏的一系列举措非常有利于重建财政。哈布斯堡家族驻奥斯曼帝国大使修斯贝克曾经说鲁斯坦·帕夏能"连内廷的蔬菜和鲜花都拿出去卖"，虽有些夸张，但是，鲁斯坦·帕夏为重建财政确实费了很多功夫。虽然他因卖官鬻爵而恶名远扬，但也任命了一些能够为帝国做实事的官员。

虽然他在公众眼里是反面人物，但是妻子米赫丽玛赫和许蕾姆王妃对其信任有加。关于他对穆斯塔法王子的死负有责任，因此被撤职、处刑的传言不胫而走时，他在妻子和许蕾姆王妃的帮助下逃走，但三年后又重任大宰相，总计在那个宝座上稳坐了十四年。

他为充实国库而费尽心思，也不忘记中饱私囊。他留下了丰厚的遗产，以至于帝国的史书不厌其烦地列举其遗产的具体类别和相应数字。实际上，管理经济的才能对后苏莱曼时代的军人政治家来说已经不可或缺。大宰相等高官作为政治派阀的领袖，要供养大批家臣，必须要有经济实力。鲁斯坦·帕夏便是其中的

装饰鲁斯坦帕夏清真寺的伊兹尼克瓷砖 奥斯曼帝国的建筑物,外观是灰色的石块和铅粉,但内部则装饰着美丽的彩色瓷砖。彩色瓷砖多数是在伊兹尼克制作加工的,除了在视觉上有透明感的蓝色与绿色,16世纪以后,还增加了鲜艳的红色,绘上郁金香和康乃馨等植物花纹。笔者摄

先驱人物。

伊斯坦布尔的人口逐渐增长,鲁斯坦·帕夏为加强城市建设而重用了建筑家希南。在商业中心为他修建的清真寺是集中、有效地利用土地的建筑杰作。其妻米赫丽玛赫的清真寺建在博斯普鲁斯海峡对岸的于斯屈达尔地区,那里成为伊斯坦布尔亚洲一侧开发的中心。前文提到的许蕾姆王妃的大型清真寺也是希南的作品。

宫廷女性为自己修建清真寺的活动从许蕾姆王妃和公主米赫丽玛赫开始,并向后世扩展。她们希望通过建筑物将自己的名字流传后世,或许她们原本就非常关心被男性社会独占的建筑事业。不过,建筑的费用还是来自于国库。

奥斯曼帝国的税收收入分为皇室资金(奥斯曼家族使用)和一般财政资金两部分,但皇后和公主的各项费用来自于皇室资金,

若有不足，也会从一般财政资金分割一部分。"兄弟相杀"的陋习虽防止了旁系从皇室资金分割财产，但为后宫女性消费的增长和公主力量的兴起创造了条件。

帝国第一丑闻——穆斯塔法王子的处刑

年过半百的苏莱曼一世身染重病（有可能是痛风），脸色非常难看。奥地利驻奥斯曼帝国大使修斯贝克称，苏莱曼大帝在重要会见时显然化了妆。远征行动间隔变长，关于继承人的选择也被悄悄地议论。

苏莱曼一世东征西讨，威震敌胆，但却无法回避日益尖锐的继承人问题。诸王子中，苏莱曼最喜欢的是许蕾姆王妃给他生的第一个孩子穆罕默德，但这位受青睐的王子在1543年病死。苏莱曼一世为他在伊斯坦布尔市中心修建了王子穆罕默德清真寺。在伊斯兰世界，为逝者诵《古兰经》是对其灵魂最好的安慰。在用伊兹尼克出产的蓝色瓷砖装饰的王子穆罕默德清真寺中，苏丹雇佣诵经者昼夜不停地安慰爱子的亡魂。这座清真寺也是由著名设计师希南主持建造。

穆罕默德死后，最可能继位的是梅希迪布朗妃生的长子穆斯塔法，但是他流露出急于继承皇位的行动，招致了父亲的不满。1553年，在远征波斯途中，穆斯塔法被突然处死。他是否制订过谋反计划已经无从知晓。但即使不为谋反，他在从自己担任军教官的阿马西亚到首都各地培养同盟者也是事实。继承人问题是性命攸关的,这样的结局似乎不令人奇怪。一种说法认为,他在耶尼切里军团中受到广泛支持。父亲在位的时候,如果穆斯塔法发动政变,成功的可能性很大,因此苏莱曼对此恐惧。

正如预想的那样,穆斯塔法被处死以后,远征军军心动摇。不仅是耶尼切里军团,很多高官也支持这位王子。人们认为乐于看到王子被处死的是希望亲生儿子继位的许蕾姆王妃、公主米赫丽玛赫和驸马鲁斯坦·帕夏,因此苏丹罢免了大宰相鲁斯坦·帕夏,以此转嫁舆论的不满。为斩草除根,苏莱曼处死了穆斯塔法的所有儿子。

穆斯塔法身边的人多数也被处死。如前所述,奥斯曼帝国的王子在任所都设有军队、行政机构和宫廷。这是自成一体的小型政府,目的是让王子积累经验。就像苏莱曼就任苏丹以后,将王子时代的宫廷伙伴易卜拉欣·帕夏带在身边一样,此后成为"苏丹的奴隶"的干部也是在那里培养起来的。为防止这些失去主人的人叛乱报复,苏莱曼将他们也处决了。

苏莱曼的小儿子吉罕吉尔一直体弱多病,据说他无法面对同父异母的兄长穆斯塔法被处刑的惨祸,不久就忧郁而死。苏莱曼为他在从托普卡帕宫可以望到的金角湾的对岸修建了小的清真寺,这也是怀念幼子的许蕾姆王妃的愿望。但是不久,这位绝代佳人也离开了深爱她的苏莱曼大帝,在1558年奔赴黄泉。

诗人的吟唱与城市的声响　　继承者之争在伊斯坦布尔是人所共知的事实。市民都很关心谁会成为下一任苏丹。穆斯塔法王子的死不仅在军人中,而且在伊斯坦布尔的市民中引起了强烈反响。王子被处刑不久,诗人多卡今扎迪·亚弗亚(?—1582)的作品很快在伊斯坦布尔开始口头流传:

> 举世皆惊,山崩地裂。
> 乱臣贼子,阴魂不散。
> 王子之死,如日西沉。
> 侧近勇士,如鸟兽散。
> 奥斯曼家,将有危难。

诗歌还描写了行刑的场景:

> 伟大的苏丹,世间的可汗。
> 圣王的怒火,巍峨的雪山。
> 王子的躯体,白色的布幔。
> 帝国的栋梁,无声的城堡。

穆斯塔法王子被处死　苏莱曼一世的帐篷前横躺着王子的尸体,这幅细密画绘于1587年,托普卡帕宫博物馆藏

哭泣的万民，停滞的时间。
西沉的月亮，啜泣的春天。

接下来，诗人把批判的矛头指向大宰相和下令杀害王子的苏丹：

王子倒下了
在萨尔王的脚下
鲁斯坦的阴谋
是否
让所有人害怕
最后的审判
终将到来
哀嚎四起
唤不醒
英武的王子

最后的审判
已经到来
杜鹃啼血
鸿雁哀鸣
男女老少
痛彻心扉

泪如涌泉

御座英主
情何以堪
千人拥戴的王子
已赴黄泉路
万人唾骂的撒旦
还活在世间

民怨沸腾
朝霞刺眼
世间的撒旦
弄脏了
圣王的官殿

  诗中的"萨尔王"和"鲁斯坦"是波斯传说中的萨尔王及其儿子鲁斯坦,不过这里明显是指在苏莱曼的营帐里实施杀害王子的萨尔·马哈茂德和大宰相鲁斯坦·帕夏。本诗的描写宛如现场报道,生动描绘穆斯塔法王子被杀时的场景,无疑把批判的矛头指向了阴谋杀害穆斯塔法王子的鲁斯泰姆·帕夏。

  诗人亚弗亚出身于阿尔巴尼亚贵族家庭,通过德米舍梅制度纳入奥斯曼帝国的军队。作为耶尼切里军团的一员,他参加了苏莱曼一世的多次远征，在军旅生涯中写出了很多作品，并编纂了自己的诗集，进献给苏丹和高级官僚。因为蜚声文坛，离开军队的他担任伊斯坦布尔多座清真寺的财务管理。他一直坚持诗歌创作，前引诗歌就是在担任财务管理期间所写的。

或许由于他有在耶尼切里军团长期服役的经历，其作品代表着普通近卫军士兵的心声。他把从普通士兵那里得来的消息巧妙地吸纳入诗歌中，把批判的矛头指向了鲁斯坦·帕夏。此时的鲁斯坦·帕夏已经被罢免了大宰相的职务。诗人大概确信他已经失势，才用诗歌讽刺声名狼藉的驸马。

但是，诗人误判了形势，三年后，鲁斯坦·帕夏重回大宰相的宝座。由此，诗人屡次遭受到鲁斯坦·帕夏的刁难，最终被贬到兹沃尔尼克。鲁斯坦·帕夏是当时少数几个讨厌诗人的人。

不能忘记诗歌还有另外一位批判对象，那就是苏丹本人。文人批判政治混乱和失政责任的时候，往往把矛头指向大宰相。但是，大宰相的任命和重大事务的最终决定权在苏丹。通过批判大宰相的形式批判帝国政府的做法后来被多人效仿。在苏莱曼时代，托普卡帕宫殿和统治阶级高层的动向就这样为首都的芸芸众生传说、评论着。可以说，从那时起，帝国的都市型政治已经开始了。

皇位之争的第二幕

穆斯塔法王子的死催人泪下，然而，这不过是争夺皇位的第一幕。随后，继承人之争的第二幕戏剧性地拉开了。

穆斯塔法与吉罕吉尔死后,继承人之争在巴耶济德和塞利姆之间展开,他们都是许蕾姆王妃的儿子。母亲在1558年死后,制约他们的力量已不复存在,二人的关系进一步恶化。有军事才能的巴耶济德一直在积极活动,频繁地给父亲写信,请求成为继承者。除此之外,他还努力强化了自己统辖的军事力量。在这里介绍一下巴耶济 德写给父亲的一封信,此信至今还保存在托普卡帕宫博物馆里。信写于巴耶济德被派往比弟弟塞利姆的驻地孔亚更远的阿马西亚之后,这意味着作为兄长的他在继承人之争中已处于不利地位:

> 父皇在上,儿臣近来尚好,请勿挂念。只是昼夜祷告您一切安好。儿臣的悲伤和努力还望父皇知悉。啊,对父亲的爱和心中的苦闷已经让我语无伦次。我那可恶的弟弟一定又在您面前构恶献谄。我将忍痛离开屈塔希亚,前往阿马西亚。对于我的调离,绝不会是英明的父皇的决断。这种打击让我肝胆俱裂,心如油煎。请您体谅儿臣为国效力、为您尽孝的苦衷,此时,我已失魂落魄,不知如何向前。
>
> 我何曾对外说过弟弟一点坏话?儿臣纵有不足,也不似塞利姆那般蝇营狗苟。那厮在布尔萨与多名娼妇鬼混,说不定从哪儿会冒出认塞利姆为爸爸的野孩子来!儿臣以为,他不能担当一国之君的重任。请父皇转告儿臣的话,请他悬崖勒马,不要

再胡作非为。

儿臣的清白与正直,才是真主与万民共知的。

巴耶济德在向苏莱曼的陈情中,用恶毒的语言控诉着弟弟。王位之争已经压倒了一切。只是,在这封信中,我们感受到他对父爱的期待,这是一种微妙的亲情。他们毕竟还是血亲骨肉。

但是,掌控着国家的父亲苏莱曼一世并没有丧失警惕。他担心长期渴望继承大位的巴耶济德为夺权而把刀剑对向自己。苏莱曼对塞利姆王子的支持逐渐明确,巴耶济德选择了武力解决的道路。结果是兄弟二人在战场上刀兵相见,这就是1559年的孔亚战役。从巴耶济德的行动也能看出,帝国军队的指挥权没有统一,每名王子都有足够的军事力量作后盾。但是,塞利姆有老苏丹苏莱曼的支持,再加上帝国的在乡骑士军和中央政府派遣的军队,实力雄厚。两位王子在战场上实力相差很远。

结果当然是塞利姆大胜,维持住了继承人的位置。在这场争夺中,塞利姆顺从父王的指挥,没有采取任何举措,结果笑到了最后。也有人说他只是因为胆小而不敢轻举妄动。失败的巴耶济德向东安纳托利亚逃窜,甩开了政府军的追捕,带着四个儿子,在1560年8月逃往萨法维王朝。塔赫马斯普也曾一度给予厚待。但是,他希望《阿马西亚和约》签订之后两国能保持和平,最终得到奥斯曼帝国五十万金币与两国保持和平的承诺后,决定将巴耶济德引渡回去。奥斯曼帝国吸取先前的教训,绝不希望杰姆王子那样在欧洲流亡多年，多次陷帝国政府于被动的局面再度出现。

1562年6月，被引渡的巴耶济德和他的孩子们还没有离开萨法维王朝的领土，就被苏莱曼的使者杀害了，再也没有返回帝国的疆土。巴耶济德从波斯写给苏莱曼的陈情信中，有下面一段话：

> 普天之下，莫非王土。苏莱曼苏丹，至亲至爱，圣明父皇在上。儿臣远在异邦，思念故国。臣之辛苦，人神共鉴。愿父王开恩，宽恕儿臣。

苏莱曼回信中的诗句也保存了下来：

> 我何曾让你受半点辛苦，我的孩子。
> 不要辩白，忏悔吧，我的孩子。

叱咤风云的苏莱曼大帝就这样在孩子们无休无止的皇位争夺中走向了人生的终点。

第五章

奥斯曼官僚的时代（1560—1680）

官僚统治阶层的兴起

"恭顺苏丹"的开始　久为疾病所苦的苏莱曼一世在1566年开始了最后一次远征。哈布斯堡家族的新皇帝马克西姆利安二世在匈牙利夺取了奥斯曼帝国控制的要塞。苏莱曼的远征是为了报复。奥斯曼帝国的军队将马克西姆利安二世的军队击退，进而包围了匈牙利西部的重要城市西盖特瓦尔。然而，就在西盖特瓦尔即将陷落之际，苏莱曼去世。据说最后一次远征，这位不可一世的苏丹都是在病床上指挥战斗。

大宰相索库鲁·穆罕默德·帕夏隐瞒了苏丹的死讯，在攻陷了西盖特瓦尔以后，对城池略作修复，就在大约一个半月以后向伊斯坦布尔撤军。遗体就临时安防在帐篷中，大宰相为了压制希

苏莱曼一世的葬礼 苏丹的棺木上装饰着表明死者生前地位的头巾,背后是苏莱曼一世的清真寺。1579年绘制,切斯特贝蒂图书馆(都柏林)藏

望继续进兵的主战派,把时间用于修复城池,等待秋天到来后返回伊斯坦布尔。另一方面,大宰相写信给在继承人之争中胜出的塞利姆王子,希望他派军队到巴尔干与自己会合。

塞利姆以外的继承人并不存在,但是大宰相为何要用这种办法处理苏丹的后事呢?原因有二:

第一,苏丹虽然更替,但是大宰相希望维持以自己为核心的现政府。到这时为止的奥斯曼帝国,王子们都是在任职地点培养自己的家臣团体,若继位为苏丹,会将自己的家臣团任命到重要的岗位上。塞利姆王子的家臣大约有两千人。但是,在苏莱曼一世长期的统治之下,政府的管理部门在逐渐完善,未必事事和新苏丹保持一致。大宰相索库鲁·穆罕默德·帕夏巧妙地操纵了塞利姆,迫使他承认了既有的政府。

第二,塞利姆继位,各阶层的军人纷纷要求更多的赏金。前文所述,塞利姆继位的过程充满了血腥,军人要求新苏丹相应回报对他的支持。大宰相也通知苏丹在这方面做好准备。

王子时代的积蓄已经在继承人争夺战中消耗殆尽,塞利姆向自己的姐姐米赫丽玛赫借款五万金币,向部队支付了赏金。事实上,耶尼切里军团在苏莱曼清真寺前苏丹的葬仪过程中多次示威,向新苏丹表示不满。

塞利姆作为弱势苏丹即位了。他把政务委托给大宰相,在位期间从未率军远征,而是在伊斯坦布尔的后宫与埃迪尔内的猎场享受生活,最终留下了"醉鬼"的恶名。

后苏莱曼时代,就是这样一个苏丹从军事和政治的最前沿消失了的时代。取而代之,以大宰相为中心的奥斯曼官僚的统治开始。在官僚制的时代,软弱的苏丹是现实政治的需要。塞利姆顺应了这种需要,于是,后苏莱曼时代顺利地拉开了帷幕。

索库鲁·穆罕默德·帕夏的时代

大宰相索库鲁·穆罕默德·帕夏出身于波斯尼亚的小贵族家庭,他通过德米舍梅制度进入奥斯曼宫廷,在苏莱曼一世晚年就任大宰相。

和此后短命的大宰相不同,他担任大宰相十四年之久,代苏丹领军,做出重大决策,同时,在自己身边汇集了一批军人、书记和欧莱玛,形成了自己的政治派别。以党派和赞助者为基础的政治是16世纪中叶以后奥斯曼帝国的特征之一。

索库鲁·穆罕默德·帕夏的家族都受到了优待,改宗伊斯兰教的亲族在波斯尼亚和伊斯坦布尔任职。苏莱曼一世时代，1557年，他的弟弟（后来其外甥也曾担任这一要职）出任塞尔维亚正教会大主教。一度中断的塞尔维亚正教会在奥斯曼帝国又重新恢复活动。这一政策是为了在与哈布斯堡家族的对抗中拉拢巴尔干的基督教徒。索库鲁家族的事例，充分体现了在德米舍梅制度下被录用、做官是整个家族实现荣耀的道路。

只是，他的权势也并非绝对的，其政敌也在组建派别与他对抗。苏丹在政治斗争中是一枚重要的棋子。深居后宫的苏丹必须扮演好他的角色，发挥他的政治作用。虽然苏丹已经没有领导力，但是奥斯曼帝国后半期的历史依然是以苏丹为中心展开的。

地中海局势

在后苏莱曼时代，索库鲁·穆罕默德·帕夏使得奥斯曼帝国的军事优势继续维持了一段时间。这种成功主要是因为在地中海扩展了霸权。1570年，奥斯曼海军向威尼斯占领下的塞浦路斯岛发起进攻，力求解决多年的悬案。第二年，帝国征服了塞浦路斯岛，伊斯坦布尔到埃及的航路安全得到了保障。

对此，威尼斯联合罗马教皇、西班牙的哈布斯堡家族，企图夺回塞浦路斯岛。双方的海军在1571年10月于伯罗奔尼撒半岛附近的勒班托海湾展开了决战。联军由非常有能力的出身于哈布斯堡家族的唐·胡安（西班牙国王腓力二世同父异母的弟弟）指挥，相比之下，奥斯曼海军的指挥官经验不足，全部船只要么

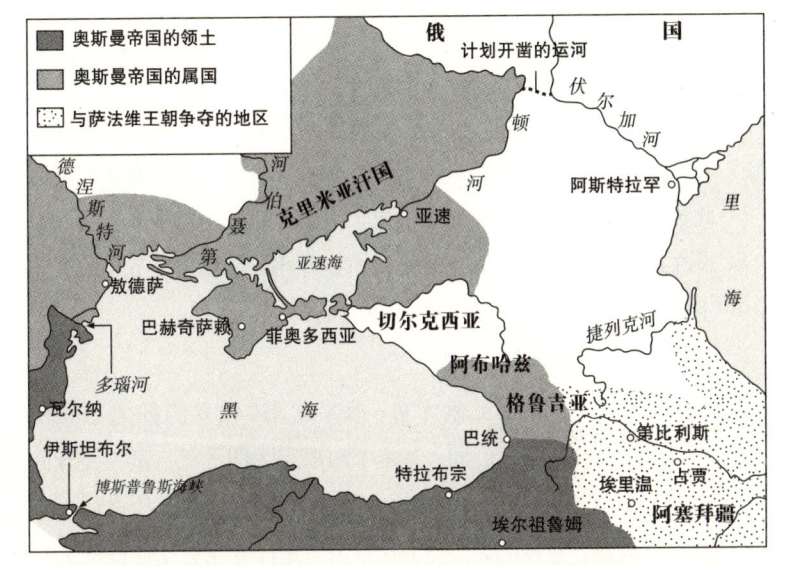

16世纪后半期的黑海沿岸与高加索地区 奥斯曼骑兵与克里米亚汗国骑兵向北方进军，于是产生了开凿大运河的构想

被捕获，要么被毁。但是，联军后来的步调不再一致，没有给奥斯曼海军毁灭性打击。奥斯曼海军在冬季加紧重建，在第二年夏，新派往地中海的舰队，比上一年损失的数量还多。

面对强大的反攻，威尼斯被迫在1573年与奥斯曼帝国缔结和约，不得不放弃塞浦路斯，并且同意支付三十万金币的贡纳金。若从占领塞浦路斯岛来说，奥斯曼帝国无疑是这一系列战争的胜利者。1574年，奥斯曼帝国新组建的舰队在西地中海夺回了上一年被西班牙无敌舰队攻占的突尼斯，延续在地中海的霸权。

但是，勒班托海战的失败无疑使在宗教战争中分裂的欧洲人空前团结。欧洲所有的政治力量都为土耳其人的某次失败而兴高采烈。世界文学名著《堂吉诃德》的作者塞万提斯从西班牙前往意大利，参加了勒班托海战，他在战斗中失去了左手，却以此为后半生的骄傲，成为文学史上广为人知的一段故事。塞万提斯在归国途中在西地中海不幸被海盗俘虏，又度过了五年的艰苦生活。那时候，《堂吉诃德》还没开始构思。

挑战限制的两大运河计划

索库鲁·穆罕默德·帕夏担任大宰相期间，制定了两项宏大的计划。其一是开凿苏伊士运河。这项计划提出的背景是塞利姆二世即位之后爆发的也门叛乱。这次叛乱是1566年由当地什叶派分支宰德派的首领发起的。镇压这场叛乱用了三年时间。为此，帝国统治者认识到联结地中海与红海，切实控制阿拉伯半岛的重要性。帝国先前的统治者向印度洋开拓遇到了挫折，索库鲁·穆罕默德·帕夏也许有意重启向印度洋进军的计划。但是，这一计划仅限于勘查，最终没有付诸实施。

其二是在北方开凿大运河——联结顿河（注入亚速海）与伏尔加河（注入里海）。到1569年，运河已经开凿了三分之一。如果运河通航，就可以通过伊斯坦布尔向里海派遣海军，从那里向莫斯科公国，以及东方宿敌萨法维王朝发起攻击。它还可以获得以毛皮为代表的俄国商品的关税收入。但是，计划没有最终完成，在1570年宣告放弃。

两大运河开凿计划都以失败告终，其共同点是尝试着为已经到达极限的帝国扩张寻求新的突破。后来,英国和法国在1869年实现了苏伊士运河通航;顿河与伏尔加河之间也在1952年被苏联政府以运河的形式贯通,可见,这两大运河开凿计划最初并非空想。只是,在奥斯曼帝国"本土"指挥并完成偏远地区的重大工程,财政负担过重,而且,当时在技术上还有难以克服的障碍。这样,奥斯曼帝国转向守卫既有领土。

漫长的高加索战役

1574年,塞利姆二世亡故,穆拉德三世继位。穆拉德三世初期,索库鲁·穆罕默德·帕夏继续担任大宰相,实力派军人政治家之间的权力斗争进一步激化。索库鲁·穆罕默德·帕夏逐渐大权旁落。政敌们批评了他在东西两个方向的和平主义路线,主张开战。当然,主战派都是为了提高自身地位。结果,1578年,奥斯曼帝国远征萨法维王朝占领下的高加索,不久,反对远征的索库鲁·穆罕默德·帕夏在执行公务时被暗杀,一般认为是政敌所为。

索库鲁·穆罕默德·帕夏死后,伊斯坦布尔政局陷入混乱,多名实力派你争我夺。穆拉德三世统治的二十一年里,大宰相更换了十一次,这一职位成为中央权力争夺的焦点。斗争的结果对战争的发展影响很大。

1578年,奥斯曼帝国对高加索和阿塞拜疆开战。奥斯曼军队要迎战高加索本土的统治者和萨法维王朝,还要面对复杂的地形与严酷的自然环境,物资运输极为困难,战争断断续续进行了十三年。1590年双方议和,但原因只是萨法维王朝面临国王的更替和昔班尼王朝的入侵等多重不利条件而已。1590年,奥斯曼帝国终于占领了高加索和阿塞拜疆,可以收兵了。

由此,帝国的疆土确实进一步向东方扩大。不过,这是一次得不偿失的胜利,当时的很多知识分子都认识到战争是徒劳无益的。索库鲁·穆罕默德·帕夏坚决反战的举动还在人们的记忆中。主管财务的穆斯塔法·萨拉尼基(Mustafa Selanıkî)作为文官参加了这场战役,他感慨道:"这是一场伟大的征服战,但战争的结果是国库空虚,军纪混乱。""伟大的征服战"的成果,很快被萨法维王朝夺回。17世纪初,阿巴斯一世重振国威,萨法维王朝很快转入反击。阿巴斯一世抵抗了东方的昔班尼王朝的进攻,随后迅速改革国内体制,特别是军事制度,在16世纪末致力于收复被奥斯曼帝国占领的土地。奥斯曼帝国忙于与哈布斯堡家族的战争,无力应对东部战局。1603年,大不里士陷落,格鲁吉亚的第比利斯、阿塞拜疆的占贾等要塞也渐次失守。到1607年,奥斯曼帝国在穆拉德三世时期获取的土地全部丧失。双方的领土分界线回到了1555年《阿马西亚和约》规定的状态。

与哈布斯堡家族的持久战

在西线也是同样的消耗战。1593年,在主战派老将古贾·希南·帕夏的推动下,作为实力派军人政治家权力斗争的结果,奥斯曼帝国再次出兵匈牙利。正如前文所述,被哈布斯堡家族与奥斯曼帝国分区占领的匈牙利存在被迫向双方的官吏都缴税的地区，双方的争夺已经常态化，不缺少全面开战的借口。

这次对匈牙利的军事行动，让多瑙河以北的奥斯曼帝国的三个属国陷入混乱。在匈牙利境内的战线上，奥斯曼帝国军队处于劣势，有鉴于此，特兰西瓦尼亚倒向哈布斯堡家族，摩尔多瓦和瓦拉几亚两国领主也调转枪口。奥斯曼军队顾此失彼、穷于应付，战争陷入长期化。在此期间，奥斯曼支配的主要据点布达也两度深陷包围，但没有陷落。

1603年，战况开始有利于奥斯曼帝国，因为特兰西瓦尼亚、摩尔多瓦和瓦拉几亚的战局都发生了逆转。哈布斯堡军队杀死了瓦拉几亚大公；特兰西瓦尼亚发生了反哈布斯堡家族的叛乱。另外，奥斯曼军队方面，在大宰相拉腊·穆罕默德·帕夏的领导下，挽回了匈牙利的败局。1606年，双方在位于缓冲地带的西特瓦托罗克议和谈判。

长达十三年的战争，没有绝对的胜利者。奥斯曼军队虽说多次克服危机，守住了旧的领地，但16世纪前半期帝国的优势可以说已经一去不复返。哈布斯堡家族没有发挥军事技术的优势，也没有一如既往地维持住匈牙利、特兰西瓦尼亚本土势力的完全信赖。1606年签订的和约让双方维持了六十年的和平。

持久战的意义

战争对奥斯曼帝国的影响是深远的。战争持续了十三年，奥斯曼帝国慢慢摆脱了战争前半期的被动局面,双方最终恢复到开战前的状态。这种"反败为平"正是因为战争开始后不久,奥地利军队显示出新技术的优势,而奥斯曼帝国以敌为师迅速模仿,也在战场上应用新技术,从而挽回被动局面。16世纪后半期,欧洲的"军事革命"主要包括三方面:

一、意大利筑城术的推广。

二、火枪的改良和配备火枪的步兵的增加。

三、进攻以枪炮为中心之后的战术的改良。

奥斯曼军队迅速改良了耶尼切里军团,从安纳托利亚农村募集能够使用枪炮的非正规步兵。虽然他们未经过长时间训练,但也开赴前线,投入战斗以追赶前述"军事革命"的第二个方面。只是,战争结束,这些非正规军失去了用武之地,成为社会不安的因素。

在军事技术方面,奥斯曼帝国在第一点和第三点基本上和欧洲保持同步。但是,在16世纪,奥斯曼军队的总体优势已经丧失。战争已经很难为帝国开拓新的空间。

在帝国的东西线,除穆罕默德三世即位后仅有的一次以外,再也没有苏丹御驾亲征。苏丹再也不是驰骋疆场的统帅,而是在伊斯坦布尔深宫享乐的君王而已。

后宫的职能

苏丹整日在托普卡帕宫殿寻欢作乐,后宫的职能日益凸显。苏丹实质的政治功能在弱化，但政治实力派须通过在后宫服务的人员，才能达到利用苏丹的目的。此外，幼主继位，母后和外戚的影响力就会加强。穆拉德三世的生母努尔·巴努开创了皇太后居住在托普卡帕宫殿的先例，此后后宫的工作人员及相应的经费也都增加。

黑人宦官长 黑人宦官长成为苏丹和母后与军人政治家之间的中介，掌握实权。荷兰国家博物馆收藏

后宫的服务由黑人宦官担任。17世纪以来，一直有三五名领薪的黑人宦官，其中的黑人宦官长位于负责侍童教育的白人宦官长之上，负责整个宫廷事务的协调与管理。他们和帝国的政治官僚不同，属于苏丹的私佣。这些人利用自身职务的特点，谋求到了管理以苏丹名义设立的宗教捐赠项目的职位，借机敛财。而且，为麦加、麦地那设立的宗教捐赠管理者也由黑人宦官长担任。黑人宦官多出生于苏丹，在埃及接受阉割手术后被进献到伊斯坦布尔。因此，很多黑人宦官在退休以后返回埃及，在那里还能发挥影响力。

从16世纪下半期开始，在后宫内部形成了以苏丹的母后为顶点的等级制度。母后以下，是给现任苏丹生育了男孩的妃子，她们被称为"哈塞基"。后宫的女性大部分是战争俘虏或作为贡品的奴隶。

虽说是女奴，但地位又有很大差别，后宫是她们接受教育

托普卡帕宫殿的后宫内部　周边是女性的住所，后宫的女性有的是从奴隶市场购买的，有的是从各地进献而来。很多出生于巴尔干和高加索

的场所，可视作是学习日常生活的繁文缛节与森严的等级观念的女性学校。宫廷中的女性"前辈"对后来者负有教育的义务。宦官长发挥着类似于舍监的作用。在此之中，苏丹母后看上的那些优秀的女性可能成为苏丹的侧室。

另外，苏丹的母后和生育了男孩的王妃们会参与类似于欧洲王室外交的活动。从穆罕默德三世的母后萨福艾妃寄给英国女王伊丽莎白的信函来看，她们模仿欧式的皇家礼仪，并且互赠礼物。

后宫的重要作用是为奥斯曼家族传宗接代，但除穆拉德三世外，苏丹的侧室很少。其余的女性到了一定年龄，可能被许配给同样是宫廷侍童出身的军人政治家，然后就可以离开宫廷了。

穆拉德三世给奥斯曼帝国带来了改变苏丹皇位继承方法的契机。还是王子时代，他就有了穆罕默德这个儿子，并在后来任命他担任市军政官。此后，穆拉德三世生育了很多孩子，1595年驾崩时，已经有了十九个男孩。继位的穆罕默德三世不忍心杀害和自己年龄悬殊的幼弟，但不得不遵守这种残忍的传统，将他的所有兄弟一律绞死，并废除了王子在帝国担任市军政官的惯例。

新苏丹继位后，在托普卡帕宫门前，前苏丹和他儿子们的棺木排成长长一列，人们泣不成声，这是编年史留下的记载。此后继位的艾哈迈德一世没有杀死自己的弟弟穆斯塔法，新苏丹继位时的血腥弑亲在1603年以后逐渐淡化。当然，苏丹的继承规则没有进一步明确。不由父传子，而由一族中年长者继承的情况也很多。这也从一个侧面反映了苏丹作用的变化。

政治的乱局与归治

杰拉里叛乱

与哈布斯堡家族争夺匈牙利的战争、与萨法维王朝争夺阿塞拜疆与高加索地区的战争都在持续，已纳入版图的安纳托利亚和叙利亚多次发生叛乱。叛乱者被称为"杰拉里"。这本是对16世纪初安纳托利亚地区的山贼的称呼。后来，在奥斯曼帝国统治下，袭击防卫薄弱的农村和市镇的草寇和暴徒、从政府脱离出去的叛军、对政府来说都是各种层面上的"贼"，因此都被称为杰拉里。先前被称为凯兹巴什的反政府游牧民，到了16世纪下半期以后，外在的什叶派色彩逐渐淡化，也被称为杰拉里。

16世纪70年代以后的安纳托利亚，小规模都市暴动频繁发生，但大约在1596年，第一波大规模的杰拉里叛乱才开始。这时候的杰拉里多数是曾经作为非正规军参加对哈布斯堡家族战争的安纳托利亚农民。随着维也纳包围战的结束，被解雇的他们，带着包括枪炮在内的武装返回故乡，和偶发的下级军人叛乱合流。他们当中有很多是刚刚定居没几代的游牧民。只要配备武装，在战争中就和军人一样活跃，这一点在对哈布斯堡家族的战争中已得到证明。他们被随意遣散，其中部分人没有返回农村，而是和其他暴徒一起，在安纳托利亚横行。

伊斯坦布尔政府忙于东西两线作战，无法分派足够的兵力，叛乱者更为猖狂。卡拉·亚兹杰（Kara Yazıcı）在1602年身亡，他的兄弟德里·哈桑继之而起。其他地方还发生了乌金·哈里尔之乱和卡伦德尔奥尔之乱。骑马而机动力很强的流寇集团在各地袭击村镇，结果，许多地区的村庄在奥斯曼帝国的经济账簿上消失。

这些也出现恶性循环，即靠乡村税收生活的在乡骑士被叛乱者夺走口粮，自身也变成杰拉里。更严重的是，在追缴卡拉·亚兹杰叛军的过程中，卡拉曼省的军政官不满待遇，阵前倒戈。军人之间的权力斗争也给叛军火上浇油。

另外，在叙利亚，杰昂普拉特家族也挑起暴乱。杰昂普拉特家族是库尔德族，以阿勒颇为据点。这场叛乱与其他的安纳托利亚的叛乱不同，属于传统的本土阿拉伯人对奥斯曼帝国中央集权的挑战。其首领阿里·帕夏一度与意大利的地方诸侯缔结协约，展示其要从奥斯曼帝国分离出去的态势。

这些叛乱军队的首领，多数是奥斯曼帝国的中下级军人。因此，政府有时采取招安措施，封叛军首领为市或省的军政官，以免事态进一步恶化。这是过去对新征服地区的旧领主采取的办法，但在这一时期，叛军首领被任命为遥远的巴尔干地区的军政官员的例子有很多。政府希望这些叛军首领离开根据地，从而阻止新的叛乱者加入他们的军队。

但是，与奥地利哈布斯堡家族的战争一结束，库由吉·穆拉特·帕夏率领的政府军转而采取强硬政策平叛，到1608年，多数叛乱都被镇压下去。第一次杰拉里的浪潮基本结束。小股残余力量虽分散到各地，但不能和政府军长期对抗了。

杰拉里叛乱的性质

杰拉里叛乱究竟意味着什么呢？这虽是多样动机混杂在一起的叛乱，但基本上带有浓厚的统治阶层中军人权力斗争的味道。至少，叛乱的领导者具备这样的性质。因此，如前文所述，对叛乱首领进行招安、封官许愿是有效的平叛的办法。

另一方面，叛军中确有大量农民。社会流动加强，农民为参军而相互竞争和由此引起的不满导致他们成为武装流民。不过，加入统治阶层的只能是伊斯兰教徒，因此，在伊斯兰教人口占多数的安纳托利亚地区杰拉里叛乱频繁发生，但是叛乱的火种却没有飞到巴尔干。一些杰拉里叛乱的首领被招安，封为巴尔干地区的市级军政官，原因正在于此。另外，在巴尔干的部分地方，17世纪中叶，很多基督教徒改宗伊斯兰教，这和帝国政府允许农民作为非正规兵参军的时期恰好重合，可以说明两种动向是有关联的。

实际上，不仅仅是杰拉里叛军，就连讨伐叛军的政府军也鱼龙混杂。在部分在乡骑士发动叛乱的时候，镇压叛乱的只能是少数常备军（耶尼切里军团）和大宰相及省军政官的私家军队。当时已经有实力派军人政治家自发军饷，供养私人军队。此时，农民出身的非正规兵加入政府军的可能性大大增加。军队构成的变化和社会的流动并行前进。

奥斯曼二世遇害

一度被镇压下去的杰拉里叛乱，在17世纪20年代卷土重来。这次叛乱的领导者是卷入中央政府内部权力斗争的高层军人。叛乱的基本模式是省军政官对中央任官不满，在驻地加强军事力量，并从驻地发起叛乱。

混乱的根源是1618年即位的奥斯曼二世推行的政策。苏莱曼大帝以后，奥斯曼帝国已经历了五代苏丹，在软弱的苏丹之下延续着平静的统治。艾哈迈德一世在二十七岁去世的时候，其长子奥斯曼才十四岁，因此逃脱了兄弟相杀的叔父穆斯塔法继位，称穆斯塔法一世。据正史记载，穆斯塔法行为怪异，只知聚敛财富。他绝非一个正派人物，更不可能是一位合格的君主。穆斯塔法在三个月后被迫退位，继位的是奥斯曼二世。他希望早日摆脱令人忧虑的状况，恢复苏丹的权力。

但是，伊斯坦布尔的政治舞台上已经不再是苏丹掌握绝对权力，而是以担任大宰相的多名军人政治家、伊斯兰教长老、宫廷里的黑人宦官长、耶尼切里军团的司令官等人为主的党派斗争的地方。苏丹已经名不副实、大权旁落了。他不顾周边的反对，在1621年远征波兰。军事上的惨败使他彻底成为孤家寡人。

此外，当他表示要去麦加朝圣时，坊间传言他要解散耶尼切里军团并迁都开罗。1622年5月，耶尼切里军团暴动，发展成要处死大宰相等六名高官的事件。奥斯曼二世拒绝了这种无理要求，事态进一步严重，最终，他本人被耶尼切里军团废黜并杀害。

奥斯曼二世的肖像 十四岁即位，不幸成为耶尼切里军团叛乱的目标，在伊斯坦布尔的耶德库列城堡被杀。1620年前后绘制，托普卡帕宫博物馆藏

耶尼切里军团杀害最高主君的事情，在奥斯曼帝国史无前例，对帝国的舆论和人们的思想意识造成了很大冲击。耶尼切里军团为了在自己内部解决这一问题，不得不按照血债血偿的传统做法。他们要求处死担任大宰相的一名耶尼切里，企图用大宰相的血来为自身洗脱"罪名"。奥斯曼二世被害后的一年间，有精神障碍的穆斯塔法一世又重新回到苏丹的大位上。

但是事态没有就此平息。这一事件引发连锁反应，帝国的实力派军人政治家在安纳托利亚纷纷发动叛乱。其中，规模最大的是埃尔祖鲁姆省军政官阿巴萨·穆罕默德·帕夏在1622年发动的叛乱。随后，杰拉里叛乱遍布安纳托利亚全境，一时间，锡瓦斯、安卡拉、布尔萨落入叛军之手。阿巴萨发起的叛乱是首都政治斗争的延续。他反对耶尼切里的暴乱行为，坚决要求惩办杀害苏丹的凶手。在伊斯坦布尔，他的支持者很多。最终，阿巴萨被任命为波斯尼亚市的军政官，叛乱才被安抚下去（1628）。

穆拉德四世的时代

穆斯塔法一世被废黜后，十二岁的穆拉德四世在1623年即位。他的统治时期，在帝国东方，与宿敌萨法维王朝的战争一直继续。因为萨法维王朝的阿巴斯一世在1624年夺回了巴格达。千年古城巴格达在什叶派政权手中，还是在逊尼派政权手中，有着重大的宣传效果。因此奥斯曼帝国在1624年以后源源不断地向东方派兵。1638年，穆拉德四世御驾亲征，夺回巴格达，实现久违的军事胜利。奥斯曼帝国与萨法维王朝缔结的《席林堡条约》规定：高加索、阿塞拜疆地区归萨法维王朝领有，包括巴格达在内的伊拉克地区归奥斯曼帝国领有。

但是这一胜利很难说带来了政治稳定。穆拉德四世为了集中权力，杀害了多名亲信，进而处死了可能威胁他权力的三名兄弟。这是无休止的权力斗争和疑心过重的结果，但宫廷无疑就是这样一个充满血腥的地方。其中穆拉德的母亲基塞姆王妃也发挥了重要作用。

另一方面，他为整肃社会风气，实行了禁酒、禁烟和禁咖啡的政策。穆拉德四世的时代是以维持治安、整肃社会风气为目标，但却制造出一种少见的恐怖政治的时代。这种强硬政策确实使国内秩序有了一定的恢复。响应苏丹的指向性政策，卡多扎迪（Kadizadeli）派集团在伊斯坦布尔抬头。他们主张贯彻伊斯兰教逊尼派的教义与习惯，反对偏离逊尼派的行为，属于典型的宗教激进主义。卡多扎迪派的横行给伊斯坦布尔原本和谐共存的宗教界带来一丝紧张气氛。

苏丹易卜拉欣的时代

穆拉德四世二十九岁英年早逝。他的儿子不幸夭折，其他兄弟早已被杀害。所以，继承苏丹大位的只能是有精神病的弟弟易卜拉欣，绰号"德里"（土耳其语"傻蛋"）。1640年即位的苏丹易卜拉欣丑态百出，行为怪异。帝国在这位精神病苏丹的统治下度过了八个春秋。

易卜拉欣作为苏丹的唯一使命，就是为奥斯曼家族传宗接代。托普卡帕宫殿里好不容易有了男婴的啼哭声，一场悲剧又发生了。易卜拉欣把他幼小的亲生儿子穆罕默德投入了池塘，显示出他的异常。易卜拉欣为何精神失常？可能的原因是他总是看见奥斯曼二世被杀害等政治惨祸，始终被死亡的恐惧包围着。在即位之前，他从未离开过托普卡帕宫殿一步。

苏丹们的墓地 在艾哈迈德一世清真寺旁边的墓地,艾哈迈德一世和基塞姆王妃、奥斯曼二世、穆拉德四世都埋葬在这里。近处并排放着的是夭折的王子的棺木

身着奇装异服的巫师出入易卜拉欣的宫廷中,甚至位居高官,掌握实权。他的母亲基塞姆王妃已经被实质上隔离于宫廷之外。由深宫中一群不懂军事指挥又无行政手段的家伙发动的克里特岛包围战,遭到了威尼斯的报复,达达尼尔海峡被威尼斯海军封锁,伊斯坦布尔岌岌可危。

最终,欧莱玛与各派军人达成妥协,1648年,易卜拉欣被废黜,不久就被杀害。继位的是不到七岁的穆罕默德四世。经过八年的混乱,到1656年,老练的军人政治家寇普洛鲁(Köprülü)·穆罕默德·帕夏就任大宰相,手握全权。一般认为这是穆罕默德四世的母亲图尔汗妃让渡权力的结果。据说图尔汗妃指使黑人宦官长杀害了掌管后宫实权长达二十八年的基塞姆王妃,取而代之,成为后宫之主。

以上这些历史,都是依据服务于寇普洛鲁家族的历史学家的记载。奥斯曼帝国在这段时间简直是不可思议地混乱。但是,书写这段历史的人融入了太多的主观色彩。这些史家要为此后登台的寇普洛鲁家族树碑立传,所以将此前的历史写得漆黑一团。

那样的记载无疑也是"事实",但是不可全盘相信。

到了近世社会,很多国家的政府机构已经和宫廷分开,宫廷内的阴险权谋和血腥政变已经成为历史演进的插曲。法国的波旁王朝和日本的德川幕府皆是如此。在奥斯曼帝国,宫廷内你争我夺、永无宁日,可维持国家运转的各项制度还在发挥着功能。

寇普洛鲁·穆罕默德·帕夏恢复帝国秩序

寇普洛鲁担任大宰相时,已经八十岁左右。他生于阿尔巴尼亚,在伊斯坦布尔宫廷接受教育,但之后以安纳托利亚的寇普洛城为据点展开活动。他和当地的实力派缔结了婚姻,在寇普洛城有丰厚的经济基础。

他担任过实力派军人政治家的家臣,历任市、省级的军政官,从政经验丰富。他的同盟者和政敌都很多,职位变换频繁。据说他因为败给政敌而失业,不得不借款养活庞大的家臣团体,并一度因借款纠纷而被投入监狱。这个时代的军人政治家都以人脉和派别为基础活动,但寇普洛鲁的火爆脾气和坚决的态度,反而能够挽救陷入极度混乱的奥斯曼帝国。

首先,他彻底肃清了在伊斯坦布尔飞扬跋扈的卡多扎迪派激进主义团体和敌对的军人集团,牢牢掌握了权力。1657年8月,寇普洛鲁又在爱琴海大破威尼斯海军,解除了敌国对博斯普鲁斯海峡的封锁。伊斯坦布尔的心头之患被消除,使得寇普洛鲁·穆罕默德·帕夏推行的强硬政策有了坚实的基础。特别是,宫廷中的图尔汗妃非常支持这位年迈的大宰相。翌年,为了惩罚与奥斯曼帝国为敌的特兰西瓦尼亚大公,大宰相率军远征特兰西瓦尼亚,进攻波兰。而且,他以助长瓦拉几亚混乱的罪名,处死了希腊正教会的总主教。

另一方面,因为他的行动而感到威胁的反主流军人政治家和地方实力派军人也蠢蠢欲动,阿勒颇的省军政官阿巴扎萨·哈桑·帕夏在安纳托利亚举起叛旗,进而在安纳托利亚地区发展为杰拉里叛乱。不过寇普洛鲁·穆罕默德·帕夏在 1661 年平定了叛乱,为 17 世纪后半期经济与社会的稳定打下了基础。

对外重启战端

17 世纪后半期,奥斯曼帝国的社会秩序逐渐恢复,再次向奥地利哈布斯堡家族开战。两国依据 1606 年的《西特瓦托罗克条约》,维持了六十年和平。因为奥地利投入欧洲三十年战争(1618—1648),而奥斯曼帝国应付国内的乱局,双方的力量都在削弱。

接替寇普洛鲁·穆罕默德·帕夏就任大宰相的是其长子法祖鲁·艾哈迈德,新的大宰相在 1663 年发动了对奥地利的战争。帝国军队在匈牙利西部吃了败仗,不过,第二年的议和却也让奥斯曼帝国满足。在地中海,经过长期的包围战,1669 年,干地亚王国陷落,奥斯曼帝国攻占了克里特岛。1672 年,奥斯曼帝国与波兰为争夺乌克兰开战。同一年奥斯曼帝国攻占了第聂伯河与德涅斯特河之间的沃伦—波多利斯克台地。此时,奥斯曼帝国欧洲部分的领土达到最大。

但是，这些距离伊斯坦布尔很遥远的战争，已经显示出了奥斯曼帝国军事活动的界限。帝国在军事行动中过于依赖属国克里米亚汗国的军队，如履薄冰。接下去，迎接奥斯曼帝国的是与奥地利哈布斯堡家族战争的失败。本书将在第七章详述。

官僚们的政治舞台

奥斯曼的官场文化

从16世纪下半叶开始，后半期的奥斯曼帝国是多名实力派军人政治家对抗的舞台。他们争权夺势，并延续至对外重启战端，甚至点燃安纳托利亚叛乱的火种。实际上，他们并非是单独一人的军人政治家，其背后都有一个属于自己的、包括文武家臣在内的庞大社会集团。他们依然被称为"苏丹的奴隶"，但和16世纪上半期的情况已大相径庭。这类庞大的私人化的政治集团形成于16世纪后半期，到17世纪，那些有实力的政治集团的领袖，也就是军人政治家决定着奥斯曼帝国的政治走向。

军人政治家背后的集团以自己家族和从他那里接受薪俸的文武家臣为核心，还包括以各种方式聚拢到一起的人们。给予临时职位、褒奖诗或文学作品的作者、帮忙斡旋工作，都是扩大政治集团的方式。具体官职的任命通常要靠实力派推荐以及政治集团的实力决定。要想在政府中任职，不参加政治集团是不可能的。有实力的军人政治家，也要竞争大宰相的职位，并且要向政府的各级职位输送亲信，以维持集团的势力。

这种官场文化使整个社会缺乏透明度，因为这种结合并未制度化。奥斯曼帝国除欧莱玛系统外，缺少任官资格考试制度和职务晋升的相关规定，不透明的官场文化由此而生。

另一方面，接受任命者组成的官场，等级森严，职权明确，有着让人难以置信的清晰的阶层结构。比如，大宰相绝非名誉头衔，失职必失势，甚至可能被处刑。另外，宫廷和军界的职务、行政与财务的官僚机构，权限和职责极为明确。但是，决定谁能任职的是人脉和金钱。选任过程的不透明和任职后职权的明确形成对比，反映着帝国官场的两重性。

认为以上情况是允许贿赂的腐败结构，还是实力决定一切的本位主义世界，会影响到对奥斯曼帝国后期社会的看法。在这一时期留下史书和论著的知识分子，多数都在具有两重性的奥斯曼官场上苦苦挣扎，表达着对现实的不满。在他们眼中，官场歪风盛行，帝国的荣光已成过去。但是，帝国的官员又结成一体，克服了内外危机。这种两重性就是一种现实。可以说，奥斯曼帝国的官员就生活在这种群体性的构造中。

军人政治家的道路

派别的首领是实力派军人政治家。要成为军人政治家必须首先出身于苏丹的宫廷。这一点自15世纪以来从未变化。宫廷出身者依然被称为"苏丹的奴隶"。

但是,补充"苏丹的奴隶"的主要方法德米舍梅制度实施的次数在16世纪以后减少,到了17世纪已近乎绝迹。但宫廷出身的"苏丹的奴隶"并未因此而减少。因为17世纪以后,实力派的子弟或其他有裙带关系者被推荐入宫。名门出身的身份自由的少年也进入了宫廷。俘虏、购买或进贡而来的伊斯兰法上的"真正的奴隶"和其他自由人也都进宫,成为"苏丹的奴隶"。

他们既有特权又有义务。所谓特权是指他们作为统治阶层的一员,此后有机会担任各类职务。他们中的佼佼者,可能担任省军政官,甚至大宰相。另一方面,他们既然是"苏丹的奴隶",苏丹一声令下,就可能被处罚、处刑、死后没收财产。政府财政困难之际,没收政治实力派的财产的频率就很高,很多身居高位者最后都落得身无分文的下场。

军人政治家在任时,聚集财富,供养家臣,但他们的财富与权威都是以官职为基础的,所以若丢官罢职,家臣团体自然如鸟兽散。没收财产的结果也是一样,维持数代权势的家族极其稀少。

大宰相

军人政治家的最高目标是就任大宰相。随着14世纪后半期中央集权的加强,奥斯曼帝国的大宰相的地位日益提高,成为苏丹的"全权代理人",主

御前会议 17世纪中叶以前由大宰相主持，每周在托普卡帕宫殿外廷的圆顶大厅召开四次。1587年绘制，托普卡帕宫博物馆藏

持着由帝国各职位最高者组成的御前会议。御前会议的决定通过大宰相传达给苏丹，随后再以敕令的形式下达给相关机构。按照惯例，御前会议的参加者包括宰相们、财务长官、作为欧莱玛头领的两名军人法官、文书行政的最高负责人尼桑贾（nişancı）等。

另外，大宰相在战时代替苏丹指挥军队的情况也增多。不过，远征时也会任命他人作为司令官，并渐渐成为惯例。

16世纪下半期以后，苏丹逐渐丧失实权，大宰相的责任更为重要，同时，对这一职位的争夺也更加激烈。大宰相由苏丹任命。这是规则，除此而外，没有任何任职条件的规定。若苏丹的判断力和决断力较弱，大宰相的职位基本是由候补者之间互相竞争，甚至请求对苏丹有影响的后宫妃子的介入。

所以，大宰相的职位非常危险，因为对政策失败要负全部责任。如前所述，苏莱曼一世为了转嫁责任，也曾经罢免大宰相。在苏丹傀儡化的时代，竞争对手常常争取和说服苏丹，以搞垮现任大宰相。大宰相就是这样一个拥有最高权限而又会随时倒台的职位。

耶路撒冷圣殿山的岩石清真寺 奥斯曼帝国在16世纪和19世纪进行过两次大规模修复,圣地充满奥斯曼风格的青花砖装饰。笔者摄

穆罕默德三世的房间　房间里绘满了果实和花朵（18世纪）

镀银铜器 内藏机械装置的奢侈艺术品,哈布斯堡家族将其送给奥斯曼帝国,以换取暂时的和平,约 1620 年

奥斯曼帝国的细密画 细密画用于书的插图和雕刻。援引宗教教义的绘画可以装饰在奥斯曼帝国的公共场所。这幅细密画,由宫廷画家创作于 17 世纪初,展示了向苏丹呈递请愿书的社会风俗。画面右上方是一支从托普卡帕宫门走出的队伍,苏丹(中间偏右)正朝着清真寺方向做礼拜。苏丹身后是他的侍从们。左下方的百姓向苏丹呈递他们的请愿书。

这种情况下，当时的人们在谈论政治时，必定要受到批判的就是大宰相。也就是说，现在形势不好都是大宰相的错误。17世纪初的政治语录《来自先知的盛世危言》（作者不详）讲道：

> 正如先知所言，鱼从头开始腐烂。世间乱象必有根源。官场之上，为何黄钟毁弃，瓦釜雷鸣？皆因苏丹不选贤任能，大宰相尸位素餐。今之大宰相怙恶不悛，中饱私囊。官行民效，世间遂不以破坏成规、违法乱纪、鸡鸣狗盗为恶。

这部语录属于"劝诫书"。"劝诫书"这类作品强调以史为鉴，劝导执政者采取正确的政策。在16世纪以后的奥斯曼帝国，"劝诫书"层出不穷。如后文论述，有些正直的奥斯曼官僚有感于官场歪风，以笔代言，抒发对国事的担忧和对政治的不满。

"劝诫书"对大宰相的模式化的批判，绝不仅仅限于《来自先知的盛世危言》。但是，"鱼从头开始腐烂"这类切中肯綮的批判反映了奥斯曼帝国的社会精英对政治问题的关心。

但是，大宰相是由苏丹任命的，如果大宰相出现了严重问题，这种批判就是指向苏丹。不知是否是意识到这一问题，穆拉德三世在诗中这样批判道：

> 朕求贤若渴，难觅知音。
> 敬畏先知，内心柔软。

腹有良谋，貌若神仙。

博古通今，救人危难。

运筹帷幄，神机妙算。

贤良不在，朕如之奈何？

这是对身边无良相的慨叹。大宰相的职位是否能有合适的人选，左右着奥斯曼帝国的命运。奥斯曼帝国实际的责任者从世袭的苏丹逐渐向任命的大宰相转移，其政治体制已经引入了竞争原则。

省军政官

在军人政治家担任的职务中，次于大宰相的是各省的军政官。靠近伊斯坦布尔，称为奥斯曼帝国"本土"的巴尔干的鲁梅里省和西安纳托利亚诸省，和中央政府关系密切，其军官官阶较高。但是，被任命在帝国周边部分省的军政官的地位也越来越重要。

奥斯曼帝国在远离中央的各省，采取以省（或者几个省共同组成的区域）为单位的独立治理方法，不经过伊斯坦布尔中央政府，在省级行政单位即可完成行政手续。16世纪初建立的埃及省和巴格达省非常典型。在独立行政运营的情况，省军政官的权限和责任非常重大。

16世纪后半期，采用独立运营的省逐渐增多。为帝国的远征服务，各省都必须筹集必要的兵力和物资，而这类任务由省的军政官负责。此外，在省内征税的最高权限也集中在省的军政官那里。结果，各省的军政官的权限进一步扩大。

17世纪，省军政官的就任者多数是宫廷出身者，即是为了应对军政掌管的作用的变化。省的军政官再也不是单纯的部队指挥官。如果财力和行政手腕不足以支撑庞大的私人军队和佣人、和中央保持着通畅的联系渠道，就根本无法胜任省行政长官的职位。

前去赴任的军政官，供养着与官位和收入相称的家臣团，其下属的行政机构是奥斯曼宫廷的微缩版。他们的收入必须要养活数百乃至数千的私人军队。因此除了帝国的俸禄以外，军政官还参与经济活动，努力确保收入。

例如，1638年再度征服巴格达以后的省军政官德尔比斯·穆罕默德·帕夏，就从事农地开垦、金融、城市手工业，还与印度和波斯开展长途贸易，以此积累财富，维持家臣团体。他死后被国家没收财产，数额惊人。

这样，实力派军人政治家的周边聚集着军人、书记和欧莱玛等仆人，他们和中央派遣来的财务长官一起，在地方政府履行自己的职责。例如，17世纪，留下《游记》的艾弗里亚·切勒比（Evliyâ Çelebi）就是大宰相梅勒科·艾哈迈德·帕夏的手下。他是伊斯兰世界继伊本·白图泰之后最有名的旅行家，带着生命不息旅行不止的信念，足迹遍及了帝国全境。

实力派军人政治家也培养了很多能够在中央和地方政府任职

的人才。他们的家臣团担负着培养帝国官僚的功能。

实力派的推荐与官场规则

在实力派军人政治家周边,聚集着大量的书记员和欧莱玛官职的候补人员。他们的目标是进入政府机构任职或担任实力派军人的私人助手。在政府任职,也需要实力派军人政治家的推荐。要取得书记员或欧莱玛等职务,教育程度、职业经历是必备的,参加有实力者的政治派别也是不可或缺的。欧莱玛官僚机构的任职制度比较完善,但任职也必须由实力派推荐。

一位在人际关系和职场风云中艰难求生的书记员的经历,或许可以极好地说明奥斯曼帝国官场的实态。他就是编写过奥斯曼帝国编年史(《萨拉尼基的历史》),在前文已经提到的穆斯塔法·萨拉尼基。他才华横溢,文笔优美,但从编年史的字里行间流露出宦海沉浮带给他的苦涩记忆。

他在年轻时就作为欧莱玛接受教育,最初的重要工作是1566年伴随苏莱曼一世最后一次出征,担任索库鲁·穆罕默德·帕夏身边的文员。在贝尔格莱德,他在苏莱曼一世的棺木旁负责诵读《古兰经》,这对伊斯兰教徒来讲是无上的荣耀。

此后,他有很长一段时间在中央政府担任财务官僚,但工作并不稳定。比如,1587年,他就任常备军骑兵团的书记长,负责支付远征波斯的部队的军饷。但是,这个职务突然被另一位实力派政治家推荐的人物取代了,因此失业。随后,在大宰相费尔哈特·帕夏的推荐下,他在1591年就任安纳托利亚的财务长官。可费尔哈特在政治上失势后,穆斯塔法·萨拉尼基再次丢官。1594年,他得到了军人法官的推荐信,但是未能如愿以偿地担任宫廷厨房管理的职务。他也曾经为宰相和书记官僚的最高领导尼桑贾服务。就这样在就职与失业之间来回变换,他担任了安纳托利亚的会计局长等要职,登上接近帝国财务系统最高点的职务。

以上仅仅是他职业生涯的一部分。终其一生,他都在依靠实力派的推荐而求职,并因此在有些时候获得职位,但担任高级职务的时间非常短。因为即便是这样优秀的人才,也无法长期担任该职位。

"衰退论"的缘起 穆斯塔法·萨拉尼基的编年史和"劝诫书"一样,用辛辣的笔调,揭露了这个时代奥斯曼帝国的种种弊病。他写道:

> 位居宰相者自私跋扈、独断专行,处理国政不集思广益、不三思后行。欧莱玛对国政与宗教事务消极怠惰,反对圣训与伊斯兰教习惯的言行在他们当中蔓延。何必奢谈让所有人遵守圣训、为社会纠偏呢?

毫无疑问,在官场屡屡受挫的穆斯塔法·萨拉尼基对现实已经义愤填膺,把批判的矛头直接指向卖官鬻爵、人浮于事的帝国官场，认为帝国的发展已经偏离了旧日的正道。

毫无疑问，这些衰退的迹象确是事实。因为他身处官场，所写之事都是耳闻目睹。但另一方面，他在编年体史书中对那个时代的评价无法让人全盘接受。因为即便他说人不能尽其才、物不能尽其用，但是，有才能的萨拉尼基至少曾经担任过财经部门的要职。

类似的批判和反思在 16 世纪后半期的"劝诫书"或其他的政治书籍中反复出现。这些作品或多或少批判了奥斯曼帝国的政治腐败和社会乱象，而且将其作为帝国衰退的证据，不过其背后则是希望在政府任职的作者们的愤懑和不满。

苏莱曼一世的神化　　人们习惯于把理想的社会状态设定在历史上，苏莱曼一世在位期间出现的"劝诫书"把其父塞利姆、祖父巴耶济德的时代描写成路不拾遗、夜不闭户的盛世；到后苏莱曼时代，神化苏莱曼一世的故事和传说也随处可见。在这里举一个例子，也是出自《来自先知的盛世危言》。

作者把矛头指向当前军纪混乱、民不聊生的世界，在这样的世界里，军人压迫平民，以至人们为了生存不得不"向暴徒和杰拉里祈祷"。之后作者笔锋一转，勾画出一个与之对比的苏莱曼时代，描述那时在苏丹德行的感召下，军人秩序良好，对人们秋毫不犯。

据说，有一天，苏莱曼出兵远征巴尔干，途中注意到道路两侧民居墙外的树枝上悬挂着很多果实，这意味着走在苏丹前面的部队没有摘取。等到了宿营地，苏丹找来信赖的使者，让他原路返回，看看后来的情况。使者回来报告说，民居墙外的果实丝毫未动。看来，走在苏丹后面的军人也严守纪律。苏丹安下心来，对神灵表示感谢。之后，作者更是在萨珊朝的古代贤王那里找寻这种圣贤君主的事例。圣明的贤王在猎场进餐，即使是没有了盐，也绝对不会去拿百姓的食盐。啊！在伟大的国君的治下，社会秩序曾是如此的安稳，而相比之下，现在却……

像这样，在"劝诫书"里被描写的苏莱曼，在故事性上不过是传说萨珊王朝的所谓贤王的一个翻版。苏莱曼统治时期漫长，类似的故事有千百个吧。这些逸闻以及更早的前例累积起来，树立起了奥斯曼帝国最为贤明的君主形象。

和反映对现实世界不满的"劝诫书"一样，这种想象也反映了奥斯曼帝国的人们对自身过去的评价，他们认为帝国在苏莱曼一世时代达到鼎盛，随后就衰退了。

以诗歌为武器的巴基

和"劝诫书"等散文作品一样，为寻求庇护而向实力派政治家进献的文学作品还有诗歌。在这里举出生于欧莱玛家庭，以诗歌为工具求得欧莱玛高级职位的巴基（Mahmut Abdülbaki）为例。

巴基是奥斯曼诗歌的集大成者。他在1526年生于伊斯坦布尔的欧莱玛家庭，在苏莱曼清真寺附属的麦德莱赛等接受教育。

巴基年轻时才华横溢，受到当时名气很高的诗人扎迪的照顾。此后，他有机会向苏莱曼一世献上诗作，因其推荐，得到了在麦德莱赛担任主讲教师等职务。但他是否具备出任欧莱玛的才干颇有争议，很多人反对他的任职。

巴基的诗歌中，最有名的是他在苏莱曼一世撒手人寰后写的悼亡诗，总计一百一十二行，开篇是：

> 苦海无涯有谁知
> 乐夫天命是正途
> 于名利莫要贪求
> 对毁谤置之不理
> 盛时不重来

三个文人 谢赫伊斯兰艾布斯托、巴基、纳比。伊斯坦布尔国民图书馆藏

> 容颜将老去
> 手执陶杯勤思量
> 化作尘泥还故乡

诗人在开篇就发出了人生如梦的感怀，但在此诗歌的末尾，却出现了对苏莱曼一世的后继者塞利姆二世的颂扬：

我王雄姿英发

宛若旭日朝阳

先皇御座何在

塞利姆

才是奥斯曼帝王

不逊亚历山大

动若下山猛虎

静如雄狮远望

巴基明显希望以诗歌哀悼曾经垂青自己的老苏丹苏莱曼一世,同时,希望得到新苏丹塞利姆二世的庇护。这首诗在当时得到很高评价,但遗憾的是,巴基没有受到塞利姆二世的重用。

失去了后台苏莱曼的巴基,失去了多个职位。不过此后尽管几经沉浮,他还是通过呈递诗作,就任了苏莱曼清真寺下属的麦德莱赛教授、麦加和伊斯坦布尔高级法官,以及军人法官等职位。这些职务都属于高级欧莱玛。晚年,他一心谋取欧莱玛的最高职位谢赫伊斯兰,但目的还没有达到,就于1600年在失意中去世了,身后是一笔数目可观的财产。

在诗人尚未职业化的时代,巴基却通过诗歌创作、进献,谋取了很多职位。他的诗作在军人政治家中广泛流传,也因此蜚声文坛。

然而,欧莱玛的高级职位被不钻研宗教经典而只追求诗歌技巧的人获取,其他的欧莱玛不会对此默不作声吧。一段逸闻显示，一位实力派欧莱玛曾经说过："(巴基)这样的人如果担任谢赫伊斯兰，帝国将彻底沦丧。"巴基虽是作为诗人名传后世，但在他的一生中，诗歌也是职业的敲门砖。

重建财政与军人的变化

财政赤字　　进入16世纪80年代，欧斯曼帝国陷入严重的财政危机。1581年，奥斯曼帝国的财政第一次出现赤字。之后，在与哈布斯堡家族的"长期战争"持续的16世纪90年代，也出现了庞大的赤字。面对这一事态，政府，特别是财务系统的书记官僚们发布扭转财政的诸政策，并四处斡旋使其落实。

帝国出现财政赤字无外乎两方面原因：

第一，以军费为中心的支出日益庞大。如前所述，长期战争迫使奥斯曼帝国军队更新战术、扩充编制。战争向以步兵为中心，大量使用火炮与火枪的模式转变。战斗不再是短时间的决战，而是以长期的攻城战为主。耶尼切里军团增员，农民出身的非正规军人组建了步兵。军费增长是财政困难的首要原因。

第二，通货膨胀，物价上涨。通货膨胀的原因和机制虽然还有很多不清楚的地方，但是从秘鲁、墨西哥等"新大陆"流向欧洲的白银导致物价变动，是学术界公认的原因之一。只是，其影响的程度和范围还有争议，不能简单地说整个欧洲都经历了同样的历程。此外，16世纪下半期以后的气温一度偏低，出现博斯普鲁斯海峡多次结冰的冰期，影响了帝国的农业与经济。

多重的原因导致奥斯曼帝国陷入财政赤字之中。最初，政府拿不出有效的对策。1589年为了给部队支付军饷，作为一时之策，政府向市场投放了不足值的银币。但以新银币支付军饷引发了常备军骑兵的不满，伊斯坦布尔发生了大规模暴动。暴动者要求处死鲁梅里省的军政官和财务长官，苏丹被迫答应。

16世纪末至17世纪前半期推行的税制及征税方法的改革，就是为了应对这一局面的举措。

缴纳货币的诸税种的改革

帝国采取的措施之一是对用货币交纳的税种进行改革。由于通货膨胀增大了税额，确保征收额度成了首要目的。首先，从16世纪90年代中期开始，帝国政府开始改革非伊斯兰教的人头税征收方法。在伊斯坦布尔的财务厅之下设立的征缴人头税的专门机构，在帝国全境整理人头税交纳记录，由按新规定就任的征税官具体负责。人头税根据富裕程度分三个等级，但其基准额都有大幅度提高。

接着，将一直作为战时临时税种的"阿巴鲁兹税"常态化，但征收方法略有变化。为确保能够达到一定额度，政府在全国设置了由多户人家组成的"阿巴鲁兹"这种虚拟的"家"，对其征收货币税。在贫困地区，每一阿巴鲁兹包含的户数较多，在富裕地区则较少。为了实施这一措施,政府也将全国的阿巴鲁兹登记造册。

为获得施行新税制所需要的基础数据,帝国在16世纪90年代进行了全国规模的最终征税调查。此后,以1590年的数据为基础,逐渐更新地方数据,结合具体的变化进行征税。

中央派遣的征收人头税和阿巴鲁兹税的征税官,很多都是从中央政府周边的常备军骑兵中选拔任命。1589年,他们因军饷未足额发放,掀起叛乱。任命他们为征税官既确保国库的税收收入,又能补贴他们的俸禄,可谓一举两得。

包税制的扩大

增加国库收入的另一政策是引进和扩大包税制。包税制是没收此前授予在乡骑士的蒂玛尔封地,将税收以县等为单位汇总[每个征税单位的税源称为"穆克塔"(muqāṭa')],然后使特定的征税承包人(简称包税人)购买一个时间段的包税权的制度。若是考虑到先前由在乡骑士负责征税的蒂玛尔封地从未向国库交纳一枚银币,这确实是帝国的一大笔新收入。

中央政府在权限内确定包税人,将其给予提出高价,且可信赖的保证人。承包时限为三至九年,最长可达十二年,但如果承包期间出现更高报价的承包人,政府也可能会中断先前承包。由于这一时期物价变动,导致以货币缴纳的征税额也大幅度变化,实际上包税人往往一年左右更换一次。

买下穆克塔的包税人向国库预付纳税额的一部分（5%—50%），随后向村社等征收高于承包额的税金，这样，向政府交纳剩余税额的同时也保障了自身利益。这种包税制先前就存在于征收关税和矿山收入等方面，在16世纪末扩大了适用范围。

和先前征收新税种的情况相同，这个时期购买包税权的多数是常备军的军人。奥斯曼帝国的常备军除耶尼切里军团外，还有由常备军骑兵团和军人子弟组成的穆特菲利卡军团，以及宫殿的外部守备军等，但购买这种新的包税权的多是属于常备军骑兵团的军人，此外，一些在宫廷供职的人也参与购买。这些先前从国库领取俸禄的人，摇身一变，成了帝国的征税官或者包税人，弥补了日益减少的俸禄，国家的税收工作也有人明确地负责。换句话说，政府让他们把征税作为"副业"，实现了躲避加薪压力的目标。

到了17世纪后半期，以上交俸禄为条件换取征税官职位的制度被固定下来。这样一来，常备军人代替在乡骑士成为地方上为帝国征税的负责人，作用日益重要。

上述变化意味着奥斯曼帝国的主要征税体制正由蒂玛尔制向包税制过渡。这种转变是在16世纪末至17世纪中叶进行。与此同时，这无疑导致了构成在乡骑士的骑士阶级的长期性没落。

在乡骑士的动向

蒂玛尔制向包税制的过渡是以牺牲部分在乡骑士的利益为代价的。然而，这也是

16世纪末的战争特点引发的必然结果。因为,以前文提过的"长期战争"为界,在乡骑士在战场上的重要性急速下滑。

随着枪炮的引入,骑兵的作用日益减小,开始成为后方的支援力量,而不再是战场的主力。其次,由于战争已经成了旷日持久的军事对抗,实际上无法参战的骑士增多。因为他们的习惯是平时在乡村负责征税,仅在夏季参加远征。

为应对这种情况,政府加强了战场上的点名清查(约库拉玛),没收未按规定参战的在乡骑士的蒂玛尔封地。在乡骑士就这样逐步走向没落。被没收的蒂玛尔封地返还国库,其征税权按新制度承包出去。还有一部分蒂玛尔封地授予了耶尼切里等现役军人,作为其不足额的俸禄的补偿。

并非所有的在乡骑士都走向没落,整个税制的变化持续了百年以上。虽然主要地区迅速向包税制过渡,但是在帝国周边和接近前线的区域仍然保留着在乡骑士的蒂玛尔封地。名义上领有蒂玛尔封地的骑士数量反而从1527年的两万八千人增加到1631年的三万七千人,如前所述,这是因为很多耶尼切里军人得到封地。但是,能够参战的在乡骑士却在减少。16世纪,由在乡骑士及其随从编成的军队在五万至八万之间,到17世纪初就已经减半,到18世纪,战场上再也看不到在乡骑士的身影。

在乡骑士究竟去了哪里呢?其实,他们中的大多数被纳入包税制之中。因为购入包税权的常备军人大多驻屯在首都地区,无法直接征税。他们要么派遣自己的代理人去征税,要么再缔结分包契约，利用当地人。

在此流程中，也许就有了在乡骑士加入包税制利益分配的空间。自己购买包税权的在乡骑士虽然不多，但是可以确定他们有成为当地的下级承包人的选择。然而，也有不可忽视的大批在乡骑士沦为农民。这一时期，在农民加入军人行列的同时，也有军人被迫沦为农民。

包税制的幕后

实际的征税，尤其包税制是如何实行的呢？"包税"一词让人觉得征税已经完全脱离了政府管理、被承保出去，但事实并非如此。清水保尚介绍了一则事例。

下页图展示了叙利亚地区阿勒颇省包税业务的流程。伊斯坦布尔附近的省的包税人由中央政府确定，其他省的由地方财务官僚组织决定（①），但也须向伊斯坦布尔汇报候选者（②），最终由苏丹颁发敕许状（③），确定包税人。阿勒颇的财务长官将伊斯坦布尔送来的契约书抄本传达给阿勒颇的地方法官（④），地方法官登入账簿，参照其迄今为止的征税状况，确认无法律方面的问题之后，将结果上报给阿勒颇财务局（⑤）。管辖某税源所在郡的地方法官负有监察包税人征税事务的责任，若产生纠纷应协助调停（⑤）。

包税人送交到阿勒颇地方财务长官那里的税金，抽取用于阿勒颇地方政府的维持统治的经费后，按照伊斯坦布尔的指示

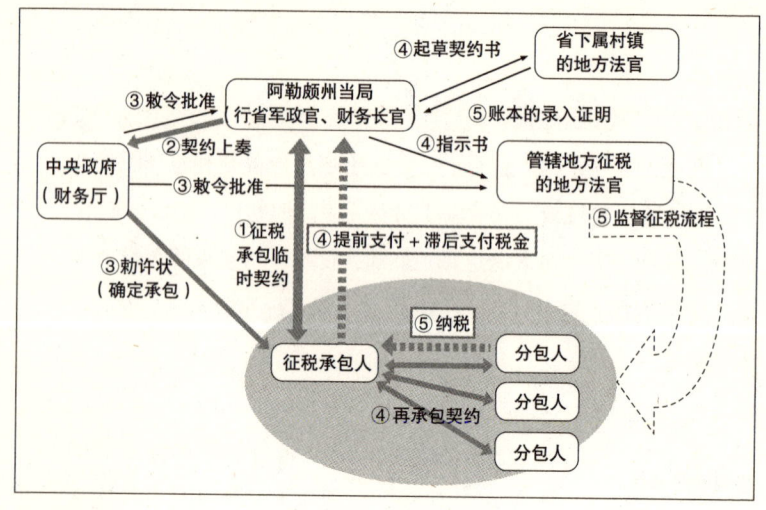

包税制的流程

送往必要的场所，有时也会有专款专用的情况（比如为维持东方战线的物资购入或特定要塞守军的军饷）。

虽然现在对于包税制还有很多不清楚的地方，但是从这里可以看出是由财务系统的书记和属于欧莱玛阶层的地方法官统辖和管理税金的流程。官僚阶层的分工规定得非常详细，各部门之间通过有固定格式的公文进行业务往来。中央和地方之间的往来文书也一定要记录在案，以备日后查证。

这种征税管理的结果使奥斯曼帝国留下了大量的税收相关的文书。这是各部门的官僚作为奥斯曼国家机器的螺丝钉，行使职能，承担责任的结果。在此，详细介绍一下幕后起主要作用的两类公职人员，即地方法官与书记。

地方法官的职责　　地方法官可以说是奥斯曼帝国欧莱玛阶层最重要的职位。在苏莱曼一世时期确立的欧莱玛官僚机构地位之中，地方法官行政色彩最浓，因为其职责对国家很重要。

他们是从接受过穆斯林学校麦德莱赛的教育，并取得任官资格的人中选拔的，一旦上任，就不存在升迁的问题，通常是终生在任所尽其职责。奥斯曼帝国从初期开始就在各地任命了地方法官，不过，由地方法官管理的被称为"卡萨"的行政区在全国范围覆盖却是在16世纪后半期的事情。卡萨在空间上相当于省或市之下的县，省或市的管理者是军人，而卡萨是由地方法官管辖的。地方法官的上司是伊斯坦布尔的欧莱玛高层。

地方法官作为县一级的行政管理者，与地方保持密切联系，发挥着政府基层机构的作用。他们的第一职责是地方法庭的负责人，但不仅要在法庭上做出裁决，而且也要担负起杂事登记、行政管理、收取赋税和维持秩序的责任。地方法官在法庭的判决通常是例行公事，若遇特殊情况，则需向伊斯坦布尔申报，听凭中央政府裁决。地方法官自行判断、决定事务的机会并不多。

如前所述，地方法官与地区的征税事务也有紧密关联。除了一直以来都存在的、地方向中央缴纳税金业务之外，到了16世纪后半期，由于包税制的实行，地方法官的职责又增加了。选拔征税承包人、确认保证人和交付征税金额等都需要他们的监督。这一连串的工作带来的手续费也成了地方法官收入的一部分，因此，对他们来说，这些工作也成了重要的本职事务。

书记官僚

16世纪末的重大转变之中，负责制定、实施和调整的无疑是政府的财务官僚。他们面对必须支出的财政费用增加的局面，绞尽脑汁增加政府收入，在短时间内就推行向包税制转换的税制改革等政策。前文所述，军人政治家把他们视作财政混乱的元凶，甚至欲除之而后快。财务官僚也必须应对这种严峻的事态。

但是，他们自身是幕后的英雄，其"伟业"也只是当时会计簿上的各类数字而已。前文所述，作为财务官僚的穆斯塔法·萨拉尼基或许和这一变化直接相关，但他在编写的史书中并没有记录税制改革的详情。他记述的是无效的官员任用导致支出增多，还有财务官僚面对军人刀剑的威胁时的苦楚和不满。但是，这种不满背后也隐藏着对解决办法的摸索。奥斯曼帝国没有出现由于财政崩溃而引起的军事力量垮台的危险局面，而是实现了向"大政府、大规模常备军"的新体制的转型。

不过，财政官僚的相关史料不多，也是因为他们的实际人数很少。中央政府直接支付俸禄的书记的数量少得惊人。财务系统的书记在15世纪只有二十人。在16世纪，大约在五十五至六十五人。在17世纪增加到一百四十人至一百七十人，这个数字大概远远低于推测。只不过，此处所谓的书记是"头目"书记，在他们之下，还有很多弟子和类似于实习生的临时办事员。此外考虑到常规工作以外的书记业务需要任命那些待职的欧莱玛去做，如此少的数字就可以理解了。而且，这个数字是中央机构内的数字，在地方上实际负责征税业务的财务官僚不包括在内。尽管如此，中央政府的财务官僚的数字还是随着各类财政业务的增加而扩编，到18世纪增加到七百人。

书记 书记在背后支撑着奥斯曼帝国。当时没有独立的培养制度，而是小的时候就进入老师门下，走上书记之路。华沙大学图书馆藏

另一方面，书记阶层令人难以理解的一个理由是，他们本来是为奥斯曼宫廷和军人政治家私人服务的人员，因此经历了很长时间的调整，才具备了明确的官职体系。15世纪以后，出席御前会议的文书行政的负责者尼桑贾（负责掌管苏丹的玺印）和财务长官是两个为人熟知的最高职位，其余的书记群体虽在宫廷和大宰相下属的局或室中任职，但没有明确的组织和官阶。整个官僚体系发展为全国性的网络是16世纪中期以后的事情。

随着包税制的扩大以及阿巴鲁兹税和人头税在帝国全境直接征收的普遍化，17世纪，中央政府的财政长官和地方上的财务官僚成为名副其实的重要岗位。前文提到的萨拉尼基为寻求这样的职位而四处奔走。

耶尼切里军团的变化

如前所述，从16世纪末至17世纪中叶，征税制度的变革将奥斯曼帝国的军人、欧莱玛阶层和书记都卷入其中。变化的结果是，到了17世纪，奥斯曼帝国变成军人和官僚共同掌控的国家。在乡骑士多数走向没落，常备军持续增员。常备军中的骑兵获得了征税权，以代替旧的俸禄。征税制度的变化与支撑奥斯曼帝国前期统治的军人的"变质"，是互为表里的两种动向。

作为常备军核心的耶尼切里军团有何动向呢？实际上，他们在这个时期也发生了急剧变化。

他们一直是守护在苏丹周围的直属常备精锐部队，在战场中活跃，以军纪严明和团结作战而著称。围绕在苏丹身边、身着华丽的衣物，耶尼切里军团行进的样子显示着他们正是帝国的中流砥柱。耶尼切里军团的司令官可以直接面见苏丹，表明他们带有苏丹的"私家军队"的性质。16世纪初，耶尼切里军团大约有八千人，苏莱曼一世时代达到一万二到一万三千人，但到1609年，已经增至四万七千人。作为帝国荣耀的耶尼切里军团和军团的每个成员的性质都有了变化。

新增的耶尼切里首先是军团成员的孩子与亲戚，结果，耶尼切里军团开始世袭化。此外，包括作为非正规军而加入的农民在内，越来越多的人混进了耶尼切里军团，其中多数是伊斯兰教徒。当时，"劝诫书"的作者们对此已经提出批评。因为耶尼切里军团必须是"苏丹的奴隶"，作为伊斯兰教徒的土耳其人并非是

"奴隶"身份。但是，整个军团正在向知识分子"劝诫"的相反方向发展。

比如，1666年，政府在巴尔干各市不仅向基督教农民的孩子，也向伊斯兰教徒下达了向首都选送耶尼切里志愿兵的命令。在17世纪，以少年为对象的传统的德米舍梅制度事实上已经停止。

耶尼切里的副业——向市民转变

结果，耶尼切里军团在和平时期的生活方式发生了很大变化。过去，他们或者居住在兵营里，或者驻扎在伊斯坦布尔的某个宫殿，现在，离开兵营住在都市中的人越来越多。政府也逐渐承认他们从事的各种副业。以前虽然就有耶尼切里军人在制作军队必需品的马具，但现在从事副业的人数增加，从事的行业也逐渐多样化。

他们原则上不能加入城市工商业者的基尔特，因此多是从事更下游的临时工作。有的走街串巷做小贩或去浴池工作，也有不少人去当富人的贴身保镖。身怀武艺的他们相当于都市中的流民无赖。而且，如前所述，他们为弥补固定工资的不足，要求分配蒂玛尔封地。事实上，很多人代替在乡骑士在农村取得了征税权。

当然，耶尼切里军团也依然以部队为单位在兵营集中，举行各种训练和仪式，由政府分配主副食品，维持日常生活。维持都市治安的警察职责和灭火的消防职责也由他们负担。而若被召集起来，他们要以部队为单位向战场出发。其酬劳则是每三个月发一次的军饷。

另一方面,耶尼切里军团也离开了伊斯坦布尔,驻扎在了地方要塞,17世纪70年代的数据显示,大约有30%—40%的耶尼切里军团被安排在地方都市和要塞。随着在乡骑士的没落,耶尼切里军团承担着维持地方治安的任务。

他们和地方势力虽然有矛盾,但是也促进了地方都市中与军事相关的手工业生产,如马具、武器和服饰制造等,带来了很大的积极影响。在地方驻扎的耶尼切里军团中,有很多人在当地定居下来。他们中的一部分人从中央政府获得了蒂玛尔封地,或者成为包税制下承包者的分包人,作为自己的副业。结果,18世纪开始,我们也可以见到,耶尼切里军团出身的人成为地方上的实力派。

耶尼切里军团既保持着原有的特殊地位,又进入到社会的各行各业。这就是帝国政府此后长时间无法推进军团改革的根本原因。他们已经深深植根于社会基层的各行各业,将其从社会分离非常困难。

第六章

近世奥斯曼社会

生产者的世界

帝国的"普通人" 本章暂时停一下,看一下奥斯曼帝国的社会是由什么样的人组成。本章前半部分基于职业和宗教来简要勾勒社会状况,后半部分则选取女性与诗人两个特殊群体。作为前提,这里要说一下职业和宗教派别在奥斯曼帝国社会中的重要性。

奥斯曼帝国的理念是一种两分法,即社会分为统治者和被统治者两部分。后者缴纳税收,前者统治这个国家。被统治者叫作"拉伊亚",意思是"羊群",由此我们可以很好地理解帝国社会的等级思想。只是,奥斯曼帝国的社会并没有固化为士农工商四个身份等级。基本上来看,区别只是由职业造成,并非基于出身。但是，国家无疑希望尽量将统治者与被统治者之间的区别固定化，以使社会维持安定。

女性在家族中从属于父权或夫权。由于女性原本就不被视为独立的生产者，因此除寡妇户（没有男性劳动力的农民家庭）外，女性不是课税的对象，自然也没有纳入国家统治的视野。

国家根据这种单纯的两分法确定税收体系。今天所说的历史上的被统治阶级，多数是统治者视野中的被统治阶级，也就是纳税人。征税体系内部，分成根据职业的征税系统和根据宗教信仰的征税系统。

征税体系是社会现实的反应，同时根据其使用的状况，可起到调整或者稳定社会现实的作用。比如，奥斯曼帝国持续推进游牧民定居的政策，其中把尚未定居的游牧民视为农民加以课税，使得他们的职业完全从牧业转向农业。从职业角度说，奥斯曼帝国的纳税者分为农民、游牧民和城市工商业者。

同样，宗教信仰也与纳税直接挂钩，绝非可以忽视的小差别。这一点主要是取决于纳税人是否为伊斯兰教徒。不过，出于征税的实践必要，非伊斯兰教徒也会被按照宗教派别分类。

作为纳税者的农民

奥斯曼帝国的被统治者大多数是农民。如前所述，多数农民被长期置于军事采邑制度之下，向在乡骑士缴税。农民要支付的税种及税率，是在久远的习惯法基础上，按照奥斯曼帝国的统治原则逐渐确定下来的。因此奥斯曼化的进程推进缓慢，农民的生活并没有发生急剧变化。另外，由于奥斯曼帝国对征税的在乡骑士有严格的监督，所以，在农村的大部分地区，帝国的统治很稳固。

上述特点在巴尔干地区尤为显著。在乡骑士的权利以及对权利的限制，在地方法令中有明文规定。随着时间的推移，大部分信奉基督教的骑士逐渐奥斯曼化。围绕着征税，农民和骑士之间当然会屡屡发生矛盾。就争执的双方而言，与作为军人的骑士相比，农民显然处于不利地位，但他们却经常向地方法庭提出诉讼，成功地确保了自己的权利。

与将征税权集中于在乡骑士的巴尔干地区相比，在安纳托利亚的中东部，还存在着许多奥斯曼以前的旧领主（特别是部族的统治阶层和苏菲派教团）保留一定权利的情况。在这种情况下，农民上缴的税收，由新任命的在乡骑士、国家派遣的征税官和旧领主共同分配。对农民来说，只不过是税收的去向略有不同，其缴税的义务及相应的权利并未改变。

根据苏丹法规定，农民对宅地及周围的菜田有所有权，对耕地只享有使用权。因为耕地最终的所有权（拉卡贝）属于苏丹。使用权由父传子，可以世袭。农民使用土地需缴纳"土地税"（雷斯米·契夫特），出产的作物还要缴纳"什一税"。虽然名为"什一税"，其实作物的税率在各地不尽相同，很多情况下达到了20%。另外，政府还要征收结婚税、赋役等杂税。正如第五章所述，阿巴鲁兹这种临时税，在17世纪以后就常态化了。

耕地的使用权，习惯上只由儿子继承。但是16世纪末以后，在没有男性继承人的情况下，女儿也可以继承耕地的使用权。

农业生产 奥斯曼帝国"本土"（即巴尔干和安纳托利亚）的主要作物是秋小麦和大麦。这里也种植杂粮和谷类，但并非农作物的主要部分。巴尔干中央部分的低地和安纳托利亚北部地区是稻米的主要产地。帝国各地区的共同特征是，除农业种植外，也广泛饲养家畜。家畜以羊为主，在多瑙河流域，猪的养殖也很普遍。多数地区酿造葡萄酒等酒类，而且成为国家税收的重要来源。

由小家族组成的农户，在两头牛可以耕种的最大面积的土地上耕种，使用牛犁地。这是农业的基本形式。这个最大面积在土耳其语里成为"契夫托里希"。它是蒂玛尔制下征税的单位。这时虽然也使用水车进行小规模灌溉，但农业生产多数依靠自然降水。

这种农业形态，在征税制度由蒂玛尔制向包税制转变的过程中也没有大的改变。但是，17世纪初，在安纳托利亚和叙利亚多次爆发杰拉里叛乱的时候，各地频繁发生农民逃散、村落荒芜的情况。因为在人口密度低的安纳托利亚，他们依然可以选择集体迁往别处，或者进入山林过游牧生活。17世纪初的这种混乱到了中期才恢复过来。所辖农民大规模逃亡的时候，在乡骑士在地方法庭登记，根据法规，他们有权在十年或二十年内把农民强行带回。但是,缴纳"弃农税"的农民能够合法地离开村落。

生产力恢复后的17世纪,各地生产出了许多特产,比如瓦拉几亚的水果、

农民 牛是安纳托利亚和巴尔干地区农业的重要劳动力。除耕作外,牛也被用于向市场搬运农作物。17世纪后期,托普卡帕宫博物馆藏

叙利亚地区和阿达纳的棉花、马其顿地区的烟草等。为了买卖这些特产,各个地区之间的商品交易也发展起来了。

农民通过在附近的地方城市出售谷物和上述商品作物来获得现金收入。奥斯曼帝国治下的农村,负有以货币缴纳税收的义务,因此常常处于商品经济之中。有很多农民因借贷而丧失土地使用权。这种现象在18世纪日益明显,正如第七章所述,有些地方已经出现了事实上的大土地所有者。

游牧民

奥斯曼帝国被误认为是"突厥系游牧民的国家"。事实上,政府的游牧民政策是尽可能让他们定居。16世纪初,奥斯曼帝国征服东安纳托利亚,将大量游牧民人口纳入帝国支配之下。和对待农民一样,帝国政府对游牧民也是在他们的冬季营地实施征税调查,登记每名牧

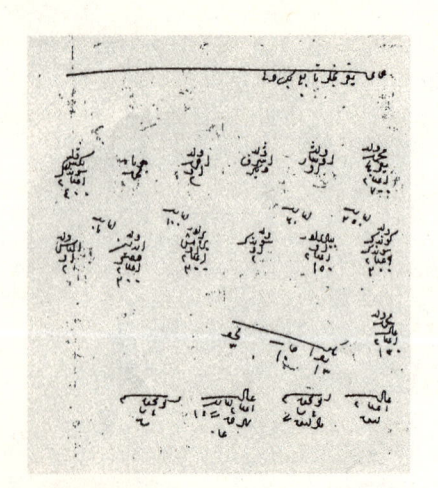

16世纪初游牧民征税调查的底账 这是拥有安纳托利亚中部的夏营地、阿勒颇的冬营地的阿勒颇游牧民之中,关于贝伊蒂里部族的底账的一部分。在这个图例中,最上部记录了集团名,二至四段记录了十三户游牧民的家长名和羊的数量,在最后记录了户数的总和以及集团所需缴纳的税额。通常来说,一个游牧集团大多有百户以上。通过这样的调查,政府可以掌握各个游牧集团的构成以及纳税额

民的名字和羊的数量。这样,作为部族单位的游牧民被分散为"个体",有利于国家的掌控。

从16世纪初的调查来看,游牧民最多的是中央安纳托利亚和叙利亚,但其人口也没有超过总数的四分之一。很多游牧集团在冬营地经营农业,逐渐走向定居生活。

但是,游牧民提供的食用羊肉、运输工具骆驼,还有绒毯等手工艺品,都是帝国的重要产品。在帝国的经济生活中,游牧民属于重要生产者的地位一直保持到19世纪。在安纳托利亚地区,有八千左右有名称的游牧部族。

巴尔干也分布着许多从安纳托利亚移民来的突厥系游牧民。他们在对哈布斯堡家族的战争中是预备役兵员,作为补偿则享有免税特权。而且,巴尔干山地的基督教牧民也有免税特权,负责维持治安等。对安纳托利亚东部山区的库尔德族游牧民,政府更多的是授予族长世袭统治权,但要求其在防御边境、参与

远征上承担义务。游牧民是部族组织的细胞,奥斯曼帝国的方针是用免税等特权加以怀柔,使其在战时为军事目的服务。

商人和手工业者　　另一方面,奥斯曼帝国的都市则是商人、手工业者的世界。他们的活动由被称为"esnaf"的基尔特组织统归到一起。奥斯曼帝国的基尔特起源于帝国成立以前各地松散的工商业组织。这些松散的组织编成基尔特以后,政府为了征税,将其登记在案,在正式的文书中确定其为固定的纳税单位。不过,作为基尔特雏形的工商业者组织,由于行业和所在地不同而各具特色,因此基尔特也保持着多样化。

唯一共同的是,政府任命基尔特的责任人,把征税以及统筹生产活动的事宜委托给他。基尔特负责人在安纳托利亚和巴尔干被称作"kethüdā",在阿拉伯地区被称作"sheykh"。不过,只看征税功能这一方面,基尔特的责任人和包税人并无区别,因此 17 世纪以后,在伊斯坦布尔的主要产业中,也出现了政府任命常备军骑兵担任基尔特负责人的情况。在这种情况下,基尔特实质的代表是被称作"伊伊托巴什"的内部成员。不过,基尔特负责人的职位由非基尔特成员担任的情况究竟普遍到何种程度还不明确。

基尔特的功能是在同行中平等分配原料和商品,管理质量、规格及价格。但是它在多大程度上能维持平等很难说清,因为

伊斯坦布尔的市场风光 在保留拜占庭时代纪念柱的广场上,商人在卖蔬菜和鲜花。购买东西的客人里面,还看得到女性的身影。17世纪,科雷尔博物馆(威尼斯)藏

我们可以看到在工商业者之间,存在明显的贫富差距。适度限制店铺和店铺经营者的数量,维护既有权利也是基尔特的重要职能,可是,这并没有完全实现。

基尔特和宗教的关系也很复杂。普遍认为这种关系的实际状态多样,不同行业的差别也很大。例如,各地的皮革加工基尔特,和吸收第一章提到的"阿基"的神秘主义教团有关联,保留着带有浓重伊斯兰色彩的传统仪式。另一方面,在城镇里,也有很多基尔特是由伊斯兰教徒、基督教徒、犹太教徒的商人和手艺人混同在一起。政府控制基尔特的目的是征税,所以并不重视各类基尔特的差异和它们的内部结构。基尔特供奉职业守护神的习惯,也表明它继承了乡间社会的各种传统。

奥斯曼帝国商品经济的另一个特征是,商品价格由城镇的地方法官按季节公布。地方法官要与各基尔特长商议之后才能定价,他们还要派下级的市场管理员监督买卖情况和城镇的风纪。地方法官承担的这些杂务属于政府基层行政机关工作的一部分。

地方法官负责监督买卖是否公平、价格是否合理,与其说是帝国政府在扶植产业,不如说是为保护消费者利益。帝国的

商品经济一直在向前发展。只要是更便宜、质量更好的商品，即使来自其他城镇或是外国，政府也不会阻止其进入市场。这是和重商主义相反的政策。大概是因为中央政府和宫廷是最大的消费者吧。因此，基尔特的工商业者随时面临着和来自其他城市的产品及外国商品的竞争。在此之中，17世纪，帝国境内出现了多种可以作为地方特产的具有竞争力的手工业制品。

都市的发展

在安纳托利亚，16世纪，越来越多的城镇开设了市场，农民和游牧民可以自由出售农产品与畜牧产品。政府在这些城镇修建了清真寺，为征税和司法业务派遣了地方法官，构成了一个完整的县级行政单位。经过16世纪的发展，在帝国各地的城镇，以农产品和畜牧产品为原料的手工业也一派繁荣景象。为交换农产品和畜牧产品，城镇之间的交通网络逐渐完善，并且形成了一些地区性经济中心。在17世纪，大城市的数量急剧增加。随着地方经济的发展，各地诞生了一些有地方特色的手工业制品，在市场上颇具竞争力。

和安纳托利亚地区相比，巴尔干各地的情况则仍有很多不清楚的地方，不过产生同样变化的可能性非常大。受杰拉里暴乱影响，在17世纪前半期，安纳托利亚和叙利亚地区陷入混乱。相比之下，巴尔干地区比较稳定。所以，巴尔干地区的商业和城市也都呈良好的发展势头。例如，就像保加利亚普罗夫迪夫的毛织品（阿巴）一样，这里也出现了远销全国的产品。有学者曾依据17世纪帝国基督教徒人口减少的事实提出了"巴尔干经济衰退说",但近年来,对该数据不同的解释的研究也有不少。至少,巴尔干的"全面衰退"并未出现。

事实上,奥斯曼帝国统治下的巴尔干城市呈现了新的面貌。雅典在这一时期发展很快。从伊斯坦布尔前往亚得里亚海沿岸的杜布罗夫尼克的交通要道上,萨拉热窝不仅发展为经济中心,还成为巴尔干地区伊斯兰文化的中心。

从16世纪至18世纪,阿拉伯地区的城市经济也显著发展。同安纳托利亚和巴尔干相比,这一地区原本的中心城市就很多,发展模式是既有城市的规模不断扩大。初步估算,在奥斯曼帝国统治的三百年中,城市人口大约增长了40%。这显然和帝国内部的安定与和平有关。

游走各地的大商贾

在奥斯曼帝国,有加入基尔特从事买卖交易的一般商人,还有从苏丹那里得到特许,可以进行远距离贸易的大商人。和基尔特商人一样,这些富商也由伊斯兰教徒、基督教徒和犹太教徒组成。他们通过外汇交易或组织产业链的方式从事大宗买卖。

得到特许的大商人也承担着伊斯坦布尔的粮食供应。他们从黑海西岸运来谷物,从西安纳托利亚和色雷斯运来水果和蔬菜,从巴尔干运来羊。伊斯坦布尔使用的木材等则来自安纳托利亚的黑海沿岸。埃及的米也供伊斯坦布尔宫廷御用。整个帝国之中，供应首都的纵向商业流通和帝国各地土特产交易的横向商业网络交汇发展。

承担奥斯曼帝国大规模贸易的特许商人，在17世纪以后频繁使用所有权属于欧洲商人的货船，构筑了联结巴尔干、安纳托利亚、叙利亚和埃及的帝国境内的贸易路线。17世纪东地中海的贸易一点也未受到帝国的束缚。欧洲产的毛织物沿着这条运输线路，被运往帝国各地。不过，欧洲的产品在这一地区享有很高竞争力则是19世纪以后的事情了。

17世纪，欧洲商人和欧洲产品确实增多了。作为欧洲商人贸易伙伴的基督教徒，特别是希腊正教徒中的大商人开始崛起。他们的实力很快超过一直在帝国贸易中占优势的伊斯兰教徒和犹太教徒大商人，成为远途贸易的主导者。他们超越了奥斯曼帝国的疆域，远涉哈布斯堡家族治下的中欧，还把生意做到了俄国。18世纪，这些大商人也拥有了政治影响力，第八章将详细叙述。

宗教共同体

伊斯兰教徒和非伊斯兰教徒的差别

奥斯曼帝国的臣民是按照宗教派别分成社区生活的。伊斯兰教徒和非伊斯兰教徒的纳税义务不同，对国家而言，这种差别很重要。

对非伊斯兰教徒的待遇，伊斯兰法有详细规定，具体做法在奥斯曼帝国建立以前就是成体系的，奥斯曼帝国只不过是沿袭各项规定而已。原则上，缴纳人头税，接受伊斯兰统治的有经人的生命和财产安全、信仰的自由都能得到保障。奥斯曼帝国统治下的非伊斯兰教徒，毫无疑问都属于有经人，完全适用前项原则。

这项原则同样要求国家做到按照伊斯兰法对非伊斯兰教徒给予正当的"区别对待"。基督教人口很多的奥斯曼帝国，为实现此项目标耗费人力、物力。本书以伊斯班奇税为例加以说明。

按照《伊斯兰百科事典》（新版，博睿社）的说明，伊斯班奇税是非伊斯兰教徒缴纳的土地税和人头税。但这一解释语焉不详，令人费解。实际上，伊斯班奇税由巴尔干基督徒在奥斯曼帝国统治之前向封建领主缴纳的赋役税和人头税转化而来。奥斯曼帝国将这个税种纳入税制，是对统治原则的一种调和。

比如，在东安纳托利亚、高加索和北伊拉克，非伊斯兰教徒缴纳的伊斯班奇税是二十五银币的定额，加上按照伊斯兰法规定的人头税，就比这些地方的伊斯兰教徒缴纳的土地税五十银币略高。在这里，伊斯班奇税可以被解释为低额的土地税。按照伊斯兰法必须向非伊斯兰教徒收缴人头税的政府，用伊斯班奇这个税种，使伊斯兰教徒和非伊斯兰教徒的纳税额不致差距太大。奥斯曼帝国各地的税制多元，不过这个事例表明，帝国政府既遵守伊斯兰法的原则，又灵活地追求统治的实效性。

16世纪中叶后，经过艾布斯托等人的努力，旧有的税收制度伊斯兰化，符合伊斯兰法的解释。许多事例表明，对伊斯兰教徒有利的税收体系逐渐有了明文规定。非伊斯兰教徒被正当地"不平等"对待了。

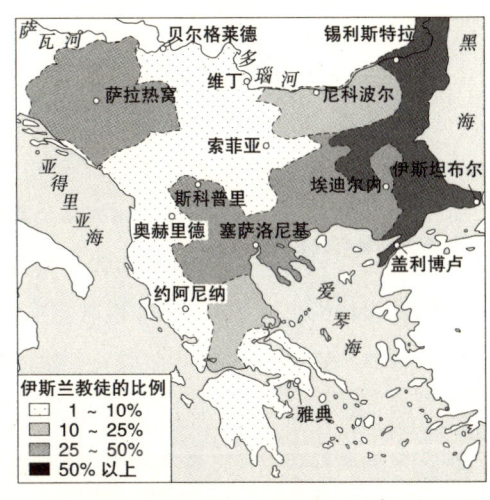

巴尔干地区的伊斯兰化 本图表示的是1525年前后的教徒分布。阿尔巴尼亚地区的改宗在17、18世纪进行

除税种的差异之外，非伊斯兰教徒不能成为有免税特权的统治阶层。14世纪至16世纪，按德米舍梅制度征用适龄少年是一种让他们晋升为统治者的方法，不过，这并不受基督教徒农民的欢迎。不过，很早就有人指出，加入统治阶层获得免税特权是很多人的愿望，这种对非伊斯兰教徒的限制推动了伊斯兰教在巴尔干的扩展。如果自发改宗信伊斯兰教，上奏伊斯坦布尔，就可以获得称作上衣布料费（齐斯拜）的改宗奖励。

巴尔干农民基于各种理由的改宗，从14世纪一直持续到18世纪。结果，尽管是呈斑块状分布，但伊斯兰教徒已占总人口的20%。改宗多的地方包括波斯尼亚、马其顿、塞尔维亚、保加利亚等地方。像在阿尔巴尼亚，大部分人口成了伊斯兰教徒。巴尔干地区改宗的浪潮在奥斯曼帝国迎来转机的18世纪中叶停止。

基督教徒与教会　　奥斯曼帝国的非伊斯兰教徒由基督教徒和犹太教徒构成。帝国政府采取类似控制基尔特组织的办法统治非伊斯兰教徒，即正式任命既有集团的领袖，赋予其在都市中收取人头税的重任，保证其集团内部的自治。所谓既有组织，对基督教来说是教会。不过，希腊正教会、亚美尼亚教会的组织覆盖帝国全境，成为"统一的教会"是18世纪的事情。第八章将展开详细论述。

15世纪以来，奥斯曼帝国的方法是在能够征税的范围内任命责任者。15世纪中叶征服伊斯坦布尔之后，穆罕默德二世在伊斯坦布尔设立希腊正教会总主教和亚美尼亚总主教，任命其为帝国该教派的最高领袖，负责在管区内征税。征税以外的事务，政府再另行任命。不过，认为15世纪以来帝国全境的希腊正教领袖是伊斯坦布尔的总主教的看法只是后世的臆测。实际上，在16世纪，奥斯曼帝国允许佩奇的塞尔维亚正教会独立，实行了与后来总主教的主张相矛盾的政策。

在奥斯曼帝国生活的基督教徒，教会组织的事情暂且不论，就连普通生活都是以教会为中心的。在农村，不同宗教派别的信徒很少杂居在一起，但在城市里，以教会为中心的共同体生活有特殊的意义。教会的功能是宣传信仰和主持仪式，并用自己的法律处理教会共同体内部的事务，进行审判等。同时，它还负责征税并向政府上交税款。这种和教会组织辖区重叠的宗教共同体，拥有很强的自治功能。

基督教徒虽说服从于教会内部的法律，但帝国的统治者还是认为那也是在伊斯兰法之下的吧。因此，基督教徒和伊斯兰教徒的纠纷，就在地方法庭用伊斯兰法裁决。另外，有些基督教徒和犹太教徒的纠纷也能在地方法庭用伊斯兰法裁决。特别是与契约和买卖相关的案件，好像常常利用法律体系完备的伊斯兰法法庭。

犹太教徒

15世纪末至16世纪初是奥斯曼帝国犹太教徒的黄金时代。从欧洲移民来的犹太教徒，利用此前建立的金融网络在帝国大显身手。

大规模的教徒移民是在15世纪末由伊比利亚半岛的"收复失地运动"引发的。1492年在西班牙被流放、1497年在葡萄牙被流放的犹太教徒、在16世纪中叶暂时改宗基督教的犹太教徒，都被奥斯曼帝国接纳。这些人定居在奥斯曼帝国治下的以塞萨洛尼基为主的各个城市。他们中有很多商人和工匠，颇受当地欢迎。这些人被称为塞法迪犹太人，使用犹太西班牙语（拉迪诺语）。

同一时期，在德意志和匈牙利受到严重迫害的犹太教徒，纷纷向逃往奥斯曼帝国。这部分人被称为东欧犹太人（Ashkenazim）。加之奥斯曼帝国境内也有土生土长的希腊犹太人（Romaniotes），因此，犹太教徒的构成很复杂。

奥斯曼帝国在犹太教徒中任命管理者，以缴纳人头税为条件承认他们共同体的自治。这与上文对基督教的政策相同。但是犹太教会与基督教会不同，内部没有等级式的构造。如前所述，他们由于出生地和现居住地不同而分成更小的共同体。因此，政府也以此为基础任命征税负责人。在犹太教徒占总人口半数以上的塞萨洛尼基，犹太人社区分成二十七处。

在第一代移民中也有取得苏丹信任而大显身手的人。其中，游历了葡萄牙、比利时，在1553年前后来到伊斯坦布尔的约瑟夫·纳吉，靠自己强大的经济实力直接参与帝国的内政外交，还获得了征收博斯普鲁斯海峡红酒关税的权利等，积蓄了大额财富，名噪一时。此后的犹太教商人继续维持着与奥斯曼宫廷和政府之间的紧密关系。

不过，随着世代交替，帝国与欧洲金融市场的直接联系出现断裂，犹太教大商人也失去了活力。17世纪以后，竞争对手希腊正教商人和亚美尼亚商人夺走了市场主导权。但是如后文所讲，在与征税承包相关的金融部门，犹太教徒的货币兑换商仍占很大比重。虽说如此，这些兑换商或大商人不过是犹太教徒的一小部分。大多数犹太商人都加入了工商业的基尔特。在都市下层的劳动者中，也有很多犹太教徒的身影。

在这种情况下，犹太教徒受到所在地社会，也就是伊斯兰社会的影响，在文化生活方面渐渐被同化。另一方面，都市社会文化也吸收了犹太教文化。比如在被称为"卡拉戈兹"(karagöz)的皮影戏或称为"奥塔奥因"(Orta oyun)的戏剧里的演员多数是犹太教徒。

在奥斯曼帝国陷入混乱的17世纪中叶,在西安纳托利亚从伊兹米特扩散开的沙巴泰·泽维运动,也是犹太教徒对帝国产生影响的例证。他自称弥赛亚(救世主),宣称要拯救信众。不久运动便超越了奥斯曼帝国,蔓延到东欧和德意志的犹太教徒中。这项运动随着倡导者向伊斯兰教的改宗而宣告结束,但据说运动中的一派以秘密结社的形式仍然存续。

伊斯兰教徒

在奥斯曼帝国,伊斯兰教徒享有很高的社会地位,因为奥斯曼社会看上去就是伊斯兰社会。比如伊斯兰法、以伊斯兰法为原则的政治统治、由伊斯兰教衍生出的习惯和禁忌、日常生活中使用的伊斯兰历法等。城市中遍布着大大小小的清真寺,属于欧莱玛阶层的地方法官负责处理人们日常生活的种种事宜。麦加、麦地那、耶路撒冷和巴格达等奥斯曼帝国的伊斯兰教圣地不断被修复与扩充,特别是麦加、麦地那两处圣地和朝圣之路,由大规模宗教捐赠的财富加以保护。

在这种环境中的普通伊斯兰教徒,在个人层面,其生活究竟和伊斯兰教有怎样的关系呢?

多数伊斯兰教徒在以清真寺为中心的街区生活,因为清真寺是日常生活的中心之一。清真寺的伊玛目是地方法官统辖的都市行政最末端的欧莱玛,除了指导日常的礼拜,还主持婚丧嫁娶的仪式。街区的住民经常向清真寺进行小规模的捐赠,以维持其运转。比如,为请伊玛目为自己诵读《古兰经》而贡献"香火钱"。街区的规模和人口密集度因地域和城市不同而有很大的差别,不过,伊斯兰教徒的日常生活都离不开清真寺。

奥斯曼帝国治下的巴尔干、安纳托利亚和阿拉伯地区基本上有一个共同点:以宗教设施为中心的街区,成为城市的一个分区。因为是以宗教设施为中心,所以街区有一种由同一宗教信徒构成的倾向,不过这种分布主要还是出于生活的便利,并不像今人想象得那么严密。实际上,在有清真寺的街区,也居住着相当多的基督教徒和犹太教徒。

若从城市全局着眼,不夸张地说,富裕阶层的大额度捐赠支撑着市民生活。以萨拉热窝为例,17世纪后半期访问此地的旅行家艾弗里亚·切勒比做出了如下统计:

整个城市由104个街区构成,其中,基督教街区10个,犹太教街区2个。城市里有77座大清真寺☆、100座小清真寺☆、许多麦德莱赛☆、180所学校☆、47处神秘主义教团的修道场☆、7处公共食堂☆、400处以上的供水设施☆、700口井、176部水车☆、5家土耳其风格的浴池☆、3处商队专用旅社☆、23处市区内的商队专用旅社☆、108处店铺☆、1处高级品市场(Bedesten)☆、7座桥、1处犹太教堂、1处塞尔维亚正教教堂、1处天主教堂。

艾弗里亚·切勒比在旅行记中记载的数字有很多是谐音或者夸张，因而不太能够信赖，但是从中也可以看到，他认为城市之中应该有什么。上文中，带◎的通常通过宗教捐赠而获得收入，带☆的是利用宗教捐赠而运营的宗教慈善设施。整个城市到处是宗教捐赠的设施。

清真寺的礼拜 清真寺由礼拜空间、呼叫人们礼拜的宣礼塔、礼拜前洗手的地方组成。17世纪，摘自《古代的农家和民俗生活》（*Alt-stambuler Hof-und Volks leben*, 1925）

萨拉热窝这样的城市，捐赠者多数是来此地上任的省军政官，不过当地的欧莱玛也建清真寺。通过伊斯兰的宗教捐赠制度，容纳着众多伊斯兰教徒和非伊斯兰教徒的萨拉热窝的基础设施已经很完备。这种现象在帝国的都市中屡见不鲜。

女性的世界

女性与法庭

不限于奥斯曼帝国，想了解世界各国近代社会以前女性的社会地位都很困难。特别是奥斯曼帝国的女性，她们自身写下的文字记载极其少见。能够探索她们私人内心世界的线索非常有限。

但是，女性在法律上享有哪些权利？她们如何行使法定权利？在女性史的领域中，这些是有比较详细资料的部分，因为奥斯曼帝国的地方法庭可以看到很多女性的身影。地方法庭有着"登记处"的作用，结婚、离婚、买卖、宗教捐赠、纠纷裁决等各个方面，女性都要诉诸法庭。

奥斯曼帝国适用伊斯兰法。伊斯兰法对于女性的行为规范及义务和权利有详细的规定，在一定限度内明确保障女性的权利。与男性相比，女性明显受到限制，这一点可以看到女性的弱势地位。不过根据法律中"明确的权利"，她们也能享受到法律的保护（以及实际上的保护）。通过法庭记录等可以看到，在这样的两面性的影响之下，伊斯兰教徒的女性们异常活跃的身姿。

枷锁与权利

先看对女性的限制，伊斯兰社会的一般特征是在公共生活领域男女明确分开。这既可以理解为公共生活排除了女性的参与，也可以说她们生活在远离男性中心社会的另一个世界。在奥斯曼帝国史上，登上政治舞台的女性只有苏丹的那些后妃。在19世纪后半期以前，几乎没有和后宫毫无关系却登上政治舞台的女性。

法律对女性的限制可以列举出很多：从父亲那里继承的遗产只能是兄弟的一半；各类契约和法律判决中需要男性监护人；作为伴侣的男性拥有多个妻子和女奴，作为妻子和母亲，女性对男性的一对一的权利无法保障。在婚姻关系中，男女也是不对等的。女性需要支付预付礼金（相当于"聘礼"）和善后礼金（相当于"离婚赔偿"）。这些在今天看来显然有失公平。男性可以主动提出离婚，而女性很难提出离婚要求。

只不过，在近代的女权时代到来以前，如何评价这些事实是有争议的。结婚需要物质基础，因此有多名妻子者只占男性总人口的5%。其实真正威胁女性地位的反而是男性拥有的女奴。不过即使是女奴，也是身份、地位象征一样的"高价品"，仅限于富裕阶层有。女奴和男主人生育的孩子和妻子生育的孩子在法律上完全没有区别。这对妻子显然是不公平的。

一夫多妻、女奴成群的生活与庶民无缘，但对富裕阶层来讲是家常便饭。不难想象由此引起的复杂的感情纠葛，不过这方面社会生活的资料并不丰富。在一名男性之下，其妻子（一名或数名）、母亲、女奴、女性佣人、少数阉人还有他们的孩子构成的"家"也可以称作"哈雷姆"。最大的哈雷姆当数苏丹的后宫。总之，家庭成员在住宅中可以利用的空间称为"哈雷姆"（后宫）。托普卡帕宫也有哈雷姆。与此相对的是，住宅中以男性为中心可以对外来者开放的部分（客厅）在土耳其语中称为"塞拉姆利基"。

住宅分成哈雷姆和塞拉姆利基两部分，从而将女性从男性的视线中隔离开来，但同时也创造了女性独有的世界。女性世界的广阔、自由和丰富超乎想象。首先，住宅和街区基本是为女性设置的空间。建筑的设计者煞费苦心地思考如何遮住外人的

野餐 在伊斯坦布尔能俯瞰金角湾的绿地上野餐的女性，能看到有人在汲取泉水。摘自《美好旅程》(M. Melling, *Vogage pittoresque*, 1819)

视线，如何将男性的活动区隔离在女性的生活区之外，以使女性快乐舒适地生活。此外，她们走亲访友、去清真寺礼拜、洗土耳其浴、去商场购物等，外出的机会一点也不少。到18世纪，上流社会的女性开始流行到室外庭园和绿地举办娱乐活动。当然，娱乐活动仅限于富裕阶层，并非所有阶层的女性都能在家里待着。

蒙塔古夫人的所见所闻

1717年，访问伊斯坦布尔的英国大使蒙塔古的夫人，用自己的笔记录了她眼中奥斯曼帝国女性的生活。那个时代，欧洲上流社会对东方女性充满了异国幻想。不过，蒙塔古夫人充满好奇地观察着奥斯曼社会，用女性独特的视角去观察奥斯曼女性。在前往伊斯坦布尔途中，她在索菲亚看到了伊斯兰教的女性穿着西洋服装进入传统的土耳其浴池。她写道：

> 早上十点前往浴室。虽然是早晨，但这里早已有很多女性

了……你想着可能有人唠私房话,有人忙于针织,但甚至有人品着咖啡和甜水。横卧在软皮垫子上的女性旁边,通常都有一个十七八岁的可爱的女奴用纤巧的手指为她们的主人梳头。一言以蔽之,这里是伦敦咖啡馆的"女性版"。在这里,各种市区的消息和八卦传播得飞快。女性们每周一次,乐此不疲地来到浴场,在这里消磨四五个小时的光阴,从热气腾腾的浴室里突然进入凉爽的屋子,也不会感冒。(绀野文、笔者译,以下同)

土耳其浴池是社交场合,在清亮的水声中,裸体女性优雅地交往。进而,蒙塔古夫人不得不惊叹:土耳其上流社会的女性创造了属于自己的世界,甚至连丈夫都欺骗。

土耳其女性不论何种身份,外出上街必须戴两重面纱将头与脸盖住,身上必须穿着盖住全身的大衣,因此她们比我们有更大的自由。这样的服装很好地隐藏了女性的身份。贵妇人和奴隶的穿戴都差不多。在大街上,嫉妒心很强的丈夫即使遇到了他的妻子,可能也不会察觉她的身份……这样一直像参加假面舞会一样,女性没有被认出来的危险,可以随心所欲地做自己喜欢的事……而且,女性对丈夫的暴怒可以毫不在意,因为她们有属于自己的财产。离婚时,妻子必定会从丈夫那里得到属于自己的财产。因为这些,在我眼里,土耳其只有女性才是自由的。

穿着奥斯曼风格衣服的蒙塔古妇人

蒙塔古夫人用女性特有的直觉感受着隐藏在头巾后的世界。她自己穿着奥斯曼的女装多次上街。或许是因为头巾可以隐藏外国人的身份，确保她的行动自由吧。她对重婚的观察也颇有趣味，不带偏见地把奥斯曼社会视作人类社会的一种普通类型。

确实，法律承认每个男性可以有四个妻子。但是，即便是身份高的男性不那样做，我也没有听到过女性能够忍受的例子。丈夫若有外遇，也是将情人安排在其他地方，像英国人一样，尽可能地幽会情人。众多位高权重的男性，据我所知，唯一蓄养很多女奴的是财务长官，他的生活非常放荡。他妻子就住在家里，但是却很少能见到他。

女性的财产权

正如蒙塔古夫人所说，女性的地位因财产权而得到保障，妻子的财产与丈夫的财产完全分开是伊斯兰法的重要特征。丈夫的财产归丈夫，妻子的财产归妻子。从双亲那里继承来的财产和嫁妆，让女性面对社会、面对丈夫的时候多了几分安全感。女性通过她们信得过的男性（父亲、兄弟、丈夫、儿子）以及女性商人，在都市的经济活动中理财赚钱。常出入一些富裕家庭的女性商人，对很多女性来说是不可缺少的。她们之中也有许多非伊斯兰教徒。

例如，调查一下17世纪伊斯坦布尔的大市场，购买店铺营业权的有24%是女性。每月租金20银币的商铺，营业权的价格总计达43000银币。价格是非常昂贵的，所以只分割出二分之一或三分之一来交易。当然，女性不是自己经营店铺，而是进一步租借给商人和工匠。这样靠不动产维持生活的女性不在少数。营业权可以继承。女性或许是通过委派代理人签署这类契约吧。利用现有财产参与市场投资，在货币经济已很发达的奥斯曼社会极为普遍。

也有很多女性伊斯兰教徒，指定自己的财产为宗教捐赠品。16世纪的伊斯坦布尔，宗教捐赠者中有37%是女性。对阿勒颇历史的研究表明，女性捐赠者在16世纪占6%，17世纪占26%，18世纪占37%，19世纪占44%，随着时代的发展而不断增多。法律规定，完全为个人所有的财产才能捐赠，女性捐赠者的增多表明她们通常都拥有足够规模的财产。

宗教捐赠，通常是指为"来世"做准备的宗教善行，但实际上还有另外一个动机，即通过宗教捐赠，把财产交给伊斯兰法中无权继承财产的人（通常是女儿等）。女性捐赠的财产中，住宅是最常见的，不过富裕的女性也会和男性一样，捐赠店铺和出租屋等商业设施、可以抽取利息的现金等，物品广泛而多元。

在伊斯坦布尔某街区，有位名叫奈弗塞的女子，在伊斯兰历914年（公元1509年），把自己的家捐赠给伊斯兰教团，包括一座带有庭院和厕所的两居室房屋、家具和衣服。捐赠的条件是：

> 此住宅每年抵偿租金五百四十银币，此项收入在有生之年由自己使用；本人死后，由已经获得自由的奴隶夫妇福蒂姆和弗尔希特使用；他们死后，他们的孩子继续使用，且自行修理；若这个家庭血脉断绝，就在阿里·贝伊清真寺做黎明前的礼拜后，请伊玛目每天读《古兰经》的三十分之一，每日支付一枚银币。
>
> 住宅租金收入的十分之一作为管理费，由穆斯塔法作为管理者。穆斯塔法死后，由前述阿里·贝伊清真寺的伊玛目担任管理者，以确保此住宅能够有偿使用。

关于奈弗塞，除了知道她父亲名叫哈姆扎以外，没有留下任何史料。她在事实上给自己的奴隶留下了财产，若这个奴隶家庭没有后代，就由街区清真寺的伊玛目管理、运用这笔财产，用来诵读《古兰经》安慰自己的灵魂。

和先前提到的萨拉热窝一样，伊斯坦布尔城区到处覆盖着这些善男信女的私有不动产，以及她们作为信徒"捐赠"的不动产。捐赠热潮中的财产所有人里，女性不可忽视。

长袍大袖

女性外出时虽然要戴着最不惹眼的面纱，但是，这并不表明她们不重视装扮。服装在女性生活的另一个世界里，不仅意味着对美的追求，还象征着社会地位。

女性的基本服装包括被称为"夏娃尔"的底裤、长袖且突出胸部的上衣，罩在上衣外面的被称为"恩特里"的下摆较长的半袖背心，其上系上腰带，外面再披上应季的被称为"杰普"的长袍。前文提到的蒙塔古夫人的记录中称，她接触的上流社会的女性，其服装都是用价值很高的布匹制作的，上面镶嵌着珍珠或宝石。在富裕女性的财产清单中，黄金和宝石是非常重要的。拥有大笔财产的女性也是都市中重要的消费者。

蒙塔古夫人也买来了奥斯曼帝国女性的服装，并且留下了肖像画（216页）。从她描写的女性的发型可以看到奥斯曼帝国的佳丽们如何在面纱下争奇斗艳：

> 帽子斜戴在一侧，金色的刘海下垂着，用钻石连缀成的圆环或带着豪华刺绣的手帕扎起。
>
> 另一侧的长发如黑色的瀑布，一泻而下，女性尽可能在上面点缀自己的爱物……现在最流行的是能够以假乱真的用宝石雕刻的首饰：珍珠花蕾、红宝石蔷薇、钻石茉莉、黄宝石水仙。巧妙的工匠让这些佳丽的头上珠光宝气，艳而不俗，因为饰以特殊的涂料，看上去效果精美绝伦。向后垂的头发光彩靓丽，用珍珠或彩带编成发辫。

女性的服装 从里向外依次是夏娃尔（底裤）——上衣——恩特里（背心）——杰普（女袍或大衣），她们的发型是独特的盘头。上图是18世纪画家勒弗尼画的舞女，绘于1720年左右。下图是身着杰普的贵夫人，绘于1740年。均藏于托普卡帕宫博物馆

象征富裕与权威的毛皮

女性服饰中最重要的是衬着毛皮的长袍。长袍的表面和衣襟处用黑貂皮、白鼬皮、豹猫皮等高价毛皮做成，象征着社会地位。18世纪，伊斯坦布尔出生的亚美尼亚人多逊记载："深秋时节穿白鼬皮。三个星期过后，到了穿西伯利亚花狸鼠皮的季节。冬天肯定是黑貂皮，到了春天再换成西伯利亚花狸鼠皮。"究竟有多少人能有这样豪华的衣服，现在仍不清楚，但不管怎样，毛皮在伊斯坦布尔是富贵的象征。

奥斯曼男性的世界也是如此，苏丹在高官上任之际赠予其毛皮是中亚甚至整个伊斯兰世界的传统。苏丹自己也身着高价毛皮。在托普卡帕宫殿，由于毛皮的档次代表着官阶，高级官员没有选择的自由。在宫里，把夏季毛皮换成冬季毛皮的日子，和更换官服一样，都由苏丹的命令决定。

高价毛皮的主要产地是俄国南部和黑海北岸的亚速、高加索等地区。运往伊斯坦布尔的毛皮，首先按照宫廷的需要确定品质等级并加以收购，其余的在市场上出售。有史

料记载，16世纪，奥斯曼帝国向莫斯科公国派遣商人收购黑貂皮。对于象征官阶以及仪式中不可或缺的皮毛，达官显贵人人都热衷于购买吧。

公主与母后　　伊斯坦布尔上流女性之中最引人注目的要数苏丹的公主。因为公主成年后一般和上流的军人政治家结婚，离开宫廷，在都市中过自己的生活。由各种外因确定的这类政治婚姻，男女双方未必年貌相当。因此，和老迈的政治家结合，最终"送别"丈夫并多次再嫁的情况为数不少。过着奢靡生活的公主的下嫁，甚至成了苏丹消耗军人政治家的财富、减少政治威胁的策略。这也可以说是社会财富流向女性世界的一个渠道。

例如，17世纪中期担任大宰相的梅里克·艾哈迈德·帕夏已年逾古稀，却娶了艾哈迈德一世的女儿（也将近六十岁了），一时间被传为笑谈。已经有多次婚史的她，向梅里克·艾哈迈德·帕夏要求支付巨额生活费，年迈的夫君只能勉强答应。有记载说，梅里克·艾哈迈德·帕夏的政敌说："（苏丹）让他养一头大象。"这件事令人发笑，但是其出处是前文引用的描写萨拉热窝的旅行家艾弗里亚·切勒比的《游记》，真实性不高。不过，应该有类似的事情。真伪姑且不论，这种有趣的故事无疑装点了伊斯坦布尔市民的日常生活。

在奥斯曼帝国，女性没有继承权，公主生的儿子也没有特殊权利，如果他们从军，也仍然是"苏丹的奴隶"。

富裕的后宫女性，特别是苏丹的母后常以自己的名义进行大规模的宗教捐赠，其美德被人称颂。其中，穆罕默德四世的母亲图尔汗妃的捐赠最为人称道。在伊斯坦布尔的中心地区，由于资金问题，新清真寺的建设中断了五十年。图尔汗妃出资，使这项工程得以完成，并且在附近建设了现在还在使用的"埃及巴扎"（埃及风格的大市场）。图尔汗妃出资的建设对于伊斯坦布尔港湾部分的再开发起到了重要作用。

同时，新清真寺也附带有大量的墓地。图尔汗妃就长眠在那里。他的儿子穆罕默德四世、其后的四名苏丹和众多的后宫女性也葬在那里。苏丹更愿意利用那些能够自由支配财产的女性，出资参与都市开发和必要设施的建设。

在爱琴海到伊斯坦布尔的要冲达达尼尔海峡上，图尔汗王妃出资建设了军事要塞。那是寇普洛鲁·帕夏打破了威尼斯对达达尼尔海峡的封锁以后第二年的事情。图尔汗王妃出资建设的要塞，寇普洛鲁家族的大宰相和苏丹穆罕默德四世经常来视察。可以说，财政困窘的政府是利用她的资金完成这项事业，不过要塞的建成使王妃名声远扬也是事实。这是后宫的女性影响政治的显著例证。

帝国的诗人

复杂的奥斯曼诗歌

接下来说说奥斯曼社会众生相里的诗人。如前所述，在奥斯曼帝国的艺术世界里，诗歌最接近芸芸众生，诗人也是连接统治者与被统治者的纽带。本书所说的"奥斯曼诗歌"是指由奥斯曼帝国的人们写的诗歌。奥斯曼帝国的知识分子用波斯语写诗，但更多的还是土耳其语诗歌。

不过，这里的土耳其语，是指被称为"奥斯曼语"的语言，其中大量吸收了波斯语、阿拉伯语单词。土耳其语中表示"鸟的叫声"时，频繁使用"叫声—鸟（的）"这一很有代表性的波斯语的表达方式（句法），是外来要素极多的语言。因此要熟练运用奥斯曼语，必须具备波斯语和阿拉伯语知识。可以说，在操着各种母语的人们构成的奥斯曼帝国中心地带，包括以土耳其语为母语的所有人都会学习并使用奥斯曼语。

不过诗人纳比（？—1712）既可以创作含有大量阿拉伯语和波斯语词汇的诗歌，也可以创作以土耳其语单词为中心的易懂的诗歌。可见，诗人考虑到听者和读者的感受，在创作时有意区分难易度。这一点可能就像江户时代日本的知识分子，他们既写汉诗，也创作俳句。

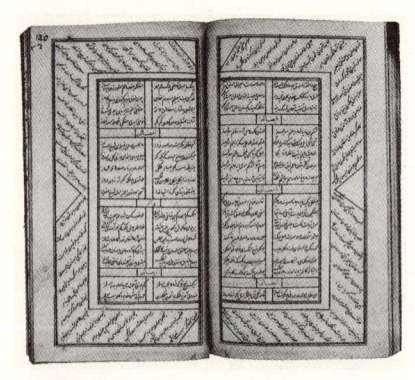

诗集的抄本 这是16世纪诗人扎提的作品。苏莱曼尼耶图书馆藏

诗人群体的扩大

虽说诗人创作的是奥斯曼诗歌,但全面采用波斯语诗歌的规则,除被称为"阿尔兹"的靠长短音形成的韵律外,严格遵守韵脚的各种规则。在这个意义上,奥斯曼诗的规则严格,并非谁都能用这种形式熟练表达自己的心境。但是,16世纪以后,随着各种形式的教育的普及,帝国各地都涌现出能用奥斯曼语创作诗歌的文人,自命不凡的诗人云集伊斯坦布尔。第四章引述的哈伊雷迪出身于马其顿,而多卡今扎迪·亚弗亚出身于阿尔巴尼亚,在耶尼切里军团服役期间学习了诗歌写作。第五章列举的巴基出生于伊斯坦布尔,第七章介绍的纳比出身于距离叙利亚较近的乌尔法,内蒂姆出身于东安纳托利亚的埃尔祖鲁姆。首都之外,也有诗人辈出的城市。

诗人为什么要云集伊斯坦布尔?以巴基为例可以看到,他希望向政坛的实力派献上自己的诗作,以求出仕,即使这个目的达不到,也希望得到褒奖和赞美。结果,在奥斯曼诗歌中,歌颂特定人物的被称为"卡西迪"的诗歌占据很大比重。这种诗歌的兴盛是由于诗人为求官而把卡西迪作为构筑非正式社会关系的工具。卡西迪从16世纪开始流行,在整个17、18世纪也涌现了相当多的作品。

卡西迪以外还有其他诗歌种类,恋爱诗和宴饮诗这种"加西尔",宗教内容的诗歌中多使用的两行连句的"梅斯内比"等。在波斯语诗歌方面,各种类型的传统诗歌的创作也非常兴盛。此外,这时还有一种被称为"希鲁克",或许是有节奏可供吟唱的诗歌,是奥斯曼帝国时代独有的作品。

从巴基的人生经历来看,那个时代还没有"诗人"这一职业。但是,有笔名的作者很多。而且,诗人必须有笔名,不能用本名写作。在16世纪,阿修克·切勒比编写了奥斯曼帝国时代的诗人列传,列举出427人。后来的诗人传记也显示,18世纪活跃的留下姓名的诗人有1322人,其中有168人出版了诗集(土耳其语称"迪万")。

诗集的编排有细密的规则,必须要收录一位作家的多种类型的作品,并决定排序的方法。因为是收录一生的主要作品以备为后世所了解,所以编纂这样的诗集,是诗人功成名就的标志。从这一点来看,广义的诗人中有大约12%(总计168人)以"职业"的身份活跃。

奈弗的卡西迪

在此介绍一下17世纪最有影响的卡西迪诗人奈弗(?—1635)的作品。上至苏丹大宰相,下至政要名流,很多人收到过奈弗的卡西迪。但同时,奈弗还以写被称为"兮杰夫"的讽刺诗而闻名。总之，无论褒贬，奈弗是一位擅长描写人物的诗人。下面介绍的是奈弗写的卡西迪，对象是在讨伐杰拉里的过程中立下战功的军人政治家库尤吉·穆拉特·帕夏。他在与波斯的战役中非常活跃。

> 尊贵的将军
> 您在安纳托利亚荡平群寇，收获安宁
> 您让波斯永无宁日
> 您的宝剑让波斯国王闻风丧胆，风声鹤唳
> 他远遁印度，逃向布哈拉
> 前进，追击
> 征服那片不毛之地
> 他们逃向那里，寻找能隐藏猥琐之身的洞穴
> 大军的征尘迷住了敌军的眼睛

杰拉里叛乱者和波斯军人被打败了，他们成了无处可逃的穷寇。实际上，库尤吉（意为"挖井"）·穆拉特·帕夏在与萨法维王朝作战时，曾经被追杀得藏身荒井，被敌人俘虏。奈弗的诗简直是在向这位将军的伤口上撒盐。当库尤吉收到这首诗歌的时候，他能高兴到什么程度呢？当然我们并不知道。

实际上，奈弗敌人众多，因为他的讽刺诗招人愤恨。1635年，穆拉德四世突然把他交给对他恨之入骨的将军。他被杀害，

抛尸大海。诗人不属于苏丹的奴隶，却仅仅因苏丹的命令而被杀，从另一方看，这也是政府的一桩丑闻。但是，出入宫廷的诗人，无法律依据而遭受严厉惩处，这种危险是可以想象的。虽然不知道确切的原因，但许多编年史的作者都在书中记录是因为写了讽刺诗歌。

高官诗会与咖啡馆

奈弗经常出入的由苏丹和实力派军人举办的家宴称为"梅吉丽斯"。更为成功的诗人则参加宫廷梅吉丽斯，享受着修改苏丹作品的荣耀。有实力的军人政治家也是如此。有的清客捉刀代笔，创作诗歌后署上主君的名字。

梅吉丽斯是发表诗歌、评论作品、构筑超越诗歌本身的人际关系网络的场所。不过，梅吉丽斯在16世纪后半期以后，扩展到市区之中。这也导致咖啡的流行与咖啡馆规模的扩大。曾编写过编年史的佩切比介绍了在伊斯坦布尔城区流行的咖啡这种饮料。他是这样描述伊斯坦布尔最早的那批咖啡馆的：

> 在伊斯兰历962年（1554—1555）之前，首都伊斯坦布尔和帝国治下的巴尔干地区还没有引入咖啡和咖啡馆。这一年，阿勒颇商人哈凯姆和大马士革的商人沙姆斯来到伊斯坦布尔，在塔夫塔卡雷（Tahtakale）地区开设了很多大型店铺，开始销售咖啡。这种新饮料很快风靡伊斯坦布尔。许多人汇集于咖啡

咖啡馆 最近处是游戏者，稍远处是吟诵诗歌的人，画的右上角是正在倒咖啡的店员。咖啡馆是只有男性的世界。16世纪后半期绘制

馆，特别是文人墨客。每家咖啡馆都聚集着二三十人，有人看书或诗集，有人玩双陆棋和象棋，有人手持自己作的诗歌展示才能。在此之前，人们是花费重金，邀请朋友在自家举办宴席，但自伊斯坦布尔引入了这种令人心醉的新饮料，付一两枚银币，就可以在咖啡馆里享受交友之乐趣了。

从阿勒颇（旧称哈莱卜）的商人哈凯姆、大马士革（旧称沙姆）商人沙姆斯这一点来看，这些人名定然是为了押韵而创造的，不过从其他史料也可以看到，咖啡馆大约就是在16世纪中期在伊斯坦布尔开始流行的。但这并不意味着所有的梅吉丽斯都被咖啡馆的聚会代替。上述史料不如说是表明，咖啡馆的普及使得组织诗会简单易行，越来越多的人以咖啡和诗歌为乐趣。

从卡西迪流行以来可以看到，15世纪以前占据奥斯曼诗歌主流的带有神秘宗教色彩的诗歌，已经转为现世的、描写日常生活的作品。另一方面，诗人也创作难懂的诗——借用诗人纳比的说法，"阿拉伯语辞典般的诗"——来展示自己的学识修养，不过像希鲁克那样可以分节传唱的诗也很流行。这些都表明，诗歌已经成为一种社会各阶层的文化消费品。

讴歌爱情

以现世的日常生活为题材的奥斯曼诗歌中，最普遍的就是"爱"，在诗的韵律规则的制约中，讴歌对神、勇士或恋人的爱成为奥斯曼诗歌最常见的形式。

对爱的描写也有一定规则，登场的人物形象分为"施爱之人"和"被爱之人"，诗人通常从"施爱之人"的视角出发展开描写。在那里，存在人物的"上下关系"，"被爱之人"居于优势。表达优势地位的意象有太阳和月亮、蔷薇与春天等。"施爱之人"常常处在焦灼、犹疑和背叛中。诗歌并不细致地表现恋人的心情，而只是描写"施爱之人"的心情。前文提到的诗人巴基为确立这种不成文的形式做出了重要贡献，但这个传统的源流可以追溯到相当于巴基的老师的诗人扎迪（？—1546），下面就是扎迪的作品：

若红日当空

月亮就不再露脸

除去面纱吧

让每个角落闪耀你的光华

兄弟们啊

约瑟夫还在残井

约瑟夫恋着婵娟

是羞于表白

才隐藏到地下
黄泉碧落九重天
他的爱还在沸腾

世间万物
为爱而朦胧
因爱而沉醉

无论在何处
翻开赞美诗
吟唱给
那些悲伤的听者
驱散他们的愁云

圣明的主啊
请引导扎迪
和约瑟夫一起
脱离苦海
前往欢乐的彼岸

在旧约圣书《创世纪》中登场的约瑟夫，按照伊斯兰教的传承，代表着最为美丽的少年。月亮也象征着容貌姣好的少年。

讴歌爱情的作品，其中的"恋人"几乎都是男性，这是奥斯曼诗歌的特征之一。

波斯社会并不否定同性恋，诗歌和绘画还展现了同性恋情。奥斯曼帝国社会也是如此。现在的土耳其文学研究界，已经慢慢打破禁忌，把讴歌美少年以及描写对美少年的爱恋的诗称为"爱神的修辞"这一拐弯抹角的说明已经逐渐落后于时代。描写感情丰富的男性，特别是他们对少年的爱恋的作品在16世纪数量庞大，向后人展示了奥斯曼帝国时期多样化的人际关系。

恋童癖

有关奥斯曼社会的恋爱状况，生活在16世纪后半期的财务官僚、文人盖里波鲁鲁（Gelibolulu）·穆斯塔法·阿里有这样的观察：

> 在我们这样的时代，不留髭须、脸颊光滑的少年的人气，远远超过男性以外的人群，包括那些貌若天仙的女子也无法和他们相比。因为，美丽的未婚女性为避免麻烦，经常深居简出、拒绝抛头露面。但是，与美少年的交往却好比是社交场的入口。不论这个入口是秘密的，还是公开的，它总还可以开启。那些面容姣好的少年对于他们的主人来说，无论在战场上还是在家中，既是朋友，也是伴侣。但是，从这一点来看，即便像月亮那样美丽的女性，也没有成为好友，或者说一起生活的伴侣。

与少年的恋爱 贵族在欣赏和调戏面容姣好的无须少年。华沙大学图书馆藏

写过16世纪诗人列传的作者阿修克·切勒比称,自己笔名中的"阿修克",意为"施爱之人",是来自他对美貌少年的爱恋。实际上,那本诗人传记中,充满了包括自己的恋爱在内的许多纠结的恋爱故事。比如,阿修克·切勒比被恋人(当然是男性)抛弃的年份,被一个诗人朋友用引用数字的手法留在一首卡西迪之中。不知从何时(或许是19世纪后半期吧)开始被认为是社会禁忌的关系和感情,在这个时代被讴歌,孕育出众多奥斯曼诗歌。

第七章

繁荣中的不安（1680—1770）

战云再起

第二次包围维也纳

本章我们继续第五章的内容。时间是17世纪末。在黑海西北岸，奥斯曼帝国与波兰、俄国的战争在1683年告一段落。次年，大宰相卡拉·穆斯塔法·帕夏发动了对奥地利哈布斯堡家族的战争。这是奥斯曼帝国在欧洲的疆土达到极限之后不久的事情。作为寇普洛鲁家族的一员被抚养长大，后来也是这个家族的女婿，卡拉·穆斯塔法·帕夏并不像很多人那样，意识到了军事征服是有界限的。或许他是从自身的功名心出发，带领着苏丹穆罕默德四世远征，企图征服维也纳。

这次包围战奥斯曼军队占优势，就在马上要攻陷城池的时候，波兰的援军从背后袭来，导致形势发生逆转，卡拉·穆斯塔法的军队损失惨重，被迫撤军。这场失败是偶然还是必然尚有争论，但看法一致的是，较之跨越边界的远征维也纳的失败，随后持续不断的战争对奥斯曼帝国的打击更为深重。因为维也纳包围战虽说以惨败告终，但毕竟是由奥斯曼帝国发起的，而此后的战争则多为被动的局面。在此期间，奥斯曼帝国军事体制的结构性问题逐渐暴露出来。

《卡尔洛夫奇条约》

欧洲国家在维也纳取得胜利，奥地利、波兰、威尼斯结成大同盟。同盟军在1686年攻占了匈牙利的中心城市布达；1688年，夺取了多瑙河畔的要塞贝尔格莱德（1690年又被奥斯曼帝国夺回）。在爱琴海附近，威尼斯攻占了伯罗奔尼撒半岛。奥斯曼军队1697年在北塞尔维亚的森塔地区被萨伏伊大公欧根率领的哈布斯堡军队击败。持续了十六年的匈牙利争夺战以奥斯曼帝国的失败而告终，双方签订了《卡尔洛夫奇条约》。

依据条约，奥斯曼帝国承认丧失了匈牙利。这样，从16世纪初开始持续了一百五十年的对匈牙利的统治宣告结束。在一个半世纪里处于奥斯曼帝国属国地位的特兰西瓦尼亚划归奥地利统治，连接匈牙利和亚得里亚海的斯洛文尼亚地区（东克罗地亚）划归奥地利；达尔马提亚（西克罗地亚）割让给威尼斯。结果，巴尔干西部的波斯尼亚和塞尔维亚成为奥斯曼帝国与奥地利哈布斯堡家族之间的"缓冲带"。在谈判过程中,加入同盟军的俄国,在1696年夺得亚速海(以克里米亚半岛与黑海相隔)。

根据《卡尔洛夫奇条约》奥斯曼帝国丧失的领土

《卡尔洛夫奇条约》使奥斯曼帝国第一次尝到疆域缩小的苦果。不过,帝国在进入18世纪以后再次征服上述部分地区,所以,上层不认为这次失败意味着最终的领土丧失。问题被归结于大宰相和其他司令官的失败,或者归因于苏丹的领导能力不够,使国内实力派军人之间的矛盾进一步激化。

在这段时间,实力派军人政治家率领的奥斯曼军队越来越像杂牌军。在18世纪初期的远征军中,苏丹的常备军只占五分之一。余下的是非正规军和实力派军人的私人武装。到17世纪中叶,在帝国境内负责守卫要塞的军队,只有十分之一是耶尼切里军团,余下的都是享有免税特权的、包括基督徒在内的本地非正规军。在哈布斯堡家族强大的攻势面前,很难保证这些基督徒军人对奥斯曼帝国的忠诚。后文还将谈到,耶尼切里军团首先使得奥斯曼帝国的军事体制走向了歧途。

倡导军事改革的领导人还未登上历史舞台。17世纪后半期,在苏丹宝座上的穆罕默德四世酷爱狩猎，号称"猎人"。他在位近四十年，几乎全在靠近猎场的埃迪尔内度过。随后的几任苏丹也都仿效他，待在埃迪尔内。和苏丹的行动保持同步，政府机构还有后宫也都迁往那里，使伊斯坦布尔的市民失去了服务宫廷需求的商业机会，市民极为不满。或许对那些已经流散在城市中的耶尼切里军团与市民阶级的融合产生的畏惧，正是苏丹滞留埃迪尔内的真正原因。正如他所畏惧的那样，穆罕默德四世在1678年由于耶尼切里军团的暴动而被迫退位。

战云下的财税改革

这场战争进行了十六年，正和一个世纪以前与哈布斯堡家族的长期战争成为奥斯曼帝国征税体制改革的契机一样，由文官主导的许多重要的制度改革和实施也在此期间进行。这些在失败的阴影中并不引人瞩目，但和遥远的多瑙河对岸的战火相比，这次财税改革对18世纪奥斯曼社会的影响更为深远。

第一，一个世纪以来，深深影响着奥斯曼社会的包税制在1695年发生变化，政府引入了终身契约的原则。如前所述，包税制深入社会各个层面，可以说，奥斯曼帝国的官僚群体以包税制为纽带结成特殊的利益集团。

新的终身契约的方法是，包税人在契约签订的时候要事先支付高额资金，随后每年支付定额的税金。这种方法的引入，导致了契约者类型发生了变化。有经济实力的军人政治家和实力派欧莱玛通过竞争取得了多数的包税权,作为竞争标的的税源的种类也迅速增加。这种制度期待征税权的购买者为保证长期增加税额,而采取措施保护和开发农村。

第二,1691年,苏丹颁布敕令,改变了对基督教农民的人头税收取方法,即取消了按惯例以村等为单位集体征税、征收总额的方法。新的方法针对具体人口逐一收税,纳税后颁发凭证,防止了征收人头税过程中的盘剥行为。这是针对战争导致国境地带人口锐减的状况制定的政策,也因此,政府还免除了酒税等税种。改革者意识到在巴尔干进行的战争中,确保当地的农民基督教徒对帝国的忠诚十分必要。这种政策也延伸为18世纪对希腊正教会的特别保护。

只是,个人课税原则使一直享有免税特权的希腊正教的神职人员也不得不纳税,从而引起了他们的反抗。很有意思的是,这些神职人员以"纳税"违反伊斯兰法向苏丹提起诉讼。这表明,他们依然生活在一个被伊斯兰法统治的世界里。

第三,1690年,新的银币"库鲁"投入市场。重25.6克、含银16克的大型硬币取代了帝国境内流通的各种外国货币,起到了奥斯曼市场基本货币的作用。直到18世纪60年代,它都极好地稳定了货币秩序。

第四,整备行政机构。17世纪中叶,大宰相的办公地点从苏丹宫廷独立出来,到18世纪,已发展为除财政管理之外的完善的大型行政组织。这样,大宰相府成为事实上的奥斯曼政府。

15世纪以来,被称作"御前会议事务局"的文书行政部门,后来也由宫廷转移到大宰相府中。在彻底奉行照章办事的奥斯曼帝国,中央和地方的联系、苏丹与大宰相之间的国事磋商,都用有固定格式的文书进行。

这样,御前会议事务局的负责人(雷修库克塔尔)的职责,在18世纪以后转向外交领域。其契机是1699年签订的《卡尔洛夫奇条约》是由担任这一职务的拉米·穆罕默德负责交涉。他很快晋升为大宰相。负责财务的财务长官府的业务范围也在扩大,其重要性也有所提升。

这些变革是和战争同步的。变革的结果使奥斯曼帝国的财政有所改善,在1720年消灭了赤字。

18世纪前半期的战争

就如文官拉米·穆罕默德就任大宰相所显示的,18世纪的奥斯曼帝国,中央政府的核心权力由主战派向主和派转移、由武官向文官转移。受这种变化的影响,从《卡尔洛夫奇条约》签订直到1768年与俄国开启战端,七十年的时间里,奥斯曼帝国一直避免对外开战。因为战争已经不再是国家财富的源泉了。

但是,只要对手存在,战争就不可能简单地避免。在此期间,奥斯曼帝国也有大的战果。例如,1711年,奥斯曼帝国在黑海北岸的普鲁特河附近击败俄国,夺回了1700年割让的亚速海。此外,帝国还从威尼斯夺回了伯罗奔尼撒半岛(1719),确

保了爱琴海的制海权。但是，1717年至1718年，与奥地利的战争失败了。依据《帕萨洛维茨条约》，奥斯曼帝国丧失了匈牙利南部和贝尔格莱德及周边地区。结果，贝尔格莱德一度成为匈牙利占领下的塞尔维亚的

大宰相府的门　在奥斯曼帝国，以前大宰相府等高官的宅邸都兼作办公室，随着官员职位的变动，政府机构的办公地点也经常移动。但是，17世纪中叶开始，大宰相的住所设在托普卡帕宫相邻的一侧，而且固定下来。"八部·阿里"（土耳其语"大门"的音译，英文正式译名为Sublime Porte）既指这座大门，同时也指奥斯曼政府。笔者摄

首都。但是，奥斯曼帝国在1737年开始的战争中夺回了贝尔格莱德，依据1739年的《贝尔格莱德条约》，恢复了对塞尔维亚的支配权。

另一方面，在帝国东线，和波斯的战争依然时断时续。因为进入18世纪以后，萨法维王朝走向衰落，俄国和奥斯曼帝国分别入侵了波斯的北部和西部。但是，阿富汗裔的波斯新统治者纳迪尔·沙组织了反击，结果双方陷入更为持久的战争（1724—1746）。

如果把进攻波斯作为例外，上述战争都是防御性的，而且，战争结果有进有退。奥斯曼帝国政府竭尽全力，才能确保兵员和财源，每次战争都不受欢迎。

第七章　繁荣中的不安（1680—1770）

耶尼切里军团的废弛

在这种厌战氛围的背后，必须要提到的是，就连奥斯曼帝国的王牌部队耶尼切里军团也对战争持消极态度。诚如第五章所说，在城市中从事商业活动或其他加工业的耶尼切里，好战性格和斗争精神已经消磨殆尽，逐渐失去作为接受训练的常备军的资格。因此他们摆出各种理由，抗拒出兵的命令。对于既无法进行改革，又无法用新军取而代之的中央政府，特别是官僚机构，对战争的消极态度更可想而知。

耶尼切里军团的具体数字不明。因为死者和丧失战斗能力的伤者的名字还保留在耶尼切里的名簿上，其空饷成为政府高官和耶尼切里司令官的灰色收入。1740年政府允许公开买卖耶尼切里的编制（买家享受相应的军饷、特权和其他待遇）更是加剧了这种情况。结果，政府的一份报告显示耶尼切里军团的实际人数是四万，而编制却有四十万。购买者主要是富裕的手工业者和商人。耶尼切里和市民阶层一体化程度更加紧密了。

帝国的暮年

奥斯曼社会弥漫着厌战情绪，其背后的思想根源则是在当时知识阶层普遍信奉的一种观点：国家也像人一样，经过诞生、发育、成熟，最后走向衰老期。17世纪的著名学者卡蒂普·切勒比在其著作中称帝国已入衰朽之年。这种思想的源头可以追溯到14世纪阿拉伯思想家伊本·赫勒敦的《历史绪论》。这部著作已被翻译成土耳其语，并被广泛传阅。奥斯曼帝国步入暮年这一自我认识,作为认可17世纪末以来"不顺利的战争"的一种理论,而被广泛接受。

这种认识在诗歌中也有所体现,17世纪至18世纪活跃在文坛的诗人纳比写道:

> 春去秋来,花开花落
> 悲喜交加,岁月蹉跎
> 功名如苦酒,穿透我心房
> 虚名不可依,破碎如尘泥
>
> 长太息,哀人生之苦短
> 世外桃源之乐,转瞬即逝
> 奔波劳碌之痛,挥之不去
>
> 雄姿英发之人,走向穷途末路
> 诗礼簪缨之族,终日惶惶不安
> 今日走骅传觞
> 明朝破钵随缘
>
> 纳比欢宴后醉书
> 醉乎? 醒乎?

纳比是在宫廷中很受欢迎的诗人。对现世的无常感是奥斯曼诗歌的常见主题。纳比捕捉到了时代的哀伤，巧妙地展现出来。

埃迪尔内事件

帝国社会的厌战情绪，使市民心中生出一种保守主义，其标志是1703年的埃迪尔内事件。接到出兵格鲁吉亚命令的部分军人由于没有领到足额军饷，发起了叛乱。耶尼切里军团、政治家的私人雇佣军、欧莱玛和基尔特成员纷纷加入，要求躲避在埃迪尔内的苏丹穆斯塔法二世退位、处罚掌握实权的伊斯兰教长老费兹勒。最初，叛乱军队采取的是派代表去埃迪尔内控诉费兹勒的和平方式。继而，耶尼切里军团和驻扎在埃迪尔内的苏丹军队处于全面对峙状态，结果，苏丹接受了叛军的所有要求，宣布退位。

作为众矢之的的费兹勒不久就被杀了。诸多史料记载着他任人唯亲、不当敛财的恶行。虽然位居欧莱玛机构的最高层，但是在坊间也流传着对他"反伊斯兰教"的指责。这次叛乱的真实的目的是经济的、世俗的，"大众"在表面上高举"伊斯兰教的正义"旗帜的时候，任何人都很难压制他们。叛乱中，被视为卡多扎迪派的激进主义下级欧莱玛起了骨干作用。

穆斯塔法二世的后继者是艾哈迈德三世，他将正在修建的埃迪尔内王宫拆除，还都伊斯坦布尔，以应对叛乱者的要求。穆斯塔法二世最后的大宰相拉米·穆罕默德·帕夏在事件中倒台，表明文官出身者主导政治的时代还未到来。

1703年由军人发起的暴动中,城市工商业者和下级欧莱玛纷纷加入。在这一点上,它虽有一定的历史意义,但他们只是要求苏丹退位、处罚责任者,并未提出具体的政策。各种政治力量没有继续团结在一起,新苏丹艾哈迈德三世即位以后,很快下令处死了叛乱者的核心人物:耶尼切里军队的司令官及卡多扎迪派的一些欧莱玛。不过,18世纪的苏丹和中央政府对民众采取怀柔政策,可视为埃迪尔内事件的正面影响。

享受和平

伊斯坦布尔的新貌

18世纪初,伊斯坦布尔再次名副其实地成为"苏丹的住所"。为拥戴苏丹,城市大兴土木,极尽奢华。在新的建设浪潮中,工商业者受益很多。承平日久,都市的投资才有可能。如前所述,财政赤字到1720年终于被消除。特别是1719年的大地震,成为都市大开发的契机。这一时期城墙与运输水道得到修缮;铸炮厂(1719)、兵器加工厂(1726)、货币铸造厂(1726)等重要军政机构在新的建设浪潮中涌现出来。

推进开发计划的是大宰相易卜拉欣·帕夏。他在1718年《巴萨洛维茨条约》签订以后出任大宰相。他虽从军旅起步,但曾在尼什担任地方财务长官等,精通财务。18世纪,重建国家财政的任务显然比对外开战紧迫,精通财务成为对担任大宰相者的基本要求。

享乐主义的流行

艾哈迈德三世和易卜拉欣·帕夏协力同心,在多方面开展城市建设,不过这一轮的建设侧重于世俗建筑,而不是以往那样只重视清真寺和麦德莱赛等严肃的宗教设施。特别是结构精巧、外形靓丽的木建筑更受青睐。比如,艾哈迈德三世在托普卡帕宫殿的郁金香庭园建造的索菲亚凉亭(Kiosk),仅靠柱子支撑,四面没有墙壁。建造者希望休憩时能有沐浴海风的舒适吧。

这种室外的游山玩水开始流行,并且成为这个时代的特征。博斯普鲁斯海峡沿岸那些可以坐小型船只抵达的地方,遍布着富有阶层修建的木质别墅。伊斯坦布尔周边的绿地,也是富人郊游的好去处。小溪潺潺、碧草青青、郁树苍苍的场所受人欢迎。苏丹在很多郊游地区建造了行宫,庭院装饰着郁金香,王公贵族在这里大排筵宴。原产西亚的郁金香,这时从欧洲向奥斯曼帝国逆输入,在富人的生活中引起一大热潮。

最重要的别墅是1722年在号称"欧洲甘泉"的金角湾绿地上建筑的萨达巴德宫。据说是对访问法国的奥斯曼使节所看见的枫丹白露宫的再现,但实际上,更可能是对波斯的伊斯法罕的四十柱宫的模仿。因为奥斯曼帝国一直企图征服萨法维王朝。萨达巴德的宴席,夏天设在室外的郁金香园,冬季在室内摆设

"赫尔巴"（由小麦、砂糖和松子做成的点心），总是在没吃完的时候就添新的，应有尽有。

在金角湾边游玩的女性 艾哈迈德三世在被称为"欧洲甘泉"的金角湾绿地修建了萨达巴德行宫，还将一些土地赐给富裕阶层，修建了大约二百座豪华别墅。1793年绘制，伊斯坦布尔大学图书馆藏

但是，这样的娱乐场所并非苏丹专用，前文所述的御用场所，除每周准备宴席而"包场"的日子外，都对伊斯坦布尔市民开放。建有苏丹行宫的金角湾绿地，至少中层以上阶层的伊斯坦布尔人都可以游玩。

水泉之美

伊斯坦布尔自建城以来，就横跨欧亚两洲。苏丹和大宰相进一步整修了伊斯坦布尔博斯普鲁斯海峡两侧的水道。随着城市的整修，政府在广场和街道拐角处整修很多水泉，它们不但为人们提供了日常生活用水，水泉底座带有植物图案的雕刻和刻着诗人名作的石板还给人美的享受。而且，在清真寺塔尖的彩色装饰也已经普及。帝国在城建方面的投资给没有时间行乐的普通市民带来了身心愉悦的感受。

诗人内蒂姆（1681—1730）在作品中歌颂着伊斯坦布尔：

伊斯坦布尔

托普卡帕宫殿门外的艾哈迈德三世之泉 18世纪奥斯曼帝国的建筑，多采用华丽的色彩与纤细柔和的花纹图案。在泉的侧面，也有美丽的花朵浮雕。托普卡帕宫殿内艾哈迈德三世的卧室也有同样的特征

无与伦比的美丽之城
至高无上的富裕之城
这里的石头拿到波斯
也价值连城

伊斯坦布尔
爱琴海拥抱的
绝世珍珠
与日月同辉的

欧亚宠儿

玫瑰与郁金香盛开
功勋与光荣在闪耀

此城只应天上有
天上可有？
泉水甘甜，微风芳香
美丽的伊斯坦布尔
真主不会再造！

　　伊斯坦布尔经常举行皇家宴会。艾哈迈德三世至少有三十一个儿子。每个儿子的割礼和婚礼都要大肆庆祝。1720年，苏丹同

时为三名王子举行的持续十五天的奢华的割礼仪式，最为瞩目。白天，商业基尔特举办文艺演出；夜间，帝国政府摆酒席、放焰火。整个活动的开销惊人。伊斯坦布尔市民可以观看皇族的庆祝活动，这算是苏丹对市民的"恩赐"吧。但是，也有许多并不喜欢这种消费的人。在这次盛大典礼的十年后，就发生了大规模的暴动。

消费的 18 世纪

18 世纪前半期的奢华时代，因 1730 年市民暴动而中断。原本为远征波斯而集合起来的军人发起的骚乱，因无赖的煽动而演变成以原耶尼切里军团帕托罗那·哈利尔为首领的暴徒的叛乱。大宰相易卜拉欣·帕夏答应了叛军的要求，但还是被处死。苏丹艾哈迈德三世宣布退位，萨达巴德宫也成为掠夺的目标。和三十年前的埃迪尔内事件一样，新苏丹马哈茂德一世即位，并收拾残局，叛军首领帕托罗那·哈利尔及其他参与叛乱的下级欧莱玛被杀，叛乱落下帷幕。

暴动的背景是都市的工商业者对政府无休止的宴饮、无限度的浪费、无底线的纵欲的不满。其导火索是即将远征波斯的耶尼切里军团的暴动，这场暴动是市民不满情绪的外在表现。易卜拉欣·帕夏限制耶尼切里数量，企图组建新军，这些政策招致的不满也是暴动的一个因素。

然而，这场暴动不可能从根本上杜绝城市文化中奢靡的浪费文化。消费文化的原动力是富裕阶层的兴起，他们积蓄财富、修建别墅、购买郁金香、大吃大喝。这些人是后文中因获得终身包税权等而势力增强的伊斯坦布尔人口极少的富人。他们的富裕并未因此次叛乱而被改变。

其证据是富裕阶层以在海边修建别墅为首的建设活动,在整个18世纪一直持续。苏丹亲自督造的建筑也层出不穷,1755年完成的奴鲁奥斯玛尼耶清真寺吸收了新的建筑要素,不断创造出新的造型。帕托罗那·哈利尔叛乱造成的破坏在短期内被修复,18世纪是奥斯曼文化结出丰硕果实的时代。

奴鲁奥斯玛尼耶清真寺受到意大利巴洛克风格的影响,但仅局限于内部装饰等细节上。不过,建筑细节的差异营造出不同的氛围这一点很重要,因为其表现出奥斯曼文化通过吸收外来文化而使其传统呈现出新的活力。承担作为奥斯曼帝国官营建筑事业——教会建筑——的希腊建筑师西蒙参与了努鲁奥斯玛尼耶清真寺的设计。这种新的风格通过任用这样的人们,即奥斯曼帝国内部人士而实现。

兴建图书馆

在18世纪,不仅仅只是建筑和宴席,人们对书籍的兴趣也特别高涨,整个社会为普及知识而投资。不附属于宗教学校的独立的个人图书馆兴起,并且遍及伊斯坦布尔和其他地区是这一时期的主要特征。开先河的是在托普卡帕宫殿内建设私人图书馆的艾哈迈德三世。大宰相易卜拉欣·帕夏也开设了私人图书馆,馆长就是前文提及的诗人内蒂姆。易卜拉欣·帕夏支持在伊斯坦布尔开设印刷所和私人图书馆的兴起有密切关系吧。印刷所出品的书籍有七成投放市场，图书爱好者不仅搜集手写本，也会购买印刷本。

努鲁奥斯玛尼耶清真寺 建筑外观仍采用传统的瓷砖，但内部的设计华丽而不失柔和，代表了这个时代的特征。笔者拍摄

易卜拉欣·帕夏还创设了一个翻译中心，负责将波斯语史书翻译成土耳其语。而且，他禁止欧洲人购买市场上贵重的写本。这种文化政策说明被称为西欧化黎明的18世纪前半期，也是对传统文化有强烈兴趣的时代。

印刷术的发展

在大宰相易卜拉欣·帕夏的支持下开设的活字印刷所，由特兰西瓦尼亚出身的易卜拉欣·穆特法瑞克（Ibrahim Müteferrika）负责经营。他身兼军人、翻译和外交官多重身份。奥斯曼帝国早在15世纪末就设立了犹太教徒的印刷所，非伊斯兰教徒共同体主管的印刷所得到了苏丹的许可，一直在经营。所以，印刷术对帝国社会并不陌生。但是，由于手写本可以满足社会对书籍的需要，以及在伊斯兰教徒眼中，只有手写的宗教经典才有意义，所以，奥斯曼社会对印刷术的关注程度并不高。

但是18世纪人们的图书需求激增，易卜拉欣·穆特法瑞克认为与伊斯兰教徒的感受毫无冲突的实用书籍有市场，请求开设了印刷所。开设印刷所时，他也从伊斯兰长老那里得到合法的书面许可，以期万全之策。自此开始的印刷所从1729年到1742年，它出版了十七个主题、一万一千部书籍。范围包括辞书、地理书、历史书和易卜拉欣·穆特法瑞克的著作，而且还出版了面向欧洲的法语版土耳其语法书等。印刷出来的书籍，七成在1747年易卜拉欣去世之前已经销售给读者，从商业的角度看大约是成功的。

但是，实用书籍只是图书的一部分。他死后，印刷所的事业没有继续下去。到了19世纪，对实用型书籍的需要大幅度提高，奥斯曼帝国才具备了发展印刷术的社会土壤。此后，由于行政公文的大量印刷和官方新闻的刊发，印刷术由政府需求开始逐渐推广了。后来，对宗教书籍不宜印刷的心理壁垒也渐渐消除。到19世纪70年代，帝国最早印刷版的《古兰经》也出现了。

奥斯曼帝国的印刷术是在社会文化的总体进步潮流中逐渐普及的，无法用对欧洲文化的接收，或是对欧洲文化的抵抗来解释。奥斯曼帝国在下一个时代，也就是19世纪明确地把吸收欧洲的技术和接受世俗文化作为国家的目标，但至少在18世纪中叶以前，人们还是醉心于奥斯曼风格的传统文化，并且将其发展。

都市的公共场所——咖啡店和教会组织

18世纪的奥斯曼帝国，富裕的精英阶层的消费文化引人注目，但同时也出现以下两种并行的现象：享有传统免税特权的统治阶级中下层与工商业者等市民的界限进一步模糊，共享同一个文化圈；这一文化圈也深受消费主义的影响。

具体来说，统治阶级的中下层包括耶尼切里与各类常备军军官、供职于政府与高官家庭的军人和书记、在清真寺和麦德莱赛供职的欧莱玛等。这些人们，包括流散在城市中的耶尼切里，居住在各个街区，和城市的工商业者共享同一文化圈。18世纪的帝国城市，已经无法分辨统治阶层与被统治阶层。

城市各阶层人共有的公共场合有咖啡馆、伊斯兰教徒的清真寺和苏菲派教团的修道场。其中，咖啡馆如前所述，在16世纪迅速扩展，虽几经禁令，但已成为市民文化生活的必备场所。这些禁令是出于防止各阶层不特定多数人集会而发布的，然而，这一功能也正是咖啡馆的魅力之所在。到18世纪，城市出现了新兴的耶尼切里咖啡馆。

耶尼切里咖啡馆是流散在城市中的耶尼切里以各兵团组织为基础开设的，入口处悬挂着兵团标志的军旗。其内部装修得富丽堂皇，在视野很好的二层消费区的中央，还修建有喷泉。这些咖啡馆中，通常有与耶尼切里军团关系密切的拜克塔什教团的"巴巴"（领导者）常驻，不时地在这里举行宗教仪式。咖啡馆似乎是拜克塔什教团的"支部"，分布在距离港口不远的城市重要地区。

这里的顾客虽然不局限于耶尼切里军团的成员，但它比街区咖啡馆的消费门槛高，因此多是市民中的精英聚集在此。他们在这里品鉴咖啡、吞云吐雾、吟诗作歌、议论国事，一片喧嚣，

麦乌拉维教团的仪式 各神秘主义教团都有自己独特的仪式,麦乌拉维教团的旋转舞修行为众人所知。绘制于17世纪。《古代的农家和民俗生活》(Alt-stambuler Hof-und Volksleben, 1925)

和一般的咖啡馆并无不同。只是,这里对政治的议论和批评有时会发展成暴动和示威游行,而这一点是耶尼切里军团咖啡馆独有的特征。因此到了19世纪,耶尼切里军团解体,这类特殊的咖啡馆也随之销声匿迹。

神秘主义教团的活动

在神秘主义教团的修道场,人们不再以职业和街区组织为基础构筑人际网络。教团长老和他们的弟子生活在修道场。其他成员有着自己的职业,不时来到修道场参加仪式和祈祷。对商人、手工业者等庶民来说,修道场或许可以说是一种高等教育的场所。在有严格等级制度的教团组织中,有其他本业的成员很难升高职位,但也有人通过音乐或书法提高了自己的名声和地位。

在这一时期,以安纳托利亚为本部的教团[包括孔亚的麦乌拉维(Mevlevîlik)教团和开塞利附近的拜克塔什教团]的伊斯坦布尔"支部"已经发展为城市中事实上独立的社会组织。各教团在服装、仪式、音乐方面,对都市文化的成熟做出贡献。苏丹、公主、上层欧莱玛中,也有人是教团成员兼保护者。

18世纪的咖啡馆和修道场内部都装饰得很华美,很多人汇集于此。风格独特的木结构房屋主要是富裕阶层在海边的建筑样式,但在这些地方也有所使用。在伊斯坦布尔等主要城市,工商业发达,市民生活水平很高。而且,被苏丹和一部分富人挥霍的财富流入市场,在城市中循环,"普通人"的生活水平也提高了。

终身包税制与阿扬的兴起

终身包税制

如前所述,都市消费文化的主角是社会精英和统治阶级。那么,富裕阶层到底是如何产生的呢?他们中的多数人和17世纪以来的军人政治家以及属于统一阵营的实力派欧莱玛家族有密切的联系,不过1695年奥斯曼帝国在包税制中引进了终身契约,产生了新的情况。

终身契约制度确立的时候,政治上影响力最大的是实力派政治家谢赫伊斯兰·费兹勒。他在1703年埃迪尔内事件中被杀。这或许并非偶然。贪婪的他当然知道长期购买包税权能够获得巨额利益。包税制的终身契约确实给购入者带来了巨大利益。初步估算,利益率在35%—40%。

在帝国的中央，即伊斯坦布尔，如前所述，有经济实力的军人政治家与实力派欧莱玛竞相参加"投资"。依据扎尔茨曼的研究，18世纪末在伊斯坦布尔，投资终身包税权者，包括共同所有者在内，大约一千人，但他们的投资占终身包税权的87%。终身包税权的利益越来越集中在少数人手中，因为在这一千人中，2%的人掌握着24%的包税契约，涉及金额占总征税额的30%。扎尔茨曼由此得出结论：18世纪以后，奥斯曼帝国出现了少数顶级富裕阶层。

征税权这一契约标的可以分割占有。兄弟、父子共同持有征税权的情况也存在。于是，包税权完全成为富裕阶层的投资领域。

但是，终身契约的普及，并不意味着税源脱离政府所管，而是朝着相反的方向发展。这是因为政府（财务部门）能够全面掌握每个村的包税权被分割占有的情况以及包税权世袭带来的所有者变更。或者说，政府的账本上登记的信息被视为"事实"。包税权的所有者必须与中央政府保持必要的联络，登记信息，否则就无法将现状变成"事实"。在此基础上，终身契约在包税制中的引进，并非是实力派改变既有的利益分配规则，而是政府将征税管理分担给众人。以现金形式纳入国库的部分即使较少，财务官僚也能掌握帝国总体的税收状态。

只是，纳入国库的税金还是减少了。终身契约是一种在事实上把国有土地（及其他税源）切割后出卖，从终身包税权的持有者那里得到每年的税金并上交国库的制度。但是，每年的税收通常直接送到预先决定的支出项目，诸如省市军政官的俸禄、加固城防的经费、对特定受益者的分配等。

例如，迪亚巴克尔的征税长官的薪俸由迪亚巴克尔关税收入支付，结果对此关税持有终身包税权的人交纳的税金，不经过国库，就回转到当地征税长官的腰包。伊斯坦布尔的咖啡关税要充作欧莱玛的年金，18世纪中期，2450名欧莱玛从这笔资金中领取工资。这些"特定财源"的细致管理是有效管理庞大帝国的好方法。只是，中央国库可以自由裁量的金额减少，战争开始，必须要进行庞大的临时支出时，政府一下子就陷入了财政困难之中。

金融业者的兴起

这一时期，富裕的希腊正教徒和亚美尼亚正教徒、犹太教徒等金融业者，与奥斯曼官僚一样，通过包税制被拉入到帝国的体制之内。17世纪，在包税制开始普及的时候，基督教徒和犹太教徒一度被排除在体制外，但随后，他们加入了那些负责出具保证和借贷预付资金的金融机构。18世纪，每位终身包税制的订约者背后都有基督教或犹太教金融业者的协助。

斯曼帝国的官吏原本任期只有一年，而且，等待赴任、寻找新职位也是家常便饭。对他们来说，金融业者的帮助是不可或缺的。而且，在任职期间，他们需要向自己的上级支付一笔"谢礼"，这一习惯也是奥斯曼官吏有求于金融业者的一个重要原因。借款以就职后的收入返还，标准的利息大约为24%。

由基督教徒和犹太教徒操控的金融市场,也流入了包括伊斯兰教徒宗教捐赠财产之中的大量"现金"。伊斯兰法禁止使用利息,但奥斯曼帝国在事实上允许。宗教捐赠财产的管理者,通过使用捐献的现金,可以得到6%—15%的利润。一般认为这笔现金成为非伊斯兰教徒的金融业者的资金,投入在市场之中。

阿扬的兴起

中央政府对包税制的变更最终给作为征税第一线的地方社会带来了深远的影响。影响的渠道有两个。第一,在中央通过终身契约制度购买包税权的人们,为了能够以稳定的形式确保收益,将其转包。地方实力派购买这一权利,或者终身包税制的投资者在当地寻找代理人。如前所述,18世纪末,在伊斯坦布尔,一千名投资者购买了占总数87%的包税权。他们和在地方上建立统治基础的地方实力派联合起来,才能够完成征税。

第二、地方实力派自己也购买终身包税权。将前面的数字换个角度看,有13%的包税权没有被中央政府的精英购买。这部分在地方上出卖,流入了地方实力派手中。

加之,地方实力派逐渐获得了地方政府的职务。如前所述,在担任官职需要向上级支付"谢金"的时代,具备经济条件的地方实力派想在本地取得官职很容易。这样,被称为"缪特萨利姆"的中央代理人的官职和被称为"布伊布达"的税官职位就经常为地方实力派占据,其职权使他们容易购买包税权以及征税承包权。

既有官方头衔又有实质性征税权的地方实力派出身各种各样。在安纳托利亚和巴尔干，农民出身者很多。他们也会展示其源自游牧部族族长或宗教名家的家谱，但那真伪难辨。在阿拉伯地区，源自驻扎在当地的奥斯曼军人、奥斯曼统治以前就生息在当地的名门望族、埃及的马穆鲁克等的人崛起。通过18世纪的竞争与淘汰，到18世纪末，谁家是地方实力派妇孺皆知，地方上的本土力量的存在越来越明显。这群人被称为"阿扬"。

他们不仅购买包税权，还在征税过程中向农民借贷，不能返还者就沦为阿扬的长工。他们还开垦新农地、种植经济作物等，集中土地。阿扬崛起的过程各不相同，本书以两大家系为例，加以说明。

两大阿扬家族

根据永田雄三的研究，18世纪前半期，在接近伊兹密尔的西安纳托利亚的萨尔罕市，卡拉奥斯曼奥格鲁家族的势力逐渐兴起。该家族的族长获得了萨尔罕市地方代理人的职务，进而从该市的所有终身包税契约持有者手里承包了单年度征税权。但是，卡拉奥斯曼奥格鲁家族的崛起引起了中央政府的警觉，1755年，其族长被政府治罪处刑。之后，这个家族在18世纪后半期又恢复了元气（即在当地的势力持续下来），到19世纪再度获得了萨尔罕省的官职和包税权。

卡拉奥斯曼奥格鲁家的财产，不局限于包税权获得的收入。

该家族在多数城市拥有不动产、金融业和家畜业，而且经营被称为"çiftlik"的农场。在农场中，既有小户农家用传统的方式生产小麦，也有集约化的商品作物生产。伊兹密尔周边的卡拉奥斯曼奥格鲁家族的领地在19世纪初开始栽培面向欧洲市场的棉花，获利颇丰。这样，阿扬开始了多元化经营，也拥有使之可能的财务与事务机构。

另一个是扎尔茨曼研究的迪亚巴克尔的例子。18世纪的迪亚巴克尔省，受疫病与对波斯的战争影响，农村凋敝，人口锐减。由此，中央对迪亚巴克尔的终身包税权的投资减少，结果，以欧莱玛为中心的本土实力派购买了终身包税权。这样，包税权集中的程度变低，在1780年，129个村子的包税权被268人分割。对其统一管理的是省征税官。征税官的俸禄来自迪亚巴克尔的关税和主要手工业的征税权（出卖征税权所获货币）收入。由于地处前往巴格达的商路要冲，且又盛产丝织品，迪亚巴克尔的税源滚滚。在此背景下，从18世纪开始，垄断省征税官职位的沙夫扎迪家族成为迪亚巴克尔的实力派。不久，他们还得到了超出迪亚巴克尔省的职位，成为实力最强的阿扬家族。不过，和卡拉奥斯曼奥格鲁家族不同，其近邻的竞争对手很多，沙夫扎迪家族没有实现一元化统治。

和卡拉奥斯曼奥格鲁家族一样，沙夫扎迪家族也训练私人武装。应中央政府的请求，卡拉奥斯曼奥格鲁家族派兵参加了1787年的第六次俄土战争，沙夫扎迪家族派兵抵抗入侵埃及的拿破仑军队。

包税连接起来的世界 18世纪,在巴尔干、安纳托利亚和阿拉伯地区发生的最大变化,就是地方上阿扬的崛起。18世纪后半期,在奥斯曼中央(伊斯坦布尔),少数实力派垄断了帝国包税权的终身契约;在地方上,掌控各地产业的阿扬逐渐抬头。他们都拥有私人武装,这个时代的奥斯曼帝国已经呈现出彻底分裂的迹象。

但是,若从这一变化的另一侧(或者从帝国政府的角度)来看,他们都是在包税制的框架下开展经济活动的。他们把对政府的纳税额和实际税收的差额变为私有财产,但阿扬阶层仍不过是全体之中的一个齿轮。因此,他们并非否定自身财富、权力来源的包税制,更甚地说,否定使此成立的奥斯曼帝国的力量。政府掌握各种实力派的财富和人员,发挥着相应的政治和军事作用。阿扬率领私人军队参加战争就是清楚的例子。如果拒绝参战,讨伐的任务就委派给其他实力派阿扬。包税制在把帝国割裂的同时,也起到了纽带的作用。

不过,18世纪奥斯曼帝国的境况如此,那么我们也就能够想象出覆盖帝国全境的征税体系崩溃时会出现什么状况。19世纪前夜,这个统治网络出现破损了,帝国面临着整个体系崩溃的危机。

帝国经济与欧洲商人

先前介绍的两个例子，即西安纳托利亚的卡拉奥斯曼奥格鲁家族和迪亚巴克尔的沙夫扎迪家族，其经济基础差异很大。卡拉奥斯曼奥格鲁家族经营农场向欧洲出口棉花。在其农场劳动的实际是18世纪初从希腊本土移居而来的农民。而沙夫扎迪家族则以对传统商队收取的关税和对城市手工业者的税收为主要财源。前者可以看出奥斯曼帝国对欧洲经济的依附性增强，而后者则反映出帝国内部传统的产业和贸易仍是主调。这两点都是18世纪后半期帝国经济的属性。

同一时期，经济飞速发展的欧洲各国希望扩大与奥斯曼帝国的贸易，并在奥斯曼首都和重要港口设立领事馆。16世纪的威尼斯、17世纪的英国先后实现了上述目的，但他们始终只经营奢侈品，对帝国的上述经济结构没有造成影响。

18世纪，英国与奥斯曼帝国的贸易逐渐萎缩，法国成为奥斯曼帝国在欧洲的第一大贸易伙伴，局势一点点地变化：一、法国手工业发达，急需从奥斯曼帝国进口棉花等农产品；二、法国在本土和殖民地生产的手工业品开始向奥斯曼帝国出口。法国商人为收购农产品，不仅在重要港口，还在安纳托利亚和巴尔干的纵深地区活动。卡拉奥斯曼奥格鲁家族和法国商人接触，推广棉花栽培，或许获取丰厚利益。因为整个18世纪，奥斯曼帝国向法国输出的棉花量增长了20倍，其中70%是从卡拉奥斯曼奥格鲁家族控制的伊兹密尔生产的。

但是,与这样的出口相反,法国对奥斯曼帝国的出口,除南美产的砂糖与咖啡外,很难说获得成功。因为奥斯曼帝国境内生产的纤维制品等卖得更好。法国商人想从城市的基尔特和本地商人那里抢占部分利益非常困难,其活动范围也受到限制。但是,价格低廉的咖啡的输入,使其和帝国从前使用的也门咖啡相互竞争,引起了奥斯曼帝国历史上最早的"贸易摩擦"。

在这种情况下,为维护自身经济利益,法国选择的方式是动用政治手段。法国要求重修16世纪以来的协约(Capitulation),并于1740年与奥斯曼帝国签署了新协约。这对法国来说,是外交上的重大获利,但从奥斯曼帝国来看,则丧失了国家权益。

16世纪以来,历代苏丹给予欧洲人士一种恩惠性质的特权。依据相关规定,威尼斯、英国、法国的商人能够在奥斯曼帝国境内活动,而这也给帝国带来了可观的关税收入。

1740年新规定的协约继承了旧有的"恩惠性特权",但它认可了以下几点:一、奥斯曼帝国与法国在对等立场上缔结新约;二、有效期不确定(以前仅限于现任苏丹);三、履行新规定是奥斯曼帝国的义务;四、法国的"保护民"也可以拥有相应的商业特权。这些实际上大大改变了之后的情况。

也就是说,在奥斯曼商人和法国商人发生商业纠纷的时候,作为外交义务,奥斯曼政府必须站在法国商人的立场上。这对奥斯曼商人是极为不利的。由此,占奥斯曼帝国商人多数的希腊正教徒和亚美尼亚教徒的商人依据上述第四项规定,成为法国的

法国对奥斯曼贸易额的变化

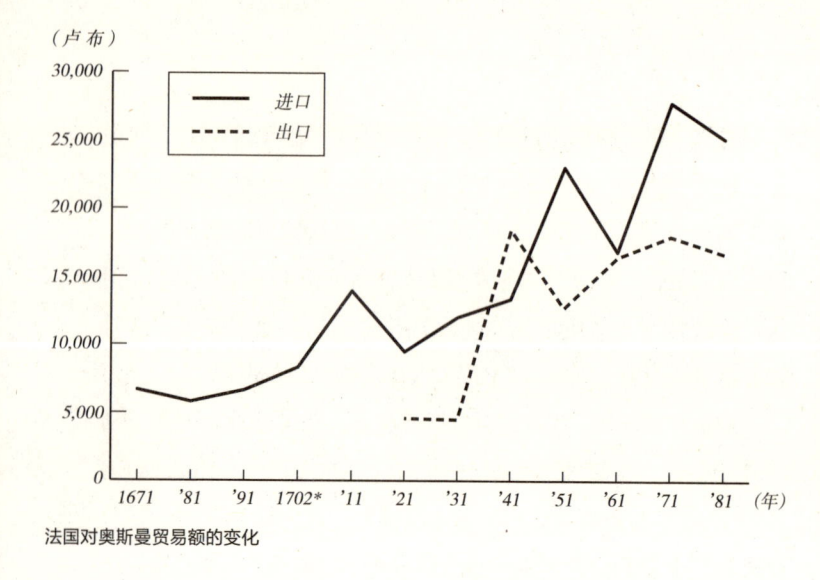

"保护民",借此保障自身经济利益。这并非法国政府主观上愿意看到的。成为法国的"保护民"就意味着不再是奥斯曼帝国的臣民。在阿勒颇和叙利亚的阿拉伯裔基督教商人之间,出现争当法国"保护民"的浪潮。17世纪以来天主教传教活动取得成果,在阿拉伯裔的基督教徒之间,以天主教徒为主的法国影响力在进一步扩大,而这也影响了上述浪潮。

这样,向来和同为奥斯曼帝国商人的伊斯兰教徒有一致利益的基督教商人就逐渐脱离了奥斯曼的体制。在18世纪,以法国为首的欧洲各国的经济和通商方面的影响被极大限制,奥斯曼帝国保持着既有的经济体系。但是,巨大变革的基础正在慢慢形成。

第八章

奥斯曼体制的终结（1770—1830）

走向终结的时代

近代的萌芽

一直以来维持着奥斯曼帝国的体制在18世纪末走向了终结。这种使奥斯曼帝国能成为奥斯曼帝国的体制的终结，带来了可以称为帝国之死的变化。

但是，数个偶然的因素合在一起，王族继续存在。在帝国内部没有其他能够胜任的领导者、国际形势也需要奥斯曼帝国的存在、这一时期的君主很有领导力，这些都是支撑皇室存在的理由。历史没有"如果"，不过如果18世纪末19世纪初，俄国、埃及的穆罕默德·阿里或者巴尔干有力量的军事豪族阿扬中任何一方把夺取伊斯坦布尔作为正式目标，奥斯曼帝国可能已经寿终正寝了。实际上，那样的动向已经出现，帝国面临巨大危机。

但是，混乱再次在奥斯曼家族的苏丹手中结束，经过类似于明治维新的变革，整个奥斯曼帝国变为西欧型的近代化国家。我把变革后的帝国称之为近代奥斯曼帝国。当然，近代的奥斯曼帝国和古代的奥斯曼帝国存在很多连续性。本来，近代的奥斯曼帝国就是在古代奥斯曼帝国社会的基础上建立的。但是，国家的各类制度，用前文的话来说就是"体制"，发生了根本变化。

当然，这种变化并非一日之功。它大致经历了五十年的时间（1789—1839），一直到1839年，奥斯曼帝国以《花厅御诏》这一暧昧的形式宣告新的体制。到那时候，新体制的目标和政府权力的依据得以明确化。

三个界限

本章要探讨的是走向终结的奥斯曼体制，因为终结的原因和新体制要解决的问题密切相关。旧帝国体制的终结明显是俄土战争等一系列事件的结果。但是，到18世纪，国际关系的变化还不足以成为帝国政治革新的牵引力。那么，导致帝国体制终结的原因究竟何在呢？

原因虽然多种多样，但是大体把握的话，能够从一点来说明，即维系奥斯曼帝国的三项原则已经都无法充分发挥作用。

第一个大原则是，帝国将属国和边境省份作为直辖区域的屏障，避免战争带来的外部（即外国）干涉，维持了内部的和平。这基本上要通过采取和欧洲政治与外交保持距离的孤立主义原则来实现。第二个是基于伊斯兰教和伊斯兰法，主张政权合法性的原则。在共同遵守伊斯兰法的政治框架下，确保伊斯兰教徒和非伊斯兰教徒对帝国的忠诚是其根本。第三是基于中央集权的官职体系和军事制度，有效地统治整个帝国的原则。奥斯曼帝国的各项制度都是以上述三项原则为基础发展起来的。如果给这三个原则贴上标签的话，那就是：一、国际关系中的领土维持。二、政权合法性的主张。三、有效的中央集权制。

从18世纪后半期开始，这三条基本目标都难以实现。结果，奥斯曼帝国的威信大大动摇。下面就来探讨帝国在三方面各自产生了什么问题。

界限一：在国际关系中维持领土的界限

帝国边缘的动摇

奥斯曼帝国不断与外部世界作战，其内部却长期维持着和平。作为帝国核心的直接统治区域包括多瑙河以南的巴尔干、安纳托利亚、叙利亚和北伊拉克。它们的周边是政治上独立运作的省和属国，帝国本土获得了屏障。但是，18世纪后半期，这种和平明显动摇。

帝国边缘地区的省和属国发生了剧烈变动。这是因为帝国全境的地方势力都在崛起，边缘地区尤为明显。在这些区域，帝国的统治已经名存实亡。

不过，最关键的是，这些区域不是和伊斯坦布尔，而是和帝国外部世界建立密切的联系。这使得帝国边缘的独立性提高，开始摆脱其作为屏障的身份。而且，法国、英国和俄国等外部力量，积极干涉这些地区的事务。于是，奥斯曼帝国被卷入了复杂的欧洲国际关系中，其外缘地区的松动逐渐波及帝国直接统治的区域。

帝国统治的弱化在各个边缘地区有何种表现呢？

摩尔多瓦与瓦拉几亚

摩尔多瓦与瓦拉几亚两公国从属于奥斯曼帝国超过三个世纪。一方面，帝国运用军事力量阻止两公国独立；另一方面，当地势力也以奥斯曼帝国为后盾，维系统治。不仅摩尔多瓦、瓦拉几亚，在帝国的边缘地区，情况大体都是如此。

摩尔多瓦、瓦拉几亚两公国在事实上是当地贵族选举大公，后经奥斯曼帝国承认。为防止波兰与奥地利的干涉，维护既得利益，当地贵族也必须借助奥斯曼帝国的力量。

但是，进入18世纪以后，俄国的影响力逐渐加强，这一秩序被破坏，脱离的行动变得公开化。奥斯曼帝国为对抗和阻止这种离心倾向，采取强化直接统治的政策，从对希腊正教会有影响力的伊斯坦布尔的希腊裔大商人家族中（费内利奥特家族，见后文），选取并任命两公国的大公。

毫无疑问，当地贵族对奥斯曼帝国越来越反感，更多地期待俄国的援助。这样，因为摩尔多瓦、瓦拉几亚两公国的局势变化，围绕两公国的奥斯曼帝国与俄国的关系日趋紧张。结果，1768年爆发了第五次俄土战争。战争的结果是摩尔多瓦、瓦拉几亚一度被纳入俄国的统治之下，奥斯曼帝国战败，双方缔结了《库楚克—凯纳吉条约》，俄国对两公国的影响力在扩大。此后，1828年至1829年的第八次俄土战争，两公国获得了自治权，事实上处于俄国的统治之下。决定摩尔多瓦、瓦拉几亚命运的是俄国与奥斯曼帝国的战争。

克里米亚汗国

克里米亚汗国是奥斯曼帝国的属国，后来在俄国的压力下脱离了帝国的统治。从15世纪末被奥斯曼合并以来，克里米亚汗国的君主在奥斯曼帝国的外交序列中处于特别的位置，这是因为奥斯曼王室非常看重成吉思汗的血统，而克里米亚汗国的君主是成吉思汗长子术赤的后裔。在17世纪，奥斯曼帝国王室的存续面临危机的时候，有传言说可能取代奥斯曼家族，成为形式上的苏丹的就是克里米亚汗。

克里米亚汗国不上缴贡纳金，而是提供骑兵军团，在16、17世纪奥斯曼帝国与哈布斯堡家族作战时非常活跃，成为整个奥斯曼帝国军队重要的一部分。

但是，开始向南扩张的俄国把矛头指向黑海，克里米亚汗国暴露在威胁之下。它在18世纪前半期虽然还能抵抗俄国，但1771年被俄国占领，依据《库楚克—凯纳吉条约》丧失了奥斯曼帝国属国的身份。这一状况使克里米亚汗国陷入内乱状态,在随后的 1783 年被俄国吞并,1784 年奥斯曼帝国对此表示承认。割让以伊斯兰教徒为主的克里米亚汗国,在帝国内部引起巨大的冲击。在舆论的压力下,政府为夺回克里米亚而与俄国开战(第六次俄土战争),战败之后再也没有对俄国吞并克里米亚提出任何异议。

埃及

在 17、18 世纪,主导开罗政治的是当地军人。他们的构成非常多元,包括新购买的奴隶(马穆鲁克)、马穆鲁克的后代、从伊斯坦布尔派遣的已经融入当地社会的耶尼切里军团骑兵、取得军人资格的埃及工商业者。在奥斯曼帝国的保护下,三百年间,埃及军队并没有对外战争的需要。在此期间,埃及军人内斗不断。17 世纪,菲卡利亚派(马穆鲁克系)与卡斯米亚派(非马穆鲁克系)不断斗争。18 世纪,耶尼切里军团与其他步兵的派系斗争也开始了。

军人购买包税权,特别是 17 世纪末,开始利用伊斯坦布尔确定的政策在当地大肆贪腐,维持自己的既得利益。

从 18 世纪 30 年代开始,耶尼切里军团中的卡斯达格利亚派(又称卡斯达尔派)开始崛起。他们垄断包税权和政府要职,驱逐其他政治派别。原本是安纳托利亚出身的一名军人在开罗担任耶尼切里军团的队长,这时以他的追随者和部分马穆鲁克为中心形成了卡斯达格利亚派,掌握政治权力。属于卡斯达格利亚派的马穆鲁克军人,多数是作为"奴隶"从高加索地区来到埃及的。于是,埃及的实权被军人中的实力派掌握,从伊斯坦布尔派遣来的军政官和财务长官,几乎没有出过开罗市区。

18世纪的埃及在星期五礼拜中要高唱苏丹的名字,但是实际上的政治却可以说已经和伊斯坦布尔没有了关系吧!卡斯达格利亚派的首领阿里·贝伊在俄土战争中与俄国签订密约,在1771年,手下的马穆鲁克一时占领了大马士革。在18世纪末被拿破仑占领之前,埃及就已经在国际舞台上单独亮相了。

开罗的再开发 炫耀实力的军人们为获取市民的支持而建造许多建筑。照片中是1744年在市区中心建造的水泉和学校组合的建筑。笔者摄

埃及还在伊斯坦布尔的统治之下,只是因为分成派系的军人要利用奥斯曼帝国的制度和权威。在军事上,各派系军人相互牵制。这样,在17、18世纪,埃及并没有出现明显以脱离奥斯曼帝国为目标的政治力量。但这仅仅是以奥斯曼帝国负责埃及安全为前提的一种势力均衡。1798年开始,拿破仑的铁蹄支配埃及三年之久。时代呼唤能够对外承担国际责任,又能保卫埃及的政治力量。在这种背景下,出身巴尔干,但已经相当埃及化的外来军人穆罕默德·阿里势力的增强(1805),就可以在这一脉络中得以解释。

南伊拉克

和埃及一样，南伊拉克的本土力量独立性很高。在军政官的统治维持在间接水平的巴格达省、巴士拉省（18世纪两省合并），18世纪也发生了购入的奴隶（马穆鲁克）实力上升的反常现象。其契机是，18世纪初，帝国派遣的巴格达省军政官哈桑·帕夏效仿萨法维王朝的红帽军，大量购入格鲁吉亚族的奴隶并加以训练。下属马穆鲁克中的实力派不久继承了他的地位，在1831年之前一直在事实上统治着该区域。在此期间，奥斯曼帝国向南伊拉克派遣省军政官的努力均告失败，最终只得承认哈桑·帕夏的后继者马穆鲁克军政官的地位。这里的继承不是依据血缘亲子关系，而是与埃及一样，在主人——奴隶（马穆鲁克）之间继承政治权力。

事实上，也有人将实现自立的哈桑·帕夏与其后继者马穆鲁克统治的时代称为"哈桑王朝"。从奥斯曼帝国来看，承认他们是帝国任命的省军政官，才能把这片疆域置于帝国版图之内。而哈桑·帕夏的后继者在与邻近的波斯对抗的时候，也需要奥斯曼帝国作后盾。这样的共生关系，维持着奥斯曼帝国对其外缘地区的支配。

北非

这种松散的共生关系，在16世纪以来由奥斯曼帝国维持间接统治的北非表现得更为显著。原本，帝国占领这里的目的不是获取领土和征税，而是为了牵制哈布斯堡家族的西班牙以及敌对的海盗势力。从最初开始，帝国就没有全面直辖北非的计划。

即便如此，在相当长的时期内，北非沿海部分的确在奥斯曼帝国的统治之下。已经本土化的奥斯曼军人以帝国的权威为后盾，而从苏丹一方来看，也只是履行地方长官的任命手续，取得名义上的支配而已。除突尼斯的侯赛因王朝外，北非各地都每年都向帝国支付贡纳金。

各地的地方势力多种多样。在很多都市，以驻守各地的名义从伊斯坦布尔派遣来的耶尼切里军团逐渐本土化、门阀化。这些已经成立私人集团的军人，靠奴隶和私人兵队扩张自己的势力。其中有些是从安纳托利亚和巴尔干冒险渡海而来，有些是后来改宗的被海盗集团俘虏的基督教徒。虽然本土化程度不同，但突尼斯的侯赛因·阿里建立的侯赛因王朝、的黎波里的卡拉曼·艾哈迈德·贝伊建立的利比亚卡拉曼里朝等，都是有实力的地方政权。在距离伊斯坦布尔最为遥远的阿尔及利亚（阿尔及尔省），冠以"得伊"（dey，即总督）的突厥系军人也割据一方。

侯赛因王朝自17世纪以来就无视帝国的禁令，向法国和意大利出口谷物，并且独自与上述国家缔结和约，事实上已脱离了帝国的统治。阿尔及利亚也很少服从苏丹的命令。比如，依据1718年《帕萨罗维茨条约》，奥斯曼帝国必须停止地中海的海盗活动，但它却极难约束阿尔及尔省的海盗。奥斯曼帝国采取了强硬措施，停止了从阿尔及利亚前往麦加的朝圣活动，取消和朝圣相关的贸易，禁止帝国军人私自从安纳托利亚渡海前往北非。即便如此，也很难完全达到《帕萨罗维茨条约》规定的各项要求。

如前所述，奥斯曼帝国对这些国家的支配，只是名义上的主从关系，和欧洲对其他国家的殖民统治性质不同，但是，就像在面临沦为法国殖民地危险的19世纪中叶，侯赛因王朝强调了奥斯曼帝国的宗主权一样，这样的关系确实对属国起到了一定的保护效果。

随后，阿尔及利亚在1830年、突尼斯在1881年沦为法国的殖民地。

阿拉伯半岛

另一方面，在阿拉伯半岛的南端，16世纪以来，什叶派分支宰德派的势力一直在那里渗透。奥斯曼帝国在1636年从也门高原撤出，只维持着对摩卡和扎比德两港口的统治。它想依靠两个港口限制葡萄牙进出红海，保护东西方贸易的利润和重要的宗教地点。为此，奥斯曼帝国对阿拉伯半岛的经营经常出现赤字。不过，其意义在于麦加和麦地那保持了长期安定。奥斯曼帝国保护当地哈希姆家族的谢里夫政权，总揽对宗教圣地和朝圣道路的粮食供应，进而维持在阿拉伯世界"伊斯兰保护者"的形象。

但是，在奥斯曼帝国支配之外的阿拉伯半岛的中部，从18世纪中期开始，瓦哈比派进行了纯化伊斯兰教的运动。支援这个运动的阿拉伯名门世家沙特家族建立了沙特地方政权（第一沙特王朝）。统和了周边部族的沙特王国自19世纪开始，入侵奥斯曼帝国的疆域，1802年破坏了伊拉克南部的什叶派圣地，1803年将麦加纳入统治之下。

很难判断瓦哈比运动对后世伊斯兰教思想的影响，但在这个时期，其性质是带有宗教动机的部落民的军事行动。奥斯曼帝国中央政府无法单独面对沙特王朝的挑战。在1818年压制沙特王朝的是埃及穆罕默德·阿里的近代化军队。

领土的丧失与保护

如前所述，在奥斯曼帝国的外缘部分，统治已经开始动摇。自始至终就没有被奥斯曼帝国实质性统治的区域的独立加剧。摩尔多瓦、瓦拉几亚、北非的例子显示，通过任命地区的行政首长以达到间接统治的方法已经难以奏效，帝国的命令越来越难以贯彻。

而且，北方俄国的崛起，对帝国的巴尔干领土、黑海沿岸的领土直接构成了威胁。奥斯曼帝国与俄国的战争决定了摩尔多瓦、瓦拉几亚和克里米亚汗国在奥斯曼帝国的去留。为保全现有的疆土，奥斯曼帝国必须面对与欧洲国家无休止的战争，以及谈判桌上的一系列交涉。面对前文列举的众多不稳定的领土问题，奥斯曼帝国不但需要能够打胜仗的军事力量，还需要不可或缺的外交力量。但是，18世纪末，帝国缺乏能承担外交实务的官僚，在靠人脉和金钱取得官职的伊斯坦布尔的政治舞台上，他们的话语权有限。

界限二：统治正当性的动摇

奥斯曼统治的正当性　　奥斯曼帝国面临的第二个问题是其统治众多臣民的理由，即统治的合法性出现了危机。到18世纪末，奥斯曼帝国的统治者一直视自己为伊斯兰教义和政治原则的实践者。这意味着他们把伊斯兰法体系作为国家的基础，特别是运用伊斯兰法的原则，统治非伊斯兰教徒。

伊斯兰教徒的臣民由此承认帝国的苏丹是统治者，非伊斯兰教徒也能遵守伊斯兰法生活。奥斯曼帝国统治下的基督教徒和犹太教徒在面临实际问题，向苏丹寻求正确的统治时，只能主张应该遵守法律即伊斯兰法下的自己的权利。奥斯曼帝国的臣民，也就是接受这种统治架构的臣民。

这种统治架构被接受的背景是，臣民由此得到"安全保障"的现实以及伊斯兰教徒和非伊斯兰教徒在经济上没有太大差距等。非伊斯兰教徒也有很多富人，穷人中也有伊斯兰教徒。在多元文化、多元宗教的都市中，大家都是奥斯曼文化的创造者，也是文化成果的享有者，宗教信仰的不同并不影响社会地位。

但是，18世纪的情况发生了很大变化。变化之一是帝国与欧洲的通商关系进一步扩大，以希腊正教徒为核心的非伊斯兰教商人的经济实力迅速增强。如前所述，他们中有人脱离奥斯曼帝国臣民的身份而受欧洲列强的保护。原本机会均等的伊斯兰教徒和非伊斯兰教徒之间的差距由此拉大。经济上的差距逐渐导致两方之间出现集团性的对立。此外，只有伊斯兰教徒的农民能够受雇为非正规军开赴前线也强化了这种对立。

到了18世纪，伊斯兰教徒和非伊斯兰教徒之间的差别比以往更为明确，形式上的差别逐渐有了实质内容。不久，这种状况导致非伊斯兰教徒对奥斯曼帝国的归属意识逐渐淡薄。俄国和法国对东正教徒和新教徒的煽动等加剧了这一事态。而且，正如后文分析，一部分希腊正教徒在经济上处于优势地位，使这个群体也在分化。很快，希腊人、塞尔维亚人、保加利亚人开始具备各自的民族意识。由宗教差别最终发展为民族差别的差异，在19世纪民族主义高扬的时代越来越明显。以塞尔维亚爆发的民族运动为开端，帝国的根基被动摇。

教会组织的改建

下面，我们从基督教徒身上具体考察上述状况。如前所述，奥斯曼帝国的非伊斯兰教徒，依据伊斯兰法，保留自己的信仰、教会和相应的法规。这样的架构对于教会组织也是有益的，因为奥斯曼帝国统治下的各地教会基于苏丹的承认而统辖管区内的信徒。

18世纪，奥斯曼帝国的教会，特别是推行组织化分级管理的希腊正教会，对辖区内教徒加强了管理。这是因为17世纪以来罗马天主教的传教活动使他们感到危机感。17世纪开始的法国传教活动，使得奥斯曼帝国基督教徒中承认罗马权威的东仪天主教徒（uniate）开始增多，特别是在安纳托利亚和叙利亚地区，他们的力量迅速增强。在18世纪中期以前，从旧有的基督教各派中分离出的美路基特派教会（melkite，原安塔基亚管区的希腊正教会）、迦勒底派教会（原聂斯脱里派）、亚美尼亚天主教会（原亚美尼亚教会）等非法成立。奥斯曼政府支持旧的希腊正教会和亚美尼亚教会，禁止分离的派别成立教会，但是很难阻止在法国领事等庇护下的传教士的传教活动。

在巴尔干各地，除受奥地利影响的波斯尼亚外，天主教的传播并没有进展。但是，伊斯坦布尔的希腊正教会的牧首对天主教的传播感觉到了危机感，向巴尔干全境和叙利亚等派遣了用希腊语主持宗教仪式的牧师，借此加强统合。此时，伊斯坦布尔的牧首对帝国全境的教徒有总的管辖权，这是15世纪以来一直受奥斯曼帝国承认和保证的。其根据是君士坦丁堡征服战后穆罕默德二世曾将正教会的总管辖权授予金纳迪乌斯（Gennadius）牧首这一逸闻。

基于这种主张，奥斯曼帝国在18世纪中期建立了米勒特制度（以教派为基础分区管理，任命负责人的制度）。到当时为止，以多重教会组织为基础的希腊正教徒，就以伊斯坦布尔为中心重新分区管理。这一时期，仿效希腊正教会，亚美尼亚教会也在推进教会组织化。

抵制费内利奥特家族

希腊正教会大牧首的加强集权的目的是要实现正教希腊化。教会的希腊化引发了塞尔维亚、保加利亚、瓦拉几亚等地正教徒的强烈不满，进而诱发了希腊正教徒之间的裂痕。这也成为以塞尔维亚语或者保加利亚语为母语的希腊正教徒明确意识到自己是"塞尔维亚人"、"保加利亚人"的契机。于是，反希腊正教会的运动在18世纪后半期迅速扩展。

这场运动也指向了在经济上占优势的希腊富商。希腊正教会为加强集权需要大量资金，但资金多数是总教会所在地伊斯坦布尔芬内尔（fener）区的希腊富商（芬内利奥特）捐赠的。教会和富裕的希腊富商各取所需，相互利用。

希腊的大商人从17世纪末开始与奥斯曼宫廷建立了密切联系，负责宫廷翻译和从黑海沿岸进口毛皮等的业务，获得了巨额利润。同时，他们把欧洲产品向巴尔干和俄国运输的业务取得成果，成为巴尔干通商路线的执牛耳者。如前所述，因为和宫廷的关系，他们得以和摩尔多瓦及瓦拉几亚保持密切联系，从1711年开始，他们通过向政府上缴特殊利润换取"公职"。反对这些希腊大商人的运动也在巴尔干地区扩展开来。

奥斯曼帝国优待和保护在伊斯坦布尔的希腊正教会大牧首和亚美尼亚教会的大主教，目的是唤起希腊正教徒和亚美尼亚教徒对帝国的认同与忠诚。结果，对"希腊人"的关照反而动摇了属于其他"民族"的希腊正教徒对帝国的忠诚。

在奥斯曼帝国，由于征税的需要，每个人所属的宗教派别极为重要，民族的差别反而不重要。语言和文化的差异在现实中也不会引起尖锐的矛盾。但是，这一时期，以非伊斯兰教徒为中心的各集团确定自己的民族名称。亚美尼亚教徒和犹太教徒，尽管母语有数个语言，但结成了亚美尼亚人、犹太人。而对于希腊正教徒来说，以地域和语言为基础分成了许多集团：希腊人、塞尔维亚人、保加利亚人等。只不过，希腊正教徒中讲土耳其语的安纳托利亚人却未能成为"土耳其人"，因为安纳托利亚居住的以土耳其语为母语的伊斯兰教徒后来"独占"了这一称呼。因此，这些讲土耳其语的希腊正教徒用安纳托利亚中部的地名卡拉曼命名，称自己为"卡拉曼人"，最终，这部分人在20世纪作为"希腊人"被强行迁往希腊。

保加利亚主教的自白

在此引用当时出生于保加利亚的主教索菲洛尼（本名 Stojko Vladislavov）的自传。他是保加利亚北部城镇布拉茨出身的希腊东正教神职人员。他在1806年出版了自传（最早的保加利亚语出版物）。其中介绍了面临变革的奥斯曼帝国统治下的保加利亚社会。

依据自传，索菲洛尼在少年时代离开故乡，在希腊语学校接受教育。父亲职业不明，但叔父贩卖家畜为业，父亲可能也是如此。父亲与叔父去世之后，索菲洛尼为继承遗产而在伊斯坦布尔和安纳托利亚之间奔波，因此其父辈应该是从保加利亚向伊斯坦布尔贩羊，从事大宗买卖。后来，他的儿子也成为贩卖家畜的商人。保加利亚是向帝国首都伊斯坦布尔提供家畜的主要产地。考虑到索菲洛尼这样的家畜商是保加利亚的最富裕阶层，也可以知道其接受了非常好的教育。

希腊正教会牧首大教堂 于17世纪初设在面向伊斯坦布尔金角湾的芬内尔。在当地居住的希腊系大商人芬内利奥特周边形成了独特的富裕贵族阶层，笔者摄

1762年，索菲洛尼二十三岁，他付给教区主教一百银币，取得了该村的神父一职，在那里，他教孩子们读写。进而，依主教的命令，担任当地的法官，但这似乎招致了很多人的怨恨。他把此后经历的灾难视为因担任法官的工作而遭受的神灵惩罚。

1768年，俄土战争开始。他的管区是奥斯曼军队的必经之路。他感叹道："帝国的士兵像川流不息的河水，目光呆滞的伊斯兰教徒对基督教徒无恶不作。"

他所面临的灾难中，除疾病外，就是和羊的贩卖有关。供给奥斯曼军队的羊被倒卖，涉嫌与这一事件有关的索菲洛尼可能面临处刑。但是，村里的女性向奥斯曼军政官的母亲请愿，希望刀下留人。自传里描写了驻扎在当地的奥斯曼帝国军政官及其家族成员和基督教村民对话的情景。

在索菲洛尼的生涯中，奥斯曼帝国并非是一种"恶"。他直接接触的高官粗鲁，但并非不讲道理。他被投入监狱，也很难说是冤屈。他的记述中认为给人们带来灾难的是一线的士兵，还有已经逐渐兴起的阿扬。由于这两部分人的践踏，自己的任所才民不聊生。

已经晋升为布拉茨主教的他一路避开帕斯万特沃家族的叛乱，终于到达了任所，尽心竭力地为教会向管区内的村镇收税。但是，当地的中小阿扬的抗争，以及1796年开始的帕斯万特沃家族和政府军的战争持续。索菲洛尼的管区已经无法保障任何财源。

虽然在战乱中东躲西藏，但他一直守着自己负责的教区，为的是向伊斯坦布尔牧首支付税金。在逃难的过程中，他不时得到土耳其人的帮助，彼此近乎难友。几经周折，他竟然开始为帕斯万特沃家族服务，而且长达三年。最后，他逃往布加勒斯特，也辞去了布拉茨主教的职务。他在自传中写道：

> 终于脱离了满是恐怖与烦恼的苦海，但心中还是感受不到一丝阳光，我担心神的惩罚。我想对管区的信众负责，但还是远走他乡。这样的人不会受到神灵的惩罚吗？但我想对大慈大悲的圣主传达的不是我担心受罚的恐惧。我辞去布拉茨主教一职，是在灾害面前世界已经一无所有。维丁周边已经变成了强盗筑造巢穴的地方，伊斯坦布尔的牧首还命令我背负着那数额巨大的永远也缴不完的税金。

因此，我夜以继日地用保加利亚语写书。罪孽深重的我无法让人相信我的说教，那就阅读我的自传吧。

结果，他把奥斯曼帝国秩序崩溃带来的混乱视作和鼠疫一样的灾难来承受，自己所遭灾难的根源则归结为希腊正教的牧首。但是阅读他的自传，我们感觉到他还是生存在奥斯曼帝国的一员。

不过，另一方面，他用保加利亚语教孩子们读写，用保加利亚语传教。这样的活动也是一种民族自觉。他已经超越了对奥斯曼帝国的忠诚，逐渐产生了对保加利亚正教会和保加利亚民族的忠诚。

界限三：中央集权制的瓦解

官僚体系的变质

18世纪后半期奥斯曼帝国面临的第三个问题是，集权的官僚体系和军制在方方面面已经开始变质，结果引起了官职的权益化和地方势力的崛起。

如前所述，奥斯曼帝国形成了以伊斯坦布尔为中心的官僚体系，有效地实现了对帝国全境的统治。向帝国全境派遣的上层军人政治家、地方法官、财务官僚等，经常一边注视着中央政府的动向，一边履行着自己的职责，成为中央集权的帝国的齿轮。

但是，到了18世纪后半期，这种官僚体系很难避免的结局是，它产生了庞大的有名无实的官员群体。接受政府任命以后寻找代理去做实际工作的情况变得普遍化。他们出卖官职的一部分，将政府支付的代替俸禄的包税权卖给承包的第三方。这种风潮在17世纪出现，到18世纪末已积重难返。

在地方行政体系中，市军政官的职位和相应的征税权也作为省级军政官俸禄的一部分出售，其职责和义务只剩下空架子。省的行政和征税由被称为"缪特萨利姆"的地方代理人执行。在地方上，也有另外设置被称为"布伊布达"和"穆哈斯鲁"的税官的情况，各类权限都被分散。地方代理人负责把税收上交国库，但要把其中的一部分支付给名义上的省军政官，从而也确保了他们自身的经济收入。这类职务的负责人都是地方实力派阿扬。

欧莱玛系统的官僚也发生了同样的巨大变化。这一时期，地方法官的大部分业务由被称为"那伊布"的代理官员执行。高级欧莱玛一职附带数个地方法官的职位，他们通过权力寻租确保自己的收入。就连麦德莱赛教授的职位也可以成为买卖和租借的对象。各类代理官员虽然发挥着实质的政府管理人员的功能，但是政府名单上的人并未担任本来的职务，这当然不是好的状态。包税终身契约制度等使承租人积累财富，少数富裕家族垄断官职及作为俸禄的征税权，其结果就是官职的权益化。

另一方面，负责中央政府或实力派官员家政实际事务的书记官僚日益成熟。培养书记官僚靠的是传统的"师傅带徒弟"的做法，但是他们通过承担繁杂的事务性工作，不断地详细掌握了广阔帝国内的通信和命令传达、复杂的薪俸等级和流程、各地包税制的推行进展。1785年，在大宰相府中建起了石造的档案库，专门保存相关的档案。

很多这个时代流传下来的帝国档案显示，最大规模的办公机构财务长官府和谢赫伊斯兰的宅邸，也在推进官僚的改革。在18世纪90年代，从帝国领取薪俸的书记官僚总数，包括六百五十名财务官僚在内，在一千五百到两千名之间。

这类事务性工作人员的增长，或许可以说是奥斯曼帝国的最后一道屏障。书记官僚应该认识到了官职实质化的重要性。但是，在幕后成长的书记官员们真正能发挥作用是在19世纪的新时代。

各地的阿扬

只剩躯壳的官员群体强行夺取政府的税收，削弱了中央政府的职能，可以说是前近代奥斯曼帝国官僚体系的发展趋势。政府越来越无法掌控各级官僚的行为。在地方上，掌握实权者不仅赚取名义税收与实际税收的差额，还用这部分差额投资地方经济，势力逐渐兴起。18世纪后半叶，奥斯曼帝国社会的重要特征是这些阿扬的兴起。以下在前面提到的西阿尔及利亚的卡拉奥斯曼奥格鲁家族和迪亚巴克尔的沙夫扎迪家族的基础上，概括一下帝国疆域内，强大的阿扬势力是如何发展起来的。

在西安纳托利亚和叙利亚沿岸、巴尔干地区，与欧洲各国的贸易带来飞速发展的机会，面向西边欧洲的阿扬们势力增强。例如，叙利亚地中海沿岸富农出身的扎伊德尼家族的扎西尔·阿鲁乌马鲁操纵了向法国的棉花出口，力量迅速壮大。虽然帝国引进了棉花专卖等"近代"政策，但是其势力仍让政府感到威胁，并出兵讨伐，该家族族长于1775年战死。

然而，在这之后，被任命为赛达省军政官的吉萨尔·艾哈迈德·帕夏依然雄霸一方，炫耀权势。他的军队击退了拿破仑对叙利亚的进攻等，在军事力量上也成了当地不可或缺的保障。吉萨尔·艾哈迈德·帕夏是波斯尼亚出身的军人，在伊斯坎达里亚（埃及对亚历山大的别称）的首领阿里·贝伊手下培养起来。

与此相对，在内陆地区，传统的名门望族成了核心。在与阿勒颇相邻的北伊拉克摩苏尔经济圈，商业大户杰里利家族世袭了省军政官的职位。这一家族在经商的同时还购买了大量包税权，获得了政治上的权力。

18世纪中叶，阿泽姆家族以大马士革为中心，实力日益强大。虽然阿泽姆家族的出身尚未明确，但他们与伊斯坦布尔的精英阶层有密切关系，在18世纪独占了大马士革省军政官和巡礼长官等地方要职，周边各省的军政官也由阿泽姆家族担任。另一方面，他们和已经完全本土化的耶尼切里军团以及依据新政策被派遣的奥斯曼军队等联合起来，在城市居民中保持影响力。不仅如此，他们还捐赠宗教财产和保护参拜教徒，获得了广泛的支持。然而，另一方面，阿泽姆家族鼎盛时期的族长也被政府处刑。阿扬依赖于帝国官职，其命运还是逃不脱政府掌握。

18世纪，基督教商人在巴尔干各地通过与欧洲人的贸易等，壮大了经济实力。在此背景下，被称为库内兹、克贾巴什或切尔巴杰的基督教地方领袖作为阿扬逐渐兴起。但是，各类阿扬之间相互竞争、彼此消耗，一部分很快被消灭淘汰了。最终，拥有大量包税权和担任政府官职的伊斯兰教徒的阿扬家族势力增强。因为政府使用他们的军事力量，而这大多时候带来更大的势力。在19世纪初，爱奥尼亚的塔帕雷奈·阿里·帕夏、维丁的帕斯万特沃家族，以及以鲁塞为据点的阿雷姆达尔·穆斯塔法·帕夏也在此之中登上了历史舞台，一跃成为帝国政治舞台的主角。

对阿扬的制约

帝国政府面对阿扬的崛起，态度和政策都是复杂的。自17世纪初帝国开始利用非正规兵以来，利用臣民出身的军人已成为一种传统，但如"劝诫书"一类的作品中所示，那被认为是违背国家秩序的做法。不过，由于没有其他选择，政府不得不授予势力强大的阿扬以官职，以期逐渐掌控和利用他们。这种利用自17世纪末开始，到18世纪则更为明显。

但是，到了18世纪60年代，政府开始更加明确地统管阿扬。阿扬的官职由大宰相任命，对于不服从命令的阿扬，政府采取处死、没收财产等政策。不仅如此，政府还使其相互竞争、讨伐一个阿扬的时候让另外的阿扬派遣军队等，使其对立。长此以往，只有势力强大的阿扬才幸存下来。

另一方面，奥斯曼帝国若没有阿扬军队的支持，已经无法发动对外战争，这也导致阿扬很难在根本上被削弱。1787年的第六次俄土战争，可以说就是在以西安纳托利亚的卡拉奥斯曼奥格鲁、中央安纳托利亚的契邦奥尔、东北安纳托利亚的贾尼克里三大阿扬家族为首的私家军队的支持下才得以进行的。

就像阿扬对政府来说是一把双刃剑一样，对地方社会来说，阿扬实行的地方统治也是利益与风险并存。阿扬的对抗使得地方社会荒废，通过借贷而背上债务的农民和市民也非常多。另一方面，很多阿扬在当地建设清真寺和学校，捐建市场和驿站，还富于民。虽然，其动机中也包含了逃避政府没收财产的方面，但是无疑也对地方社会的发展做出了贡献。

虽然在中央官僚看来，阿扬只是无知、粗野的农夫，但实际上，阿扬们的行动也是常常审时度势的适当行为。经过淘汰，有实力的阿扬得到了近似于地方政权的权力，拥有各个方面的情报源。通过这些情报，他们壮大了自己的势力，与政府对抗。其势力的壮大不仅仅体现在挤入统治阶层，也表现在他们在地方社会不断积蓄着足以与中央抗衡的实力。

第五次俄土战争的冲击

依赖非正规军的奥斯曼军队

1739年夺回贝尔格莱德以后,奥斯曼帝国尽量避免卷入欧洲的冲突。但是,随后三十年的和平导致了耶尼切里军团纪律涣散、战斗力下降,政府在军事上也没有增加资金投入。同时代的欧洲国家,如法国和俄国,虽然军费支出日益加重,但军事实力不断提高。用个不太确切的说法,这算是奥斯曼帝国为和平付出的代价吧。无论如何,在必须面对战争的时候,奥斯曼帝国内部的各种矛盾通盘暴露是不可否认的事实。

1768年与俄国的战争已不可避免。各地的阿扬接到政府的命令,纷纷组织私兵、整装待发,政府也召集耶尼切里军团和被称为"黎凡特"的非正规部队。在三十年的和平中,耶尼切里军团根本没有接受正规的军事训练,已经和非正规部队没有太大差别。但是,非正规兵的状态又如何呢?这个问题不久就让人了解奥斯曼帝国军队优先体制的界限。

募集非正规军队的命令下达给各地的地方法官和市的地方代理官员,一个市募集五百至一千名非正规军,非正规军人的服役期限通常是八个月,除每月军饷外,还支付奖金和伙食费。武器自备,不过,政府配给的情况也非常多。

这样,在安纳托利亚和巴尔干地区汇集起来的非正规部队总计在二十万至三十万之间，数量极其庞大，那些食不果腹的农民去部队寻求暂时的衣食保障。伊斯兰教徒是参军的一个前提条件，但实际上也有很多土耳其人和阿尔巴尼亚人。有史料记载，帝国政府准备了十二万人的军粮，但却有六十万人应征入伍。这一数字虽然不能完全相信，但是整个战争期间，奥斯曼帝国明显没有把军需品的配置处理好。

纪律也成了问题。非正规部队的指挥官很多都是由地方上的阿扬担任。短时间内汇集起来的军队自然也很难保证纪律。先前列举的索菲洛尼主教的自传中就记载，非正规部队在开赴战场的过程中，不断地抢劫沿途的村镇，在巴尔干埋下了仇恨奥斯曼帝国的火种。虽然他们在战场上的英勇都有很多俄方资料证实，但和受过良好训练的俄国农民兵的差距依然明显。

这样，俄土战争的非正规部队的状况，显示出要将他们训练成为正规军人的必要性。1793年，塞利姆三世设立了新军（Nizam-ı Cedid），即是军事近代化的尝试。

战争的经过　　第五次俄土战争在1768年打响。起因是俄国沙皇叶卡捷琳娜二世干涉波兰内政，计划将自己昔日的情人扶上波兰国王的宝座。同时，俄国从黑海西岸向多瑙河流域进军，刺激了奥斯曼帝国。一贯主张整顿阿扬私人军队的姆弗逊扎迪·穆罕默德·帕夏认为准备不足，反对开战，结果被解职。1768年10月，奥斯曼帝国向俄国宣战。接着政府招募前文所述的非正规军人，仓促组建大规模部队。

切什梅海战图 奥斯曼海军于1770年遭受惨败。伊斯坦布尔海军博物馆藏

但是，多瑙河沿岸的防线没有发挥功能。1770年，卡尔达尔成为主战场。奥斯曼军队大溃败。在这场战役中，俄军投入四万人、奥斯曼军队投入十万至十五万人。虽然兵力相差悬殊，但是奥斯曼军队全军溃败。在渡过多瑙河的大混乱中，就损失了二万至四万人。结果，摩尔多瓦和瓦拉几亚被俄国占领。

而且，俄军占领了克里米亚半岛。之后派遣波罗的海舰队，在英国海军的支援下，经过直布罗陀海峡，向地中海进军，焚毁了在爱琴海港口切什梅驻扎的奥斯曼帝国的军舰。沙皇叶卡捷琳娜二世宣言要征服伊斯坦布尔绝非痴人说梦。

在此期间，奥斯曼军队的传统优势——军粮补给和武器供应系统——也逐一失灵，损失进一步扩大。对于仅仅人多的前线，后方的物资补给因沿途的诸多要塞落入俄国人手中而极其困难。

当时，帝国一年的通常预算是一千四百万银币（阿克切），但这场战争使得奥斯曼帝国在四年间，光现金就支出了三千二百万银币。其中，多数支付给了非正规军人和耶尼切里军团。奥斯曼帝国在和平的三十年中积累的财富瞬间告罄，财政马上面临崩溃。

《库楚克—凯纳吉条约》

1772年开始的和平谈判，因奥斯曼军队1774年在保加利亚的舒门战役中彻底溃败而画上句号，双方签订了《库楚克—凯纳吉条约》。俄国要应对国内的农民暴动等，也不希望战争再持续下去。依据这个条约，俄国虽然要从占领的奥斯曼领地上撤军，但是奥斯曼帝国要支付巨额的赔偿金，并保证俄国商船在黑海的活动权，承认俄国对摩尔多瓦和瓦拉几亚的东正教徒有保护权。并且，克里米亚公国摆脱了奥斯曼帝国属国的地位，宣布独立。

俄国依据《库楚克—凯纳吉条约》，在1783年征服了克里米亚汗国，并将其合并。而且，俄国获得了"在伊斯坦布尔的贝伊奥卢区建立教堂的权利。此教堂是向一般信众宣扬俄国即希腊宗旨的教会，永远处于俄国帝国公使的保护之下，不受一切干涉与妨害"（第十四条）。俄国把上述条款扩大解释，主张对奥斯曼帝国统治下所有东正教教徒的保护权。这确保了俄国势力在巴尔干地区的扩大。

俄土战争的启示

俄土战争的失败使得奥斯曼帝国的结构性弊病表面化。艾哈迈德三世以来活跃的世俗文化犹如被泼了一盆冷水，慢慢衰落下去。可以说这个国家开始为实质性变革做准备了。直接处理政治实务的文官制定的改革计划，不久，就从1789年就任的塞利姆三世开始，至马哈茂德二世的五十年间逐渐实施。

俄土战争的结果表明，奥斯曼帝国在下述三方面达到了界限，必须进行体制改革。

一、在国际关系中维持领土的界限

不管怎么说，俄土战争的焦点是在对待克里米亚汗国、摩尔多瓦和瓦拉几亚三个奥斯曼帝国的属国问题上，而以旧有方法维持领土的局限暴露出来。要维持对属国和远方疆域的控制，不能仅依靠帝国任命的"汗"或"大公"，必须纳入最直接的统治。

另外，战争已经国际化。俄国与英国结盟向爱琴海派遣舰队。埃及和黎巴嫩的阿扬势力与俄国联合进军叙利亚，占领大马士革。此外，俄国扩大对战后的《库楚克—凯纳吉条约》条文的解释，在外交实力上也超出奥斯曼帝国。

二、支配的正当性已经动摇

战前，支持奥斯曼帝国的希腊商人芬内利奥特统治着摩尔多瓦、瓦拉几亚。在战争期间，两属国的人民对其表达了反感，欢迎俄国势力的扩大。俄国利用这一氛围，乘势而上，不久，期待俄国支援的动向扩展到了希腊、塞尔维亚及保加利亚。帝国必须尽快用新的统治结构和新的方法确保巴尔干的忠诚。

三、中央集权体制的失效

战争失败的直接原因，无疑是作战能力的不足。在战争的重要关头，他们已经开始改正这些问题，重建指挥系统，违反常规地令主力部队冬季留在战场上。奥斯曼军和鲁米扬切夫将军率领的训练有素的俄国军队相比，差距巨大，对此谁都可以清晰地看出训练非正规军、培养常备军的必要性。因此,军队改革成为整个制度改革的出发点。

在俄土战争中,帝国政府过多地依赖安纳托利亚、巴尔干的阿扬势力。接下来,如何把这些阿扬吸收进政府中,或者把他们彻底歼灭成为急需解决的问题。此后也出现了阿扬出身的大宰相,但另一方面,帝国的政府军也奔赴各地歼灭地方的阿扬势力。这是把阿扬在各地掌握的权力收归政府,修复中央集权体制的重要一步。

向近代国家转换的五十年

新体制构筑的课题

俄土战争的惨败引起了巨大的反响。在伊斯坦布尔,官僚出身的政治家制定了改革的方案,拉开巨变的序幕。主导改革的是塞利姆三世和马哈茂德二世两位苏丹。改革的目标是恢复中央权威,构筑新的中央集权体制。要达到排除外国干涉、确保臣民对帝国的忠诚,最需要的是完成作为支撑基础的新的统治体制,即克服前文所说的第三个界限的传统集权体制问题。

以构筑新体制为目标的苏丹及其近臣,面临着两股改革的阻力:一是作为伊斯坦布尔潜在势力的耶尼切里军团,二是割据一方不服从中央政府的阿扬。但是,这种负面的评价,或许是以中央政府胜利为依据的观点,有失公允。如前所述,首都圈的耶尼切里军团和地方上的阿扬是站在被统治阶级的民众立场上,作为不被中央政府政治精英吸收的、财富和权益的保护者而发展起来的。中央政府清除耶尼切里军团和地方阿扬的五十年,也是帝国以被统治阶级的重大牺牲为代价,自己否定前近代的体制,向近代奥斯曼帝国转化的五十年。

其中,耶尼切里军团不仅是伊斯坦布尔和帝国其他地方的不服从中央政府命令的武力集团,同时,也是城市工商业者混在一起的流民。他们的叛乱并非完全站在军人立场上维护既得权益,其中也有反对增税和外国商品流入、痛感风纪败坏与新奇流行的道德诉求,是市民要求的代言者。耶尼切里军团被废止后,欧洲商品涌入帝国境内的现象就展示了这种关系。

前面也提到,各地的阿扬对于当地人来讲也具有两重意义。各类阿扬把巩固地盘和经济利益视作第一要务,其行动不可能整体接受政府管制。他们彼此你争我夺,审时度势地改变对政府的态度。其共同点是对各地区的经济形势有敏感的洞察力,因此,他们并非割据一方的草莽武夫,而是有判断力的地方统治者。

耶尼切里军团和地方阿扬是被统治阶级的财富与安全的实质护卫者,帝国政府用了近五十年时间才清除上述两股势力。这一时期,帝国努力用新的中央集权体制取代旧体制。这也是帝国社会最为不安定,在对外关系方面进一步弱化的时期。奥斯曼帝国就在连续的内部纷争和外部干涉中和时间赛跑,推进中央集权化改革。

作为方法的"西欧化" 在前近代奥斯曼帝国中，以近代化为目标的不仅是中央政府。随着对伊斯坦布尔的向心力减弱，帝国的地方也在积极推进近代化，进而出现了以脱离帝国统治为目的的力量。这些势力对抗奥斯曼统治，取得自立基础，组建近代军队战胜帝国军队或得到外国势力的支援，最终脱离了奥斯曼帝国。

继摩尔多瓦、瓦拉几亚之后，以"民族主义"为意识形态并得到外国支援的塞尔维亚、希腊成为最早成功从帝国独立出去的国家。向来就自成地域体系的埃及也取得了实质的独立。伊斯坦布尔一方面压制这种独立倾向，一方面推进自身的军事和统治的制度化。

关于奥斯曼帝国所采用的西欧化这一方式，几百年来，奥斯曼帝国都在积极学习西欧的先进技术，特别是18世纪，帝国与欧洲接触的机会大幅增加，以及成为改革契机的俄土战争中的惨败让它不得不改。奥斯曼帝国的中央和地方独立势力在改革的方法上都把西欧化，也就是近代化作为目标。

西欧化的改革以可见的形式开始时，不安和反感在权力被剥夺了的人群中蔓延，以主张改革是"反伊斯兰"的方式发泄出来，频发暴力事件。但是，改革"反伊斯兰"这种论调，不是因为改革的方法来源于西欧，而是因为改革的结果不公平，产生了很多问题。若只看这种论调,认为改革的反对者是要恢复和重建完全以伊斯兰教为基础的国家秩序,那就大错特错了。

军制改革

1789年,在第六次俄土战争的激战中即位的塞利姆三世,在战败以后立即着手以大炮为首推行军事技术近代化,训练新式军队。无论长久考虑还是燃眉之急,打造一支能够和俄国等国的近代化军队抗衡的武装力量是涉及国家存亡的大事。

塞利姆三世急于推动军事改革。他招聘法国的军事顾问团,开设海军与陆军技术学校,翻译西欧的军事技术书籍,设立火药加工厂。改革的核心措施是加强炮兵队伍的建设,以及被称为尼沙姆·甲吉德的新式步兵军队(1793)的创立。火炮的制造和步兵的整编都进行得很顺利,为以后的改革做好了武力后盾。

对尼沙姆·甲吉德军的编制,安纳托利亚的阿扬们鼎力协助。在他们的协助之下,尼沙姆·甲吉德军吸纳了大量的伊斯兰教农民,在伊斯坦布尔郊外的黎凡特演兵场等地操练。不过,新军扩大的步伐非常迟缓,到1806年为止,伊斯坦布尔和帝国的安纳托利亚一侧驻屯的军队达到两万以上,但较之其他,比如保加利亚地区的实力派阿扬阿雷姆达尔·穆斯塔法·帕夏独自训练指挥的军队就有三万人之多,新式军队的数量依然不足。

帝国政府对于尼沙姆·甲吉德军队的扩大持审慎态度,是担心引起同属于步兵的耶尼切里军团的反感。结果,对耶尼切里军团的怀柔政策失败了。1807年，以耶尼切里为中心的军人叛乱，塞利姆三世被迫退位，尼沙姆·甲吉德军也不得不被解散。

但是，谁都知道步兵必须改革。塞利姆三世虽然已经被废黜，但是重新整编尼沙姆·甲吉德军的尝试还在进行。这一尝试的主导者是前文提到的阿雷姆达尔·穆斯塔法·帕夏。他希望塞利姆三世复位，率大军进入伊斯坦布尔并就任大宰相，但到达伊斯坦布尔时塞利姆三世已经在囚禁地被杀。应各地阿扬的要求，他在1808年10月拥立新苏丹马哈茂德二世，并且与新苏丹缔结了"同盟誓约"，使其承认在确保地方势力的同时推进改革。然而，阿雷姆达尔却在耶尼切里的再次叛乱中被杀。

这一事件显示，包括地方上的阿扬在内的力量都已经明确了西欧化与近代化的方针。然而，西欧化、近代化的改革是在苏丹的绝对王权之下进行，还是将部分权限委托给阿扬等地方势力进行，并未达成一致意见。而另一方面，有着光辉历史的耶尼切里军团顽固地保护着自己的既得利益，对这两种形式都表示反对。

接下来的马哈茂德二世也在尝试训练新式部队。与此并行的是，帝国政府用其他债权回购没有实体支撑的耶尼切里军团的编制，向废除耶尼切里军团的政治目标又迈进了一步。慎重准备的马哈茂德二世按照计划，在1826年，利用西化的炮兵部队歼灭了首都的耶尼切里军团，昔日辉煌的近卫军团被彻底废止，大约六千名军团成员被杀。与此同时，作为耶尼切里军团精神支柱的拜克塔什教团也被取缔。

作为改革初期问题之一的耶尼切里军团改革,以全面废止告终,但从尼沙姆·甲吉德军的创设开始,居然用了三十三年时间。由于新军建设的步伐迟缓,奥斯曼帝国对境内的自治运动和独立运动缺乏足够的武力应对。但是,换句话说,这也充分表明,耶尼切里根植于社会之中,社会精英自上而下的改革遇到了强大的阻力。奥斯曼帝国再次中央集权化的努力简直是在和时间赛跑,但这种赛跑并不能说取得了完全的胜利。

耶尼切里军团被废止之后,马哈茂德二世组建了号称"穆罕默德常胜军"的新式步兵。很快达到了一万两千人的"穆罕默德常胜军"驻扎在伊斯坦布尔的体制确立。中央和地方都在增加新式步兵的数量。由此,帝国的中央常备军在人数和武器方面已经能够和欧洲标准的军队匹敌,军事近代化的基础已经建立。

讨伐阿扬

接下来的目标是彻底扫清阿扬。19世纪第二个十年以后,对巴尔干和安纳托利亚的阿扬的清剿取得了一定的成效。前述的"同盟誓约"显示了阿扬的势力已经达到顶点。不过,"同盟"在耶尼切里军团的叛乱中遇到了挫折,阿扬的领袖阿雷姆达尔·穆斯塔法·帕夏被杀,帝国政府由此开辟了慢慢消灭其他阿扬的道路。

马哈茂德二世的方法之一是授予与政府合作的阿扬的子弟高官显位,将其纳入政府体系。因此,虽然许多阿扬家族作为世家大族传承，但在地方上的经济基础和政治势力慢慢丧失了；另一个方法是给不与政府合作的阿扬制造麻烦、加重负担，若对方不肯逆来顺受，则治罪处刑。这样，到了19世纪20年代，安纳托利亚和巴尔干东南部的多数阿扬被政府控制了。余下的只是没有实力与中央政府对抗的中小地方势力。与此同时，帝国中央政府逐步恢复了对地方的控制力。

俨然独立国家一样的阿扬在短时间内被中央政府荡平，主要原因是他们是以家族为单位发展起来的，很难凭借武力与政府对抗。并且，他们经济势力的来源是包税权和担任政府官职，因此不管怎么说，他们依然是奥斯曼帝国内部体制的势力。虽然他们可以局部代表"民众"，但对中央政府太过依赖。在政府"目的"明确的消除阿扬、重新整理陈旧复杂的包税制的过程中，他们在地方上的根基也动摇了。

包税制的废止不过是时间问题。1793年，帝国政府出台了新规定：当事人死亡导致契约中断后，该部分不得再出售。政府正式开始努力将税源收归国库。1813年帝国又出台新规定：有资格取得包税权的人仅限于地方行政官。这种变更看上去对担任地方行政官职位的阿扬有利，实际上让他们成了中央政府真正的公务人员。1838年，以包税权作为官僚俸禄的惯例也被废除了。依据1839年颁布的《花厅御诏》，包税制在原则上被废止了。

与制度变革并行的是对巴尔干有力的阿扬发动武力讨伐。但是，讨伐引起了巴尔干部分地区严重的社会混乱，招致了农民和市民的不满。在这种混乱中，塞尔维亚和希腊拉开了独立运动的序幕。

塞尔维亚的自治

在奥斯曼帝国统治者的思维中，基督教教徒应该在公正的伊斯兰法保护之下。但是，18世纪后半期，基督教徒占大多数的巴尔干局势不稳定，帝国的一体性开始动摇。帝国政府认为，崛起的阿扬、驻扎在各地的耶尼切里军团残酷地压榨当地住民，导致叛乱四起。因此，应采取措施清除"不正"的阿扬和耶尼切里军团，重新正确行使伊斯兰法，加强统治。

塔帕雷奈·阿里·帕夏像 1819年，耶纳维奥斯图书馆（雅典）藏

实际上，针对19世纪初持续不断的塞尔维亚和希腊农民起义，奥斯曼帝国就基于这种理念做出判断、制定对策。1822年，经过长时间的讨伐，盘踞在爱奥尼亚的阿扬塔帕雷奈·阿里·帕夏终于被剿灭。阿里·帕夏的首级被悬挂在托普卡帕宫殿的门口，其罪状被公之于众："此背教者诱使摩利亚（伯罗奔尼撒本岛）的异教徒犯下重罪，他们发动了对伊斯兰教徒的叛乱。"

16世纪末，对奥斯曼帝国统治的前景深感忧虑的穆斯塔法·萨拉尼基也提出：局势如果再混乱下去，基督教徒就会理所当然地寻求周边基督教国家的救助，为挽救这种危机，国家必须改革，推行善政。帝国精英的这种统治观念依然没有转变。

1804年爆发的塞尔维亚农民起义,背景是18世纪贝尔格莱德地区政治、社会的混乱。18世纪前半期,塞尔维亚北部曾经有二十年时间被奥地利统治,此后,复归奥斯曼帝国。虽然大规模的耶尼切里军团随后驻扎在贝尔格莱德省,但他们拒绝服从中央政府的命令,并在农村地区压迫已经取得土地所有权的农民基督教徒。1792年,为恢复秩序,帝国将耶尼切里军团从贝尔格莱德省全部驱逐,恢复了对当地的直接统治,并且以地方传统实力派"库内兹"为中心,帮助其将当地人民组织化。

被驱逐的耶尼切里军团向保加利亚维丁地区的实力派阿扬帕斯万特沃家族求助。帝国政府也以此为契机,讨伐帕斯万特沃,1798年,八万政府军包围了维丁。但是,帕斯万特沃家族长期抵抗。而且,法军在同年入侵埃及。奥斯曼帝国政府军决定与帕斯万特沃家族停战,从维丁撤退。

1801年回到贝尔格莱德的耶尼切里军团和帕斯万特沃家的军队,在1804年大肆屠杀基督教神职人员和库内兹,对塞利姆三世举起了叛旗。为对抗这些不义之师,以农民为主体的塞尔维亚人在贝尔格莱德周边起义,农民军和从波斯尼亚派遣来的帝国政府军一起,消灭了耶尼切里军团的力量。

这样,持续了十年之久的塞尔维亚农民起义开始。但是伴随着阶段性胜利,塞尔维亚人斗争的矛头转向了奥斯曼帝国政府。帝国政府虽然做出让步,承认塞尔维亚是具有半独立地位的属国,但塞尔维亚则期待1806年开始的俄土战争的局势,并未回应。结果，起义持续到1813年，暂时被镇压下去。经历了1815年的第二次起义，塞尔维亚获得了半独立的地位。塞尔维亚的独立公国化，被放入了1829年俄土战争结束后签订的《亚得里亚堡和约》中。

希腊的独立

与19世纪初爆发的塞尔维亚自治运动相比，二十年后兴起的希腊独立运动发生了很大变化。因为它的结果最终是由俄国、英国、法国这些欧洲大国的利益关系决定的。二十年间，欧洲强国干预巴尔干局势的手段愈来愈明显。

伯罗奔尼撒半岛发生的叛乱是奥斯曼帝国政府与实际统治阿尔巴尼亚与希腊的最有实力的阿扬塔帕雷奈·阿里·帕夏在希腊北部反复拉锯战的时候发生的。

1822年，政府军消灭了塔帕雷奈·阿里·帕夏的部队，阿扬讨伐战告一段落，但希腊的叛乱在持续。这正是帝国政府全面废止耶尼切里军团的时期，镇压希腊叛乱的兵力不足。政府只能采取依赖各地阿扬兵力的手法，依靠埃及的穆罕默德·阿里的军队。1825年，穆罕默德·阿里派他的儿子易卜拉欣率军前往希腊，整个战局向有利于奥斯曼帝国的方向转化。

但是，前所未有的情况却发生了。英法担心俄国借助希腊独立扩张势力，为此介入了希腊独立战争。1827年，英、法、俄抛开当事国在伦敦做出决定，承认希腊的自治。这其中也有欧洲国家的舆论的影响,他们对于欧洲文明的摇篮希腊抱有特殊的感情,在舆论上支持希腊独立。奥斯曼帝国拒绝了欧洲列强的要求,但是在纳瓦里诺海战中败北,进而,俄军在1828年进逼埃迪尔内,奥斯曼帝国在第二年被迫缔结《亚得里亚堡和约》,承认希腊自治。但是,英国主张将希腊置于三国保护之下,成立独立王国,并予以承认(1830)。1832年,根据这一主张,希腊建立王国,信奉天主教的德意志人奥托担任了希腊国王。希腊的独立是欧洲列强相互博弈的结果。独立后的希腊政治在19世纪都处于欧洲列强的支配之下。

埃及的新动向

与巴尔干不同,在埃及,依靠实力完成国家统一的穆罕默德·阿里早已具备了强大的地域基础,因为这里原本在政治和经济上都自成一体。为整顿拿破仑占领(1798—1801)以后的混乱,奥斯曼帝国派遣阿尔巴尼亚非正规部队到埃及,而穆罕默德·阿里就是其中的军人。他在埃及掌握实权,在奥斯曼帝国境内率先实行了各种近代化、西欧化的政策,奠定了"近代埃及"的基础。

和伊斯坦布尔的耶尼切里军团的命运一样,非法掌握权力的马穆鲁克王朝的军人在1811年被彻底铲除。埃及整编了西欧式的军队,通过废除包税制、引进专卖制等,巩固国家的财政基础,开办世俗的初、中等教育机构等,成为中央政府的模范。如后文所述,走在西欧化、近代化改革浪潮前列的埃及军队打败了奥斯曼帝国中央政府的军队,也证明了这一做法的正确性。此外,1822年至1823年,穆罕默德·阿里从伊斯兰教徒和科普特派的基督教徒中征兵,组建了超越宗教信仰的政府军。对于这一点,近代奥斯曼帝国虽标榜"伊斯兰教徒和非伊斯兰教徒完全平等"的政治目标,将其作为理论性的最终目标,但是完全没有实现。

穆罕默德·阿里清真寺　开罗。成为埃及统治者的穆罕默德·阿里在开罗城内建造奥斯曼风格的清真寺,并在里面建造了自己的墓地。笔者拍摄

穆罕默德·阿里统治下的埃及国力空前强盛,1820年它出兵苏丹(今苏丹共和国的疆域),1822年将其纳入疆土。另一方面,埃及利用帝国现有的框架,形式上服从着帝国的安排,也影响着外部世界。1818年他们镇压阿拉伯半岛的瓦哈比派的叛乱,前文所说的希腊独立运动,埃及也曾出兵镇压。

作为回报,穆罕默德·阿里想要获得叙利亚的统治权,但帝国苏丹马哈茂德二世坚决拒绝。1831年,穆罕默德·阿里派遣他的儿子易卜拉欣率军征服了叙利亚,在西北安纳托利亚的阿斯拉纳帕击败了帝国的政府军。或许马哈茂德认为帝国已经到了生死存亡的关头,为此向欧洲国家求救,但实际上只有俄国出兵援助。作为回报,奥斯曼帝国承认了宿敌俄国在博斯普鲁斯海峡、达达尼尔海峡航行的优先权。

易卜拉欣的军队避开了与俄军的决战，暂时从叙利亚撤退，但1839年，再度向安纳托利亚进军。这时，英国为牵制俄国而介入奥斯曼帝国的内政。结果，1840年，四国签订了伦敦《四国条约》。按条约规定，穆罕默德·阿里放弃了对叙利亚地区的占领，在承认奥斯曼帝国的宗主权之下，享有对埃及的世袭统治权利。

埃及先于奥斯曼帝国政府成功地开始了近代化和西欧化，但是其对外的发展却因欧洲列强的利益而受限，依然处于奥斯曼帝国的宗主权之下。奥斯曼帝国加速解体，并不符合欧洲列强的国家利益，这一点反而成为奥斯曼帝国在外交上的武器。而另一方面，埃及和宗主国奥斯曼帝国一样，在各方面经历了同样的命运。比如，由于对欧洲列强有很高经济价值，因此两国都被置于英国的经济支配之下等。

欧洲的经济侵略　　英国经济扩张的突破口是1838年奥斯曼帝国与英国缔结的《英土商业条约》。奥斯曼帝国为化解埃及军队进攻安纳托利亚带来的危机，出让部分经济利权，换取英国的援助。

这一不平等条约规定英国产品输入奥斯曼帝国境内只需要3%的关税，结果英国工业品加快涌入。奥斯曼帝国随后又与欧洲多国缔结了类似的不平等条约。《别尔哥罗德条约》适用于奥斯曼帝国宗主权下的埃及，对埃及也带来了极其不利的影响。

奥斯曼帝国与英国缔结这一通商条约的最初目的，就是要打击与帝国政府处于战争状态的埃及。他们以欧洲诸国为师，学会了将外交与经济政策挂钩的政治手段。

马哈茂德二世的两张肖像 随着近代化开始改穿西服。这是近代化政策推行前后的两张肖像画。西方风格的苏丹画像也非常流行，常被用于政治目的。出自《奥斯曼帝国的晚期简史》（普林斯顿大学出版社，2008）

国内的各项改革

从塞利姆三世时代开始，奥斯曼帝国以近代化、西欧化为方向，推行行政机构改革。19世纪20年代，耶尼切里军团和阿扬等一系列与中央政府对抗的势力已经被消除，政府施政的自由度大大增加，因此此后改革加速。这也使得改革带有在官僚主导或苏丹专制主导之间的自上而下的性格。

首先，在1829年，除欧莱玛外的全体官僚一律改穿西服。废除头巾，佩戴被称为"费兹"（土耳其帽）这一源于北非的帽子就是在这时兴起的。借此，帝国以任何人都能看得见的形式宣告与旧传统决裂。

1831年，帝国在直接支配的区域进行了人口调查，借此将旧有的地方实力派用非正式手段掌握的征税、征兵相关的国情数据都转移到中央政府手中。以此为契机，都市的街区和农村都

第八章　奥斯曼体制的终结（1770—1830）　　　　　　　305

经选举产生了正副镇长(mukhtar),出现了一系列新的社会变化。镇长和街区下属清真寺的伊玛目一起负责征税、住民登记、颁发通行证等,起到了政府与市民之间的桥梁作用。过去在都市、农村由耶尼切里与阿扬扮演的非正式角色,现在由政府工作人员取代。重建地方行政组织和征讨阿扬并行,在19世纪前半期取得了很大成效。

以新的体制为基础,1834年,一部分地区成为个人资产与收入调查的试点。1845年,仅对个人收入的调查推广到帝国直接统治地域的大部分地方。资产与收入的调查是为对个人正式公平纳税做准备,但由于数据搜集不完备,引入近代征税体系的目标并未实现。

此外,1831年,奥斯曼帝国正式出版官报,并开始大量印刷发行。1834年引入的现代邮政,也彰显着奥斯曼帝国开始切实地实施近代的诸要素。

为培养新型专家和行政官僚,帝国新设或重开医学校、陆军士官学校、陆军工兵学校。1827年,为了培养政府的行政官僚,政府开始实施留学制度。

中央政府的结构,主要仿效法国,替换成近代化的样貌。1836年至1838年,政府改组旧有的机构,设立外务、财务、内务各部。欧莱玛机构方面,政府设立了以谢赫伊斯兰为首的长老府,在司法方面推行地方法官制度的改革,向近代的官僚制度转化。在所有的职位方面,政府确定了新的官僚位阶和职责,杜绝他们收取贿赂和手续费，以国家薪水确保职业官僚的生存。

这样一连串的改革后，奥斯曼帝国政府和其他欧洲国家一样，虽然在内政方面仍面临诸多问题，但是已经越来越呈现出现代国家的样貌。

近代化的起跑线

如上所述，塞利姆三世、马哈茂德二世统治的五十年间，奥斯曼帝国发生了重大变化。改革之前，奥斯曼帝国是"在外交上持续面临欧洲诸国的孤立，以伊斯兰法与苏丹法为准绳，由接受中央政府权益分配的官僚治理的中央集权国家"。改革之后，奥斯曼帝国是"对等地参加外交活动与国际战争，在绝对王权之下依法行政，以缔造'国民'为目标的近代官僚制国家"。这样的理念展现在由改革派外交官穆斯塔法·莱希特·帕夏起草，由在马哈茂德二世之后即位的阿卜杜勒·迈吉德一世于1839年发表的《花厅御诏》之中。

虽然君主的性格及理念完成度不一样，但从奥斯曼帝国脱离出去的埃及、希腊、塞尔维亚大体上都存在同样的理念。也就是说，前近代的奥斯曼帝国衍生出来的国家，也处于近代社会的出发点。其他的亚洲国家，例如比奥斯曼帝国晚五十年开始近代化改革的日本，也抱有同样的理念吧。比西欧国家晚开始近代化的各国背负着几乎同样的问题，经历了19世纪国际关系的惊涛骇浪。经过五十年的变革，奥斯曼帝国已经成为"普通的"近代国家。

但是，在这五十年间，第三课题"中央集权化"虽有了长足的进展,但第一课题"对外国势力的应对",随着压力的空前增大却越来越困难。1830年,法国武装占领阿尔及利亚,迈出了对阿尔及利亚殖民统治的第一步,而奥斯曼帝国对此只能发表书面抗议。随后,外国的影响波及奥斯曼帝国境内的"各民族",加速了作为统一国家的奥斯曼帝国的解体。对此,奥斯曼帝国政府在《花厅御诏》中宣称,所有民族、各宗教的信仰者都受法律保护,努力维持一个整体国家。这是对第二课题"确保统治正当性"的应对。

众所周知,这样的努力最终没有任何结果,但那并非近代奥斯曼帝国的宿命吧。近代奥斯曼帝国在1922年彻底崩溃前,不时地按照时代的要求寻找着最有效的解决方法。这一时期和日本从明治维新走向第二次世界大战的战败大致相同,总计约八十年。

结语

在民族国家的浪潮中

两百年近代化之路：巴尔干、安纳托利亚和中东

依靠独特的结构统合起来的前近代奥斯曼帝国告以终结，此后，巴尔干诸国、近代奥斯曼帝国、埃及诞生。这就是19世纪前半期巴尔干、安纳托利亚和中东的基本状况。希腊、塞尔维亚和罗马尼亚（摩尔多瓦、瓦拉几亚）已经在"民族"的旗帜下，实现了自治或独立。埃及向以埃及人为国民的国家迈出了一小步。

"不属于任何人"的奥斯曼帝国崩溃之后，"民族国家的时代"来临。此后，直到21世纪的今天，巴尔干、安纳托利亚和中东地区在应对政治、经济和社会近代化的同时，也要直面在以宗教和语言为标志的"民族"基础上建立的国家的发展问题。

第二个问题，即以民族为基础的国家的形成，要求实现社会、经济秩序和发展，甚至牺牲人民的生命。结果，自巴尔干民族运动兴起以来的二百年里，这一地区流血冲突不断，至今尚未停止。在这二百年的近代化与民族主义的历史中，1922年近代奥斯曼帝国的消亡只不过是一个阶段性的"休止符"而已。从漫长的历史发展来看，18世纪末的奥斯曼帝国旧体制的结束，正是新的"进步"与"流血"时代的开幕。

近代奥斯曼帝国的步伐

19世纪前半期，近代奥斯曼依然在巴尔干、安纳托利亚、中东维持着广大领土，对帝国来说，如何定义"国民"这一近代国家的要素，如何确保"国民"对帝国的忠诚，是最困难的问题。因为在克服了军事和统治体制方面诸多问题并恢复了秩序的近代奥斯曼帝国，被统治者是由伊斯兰教徒和非伊斯兰教徒组成，而统治者则是不能被归结到民族之中的伊斯兰教徒精英。这与以民族为基础，由均质化的国民构成的"民族国家"完全不同。

对近代奥斯曼帝国而言，缔造"国民"有两种途径，一种是将帝国统治下的多民族（巴尔干民族、土耳其人、阿拉伯人）、多种宗教（伊斯兰教和非伊斯兰教）的信仰者总括到统一的国民群体中。上述人群已经当了数百年奥斯曼帝国臣民，有可能转换为奥斯曼国家的国民。

1839年，近代奥斯曼帝国发布了《花厅御诏》，1856年又颁布了改革敕令，重申了《花厅御诏》的原则。帝国随后颁布了包含民族和宗教平等原则的《米德哈特宪法》，改革了地方行政机构，这些措施的目标是形成包括非伊斯兰教徒在内的"国民"。这种建设民族国家的规划是以欧洲君主制国家为样板，依法规定国家的绝对君主，而实际上，在君主之下设立世俗的官僚机构具体发挥管理国家的功能。奥斯曼帝国在建设民族国家方面虽然取得一定的成果，但理想仍旧遥远，而在巴尔干人的民族主义诉求和俄国人对巴尔干民族主义的军事支援之下，最终变成未实现的梦。

第二个办法是将帝国领土划分为两部分：殖民地类似的属国、保护国，以及本土的宗主国，把宗主国的人口确定为"国民"。欧洲列强常常用这种构造来看待奥斯曼帝国，视其为土耳其人统治、压迫异民族的国家。毫无疑问，欧洲列强把自身的构造套用于奥斯曼帝国了。

近代奥斯曼帝国自身，为了更有效地支配直接统治没有达到的区域，也开始采用殖民主义的统治方式。结果，帝国的统治阶层确实将自己视作宗主国的官僚，高高在上地看待被统治民族。

但是，事实上，近代奥斯曼帝国的统治官僚虽以土耳其人为中心，但包括阿尔巴尼亚人和阿拉伯人等伊斯兰教徒，并非局限于土耳其人。军队的兵源也来自信仰伊斯兰教的多个民族。因此，在奥斯曼帝国统治阶层的意识中，统治阶层不局限于土耳其人，长期以来那都是要包括阿拉伯人和亚美尼亚等信仰伊斯兰教的民族的暧昧概念。虽然政府渐渐加强了土耳其色彩，但是若将统治层定义为土耳其人,则近代奥斯曼帝国统治层中要抛弃的东西太多。

但是,实际上奥斯曼帝国殖民对象主要是阿拉伯地区。在19世纪后半期,阿拉伯知识分子中出现了自身从属于帝国的意识。与此相对,奥斯曼帝国的统治阶层向"土耳其人"寻求自身民族基础是时间早晚的事情。包括土耳其人在内,构成奥斯曼帝国的诸民族都追求自己的"国家",不再需要一个作为共同平台的帝国,在这个时候,近代奥斯曼帝国崩溃了。

巴尔干各国的道路

我们从巴尔干看一下这一过程。19世纪的巴尔干,近代奥斯曼帝国和从奥斯曼帝国独立出来的国家都在推行近代化改革。

在此期间,奥斯曼帝国统治的各个地区,在坦志麦特(Tanzimat,重组)后都受到帝国各项改革政策的冲击,特别是应西方列强的要求,实施了允许非伊斯兰教徒参政的改革。有实力的基督教徒和教会人员开始参与到帝国的各级行政机构中。进而,在1877年地方行政法实施等选举中,也出现了非伊斯兰教徒的代表。

但是,在改革中提高了社会地位的农民基督徒,把对帝国的不满指向在本地具有雄厚经济实力的伊斯兰地主。这一状况发展成为在塞尔维亚、保加利亚、波斯尼亚和黑塞哥维那等地爆发的反对帝国的农民起义。

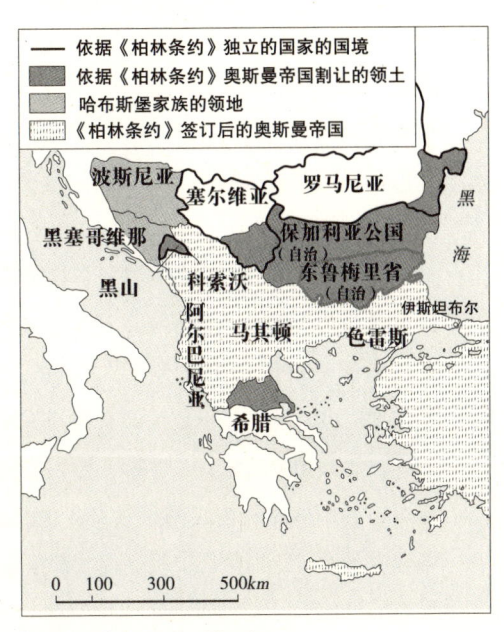

奥斯曼帝国统治之下的农民起义，或者已经自治的力量要求彻底独立，使得帝国政府面临的压力越来越大，而且，列强为在地区性的政治洗牌中占据有利地位而纷纷介入。最终决定地区历史进程的是1877年至1878年的俄土战争。战争的结果是

《柏林条约》(1878)后的巴尔干

黑山、塞尔维亚、罗马尼亚(包括摩尔多瓦和瓦拉几亚地区)的独立，保加利亚被承认为自治公国(《圣斯特凡诺条约》)。但是，这个俄土两国间的条约被欧洲列强修改，原来属于"大保加利亚"的马其顿地区被重新纳入奥斯曼帝国的直辖区域、波斯尼亚—黑塞哥维那则被奥地利占领(《柏林条约》)。

围绕奥斯曼帝国残存的巴尔干领土，1912年爆发了第一次巴尔干战争，希腊、保加利亚、塞尔维亚、黑山分割该部分。帝国在巴尔干的领土只剩下色雷斯地区。接下来，保加利亚军队迎战希腊和塞尔维亚联军(第二次巴尔干战争)，这一纷争不久

就被卷入第一次世界大战之中。伊斯兰教徒占多数的阿尔巴尼亚长时间在奥斯曼帝国内部开展自治运动,此时也以巴尔干战争为契机,宣告独立。

实现了独立和自治的各国,各自面对很多问题。一个共同的问题是缺少足够的统治精英。因为在奥斯曼帝国的统治之下,基督教徒统是被排除在统治阶层之外的。人才的培养和经验的积累需要时间,这也是巴尔干国家政治不稳定的一个原因。

从奥斯曼帝国独立,对各国主体民族来说是民族主义的胜利。但是,各国的民族构成都很复杂,也引起连锁反应的多种问题。各国在教育,特别是历史教育领域都灌输民族主义的观念,但这助长了巴尔干国家民族主义的排他性。实际上,各国的民族与宗教分布极为复杂。第一次世界大战后,"塞尔维亚—克罗地亚—斯洛文尼亚联合王国"(1929年改名为南斯拉夫王国)中,三个主体民族以外的人口占15%。在保加利亚,保加利亚族占87%;在罗马尼亚,罗马尼亚族只占63%;阿尔巴尼亚的人口包括69%的伊斯兰教徒和31%的基督教徒;在波斯尼亚和黑塞哥维那,东正教徒占43%,伊斯兰教徒占39%,天主教徒占18%。

而且,巴尔干地区的不稳定与战争引发了大规模的人口迁移,特别是伴随着奥斯曼帝国从巴尔干的后退,从1870年至1900年,就有以土耳其人为中心的大约一百万人迁居安纳托利亚。随着奥斯曼帝国的后退,巴尔干的伊斯兰教徒被等同于奥斯曼帝国,其生存权受到了威胁。

土耳其民族主义和土耳其共和国

奥斯曼帝国分崩离析后诞生的土耳其共和国鲜明地打上了"土耳其人的国家"的烙印。这种烙印源于19世纪末"统一与进步委员会"成立的时期。该组织后来促成了1908年的"土耳其革命"。如前文所述,早在19世纪中叶,巴尔干的基督教徒逐渐形成民族认同。对此,近代奥斯曼帝国开始提倡民族平等,努力地施行怀柔政策。但是该政策没有奏效,他们的独立倾向日益明显。此时,奥斯曼帝国的支配阶层开始努力维持剩余的安纳托利亚和阿拉伯地区,即伊斯兰教徒的聚居地。

帝国政府对阿拉伯地区的具体政策包括两方面:

其一是苏丹借用伊斯兰世界最高统治者哈里发的名义,维持在伊斯兰世界的权威,唤起阿拉伯地区对奥斯曼帝国的忠诚。伊斯兰世界的哈里发,即阿拔斯家族的哈里发在蒙古帝国入侵时期的1258年被杀,血统本已断绝。但是,马穆鲁克王朝拥立自称是阿拔斯家族后裔的人物,并对其加以保护,这一血脉继续延续,直至马穆鲁克王朝灭亡。1517年,塞利姆一世征服埃及,将这名"哈里发"带到伊斯坦布尔(后又送回开罗)。这种戏剧性的历史传承,给19世纪奥斯曼皇室继任哈里发的行动增添了神秘色彩,特别是为阿卜杜勒·哈米德二世的伊斯兰主义提供了依据。

阿卜杜勒·哈米德二世的这一伊斯兰主张通常被视为反动的、复古的,但实际上,这只是从欧洲王室到日本天皇的近代王权国家利用宗教加强统治权威的奥斯曼帝国版而已。阿卜杜勒·哈米德在许多领域极力推进近代化与西欧化。"苏丹即哈里发"的主张与奥斯曼帝国的近代化和西欧化并不矛盾。

面对着欧洲国家咄咄逼人的攻势，伊斯兰世界并不是没有期待奥斯曼帝国存在下去的声音。但是，为了延长奥斯曼帝国的生命而打出的"苏丹即哈里发"的旗帜并没有任何实效。为获取阿拉伯地区人们的忠诚而打出的这一主张，随着第二个方法的推进，渐渐褪色了。

奥斯曼帝国为了继续维持在阿拉伯世界的统治，采取的第二个方法是对阿拉伯地区实施更强硬的统治，也就是殖民主义的方法。这引起了阿拉伯人民的反抗，促进了阿拉伯民族主义的形成。

随着奥斯曼式的殖民主义的推行，阿拉伯民族主义登场之际，也是土耳其民族主义形成之时。土耳其民族主义是一种把土耳其人以外的伊斯兰教徒从奥斯曼帝国统治阶层中排除掉的思想。直到最后，它都是帝国社会的一种潜流。但是，在和从俄国统治的中亚地区和高加索移民而来的知识分子的思想、帝国境内各类型的民族主义相互碰撞融合的过程中，土耳其民族主义的主张才越来越明显。

这种"土耳其人"的主张，正因为是从奥斯曼帝国的政治中枢发展起来的，被用来装扮自身也就变得可能。这种政治意识的重构在1908年的"土耳其革命"以后完成。于是，近代奥斯曼帝国的影像与"土耳其人的国家"就重合了。

只是，20世纪的奥斯曼帝国在向"土耳其人的国家"转换的过程中，付出了重大牺牲。在安纳托利亚，亚美尼亚人和库尔德人数量也相当多，但这里却成了"土耳其人的土地"。土耳其民族主义的主张越明确，与当地现实的冲突越剧烈。

给奥斯曼帝国打上终止符，使其变成土耳其共和国，是奥斯曼帝国在一战中成为德意志帝国的同盟。鉴于与俄国的敌对关系，参加同盟国阵营的奥斯曼帝国在东安纳托利亚和阿拉伯地区败给了协约国，帝国的命脉在事实上结束了。依据1920年的《色佛尔条约》，安纳托利亚的大部分地区被置于欧洲列强控制之下：西安纳托利亚割让给希腊，"大亚美尼亚"独立建国，东南安纳托利亚的库尔德人实现自治。伊斯坦布尔被以英国为首的协约国军队占领，"土耳其人的国家"将仅仅局限在安纳托利亚中央。

对此，在安纳托利亚组织起来，高举土耳其民族主义旗帜的义勇军击败了亚美尼亚军和希腊军，粉碎了协约国肢解土耳其的计划。结果，依据1923年签订的《洛桑条约》，新的土耳其共和国在整个安纳托利亚和埃迪尔内以北的巴尔干建立。共和国诞生前的连年战争和一系列地区纠纷，造成了不同规模的牺牲。250万土耳其人死亡，曾经有150万人口的亚美尼亚族减少到不足原来的十分之一，其中60万至80万人牺牲。土耳其共和国成立后，在"公民交换"中，有大约50万伊斯兰教徒从希腊迁往土耳其，有大约120万基督教徒从安纳托利亚迁往希腊。只不过，这些具体数字在今天也是有争议的。

这场运动的总指挥是穆斯塔法·凯末尔,他任用近代奥斯曼帝国培养的人才,实施否定奥斯曼帝国的政策。否定伊斯兰教的表象及其政治作用,实行去伊斯兰化的做法,是新生土耳其共和国的基本政策。

1933年,穆斯塔法·凯末尔提出了"能称自己为土耳其人无比幸福"的口号。这是面向土耳其人的号召,但土耳其共和国国境线以内出生的非土耳其人,也被迫接受了加速民族同化的口号。奥斯曼帝国未能完成的均质"国民"的构建,被帝国的继承者们用残酷的方式完成。

阿拉伯地区的巨变

除埃及和北非以外的大部分阿拉伯地区,长期处于奥斯曼帝国统治之下,直至帝国灭亡。但是,阿拉伯地区并非一个整体。如前所述,叙利亚和北伊拉克是在奥斯曼帝国的直接支配下,此外的区域都是以各种松散的方式和伊斯坦布尔联结在一起。

面对巴尔干地区和埃及的离心倾向,为了切实控制剩余的领土,19世纪的近代奥斯曼帝国加强了对阿拉伯地区的统治。帝国对间接支配的区域重新划分了行政区,由中央任命行政官员。1831年,帝国驱逐了巴格达的实际控制者达乌德·帕夏,哈桑·帕夏王朝的统治宣告结束。1835年,借利比亚的卡拉曼里王朝出现混乱之机,帝国将当地纳入直接统治。这些都是上述政策的体现。1843年,帝国将黎巴嫩的山区纳入直接支配,对马龙派的基督教徒和伊斯兰教什叶派下属的德勒兹派教徒尝试实质上的直接统治。此外，帝国和英国争夺阿拉伯半岛，1871年再度统治也门。

这种直接统治或统治的强化，在19世纪末阿卜杜勒·哈米德二世统治时期更为明确。从这一时期奥斯曼帝国的政策可以看出，帝国将上述地区看成伊斯坦布尔文明没有波及的落后区域，自视为文明开化的引导者，君临其上。这是一种殖民主义范式。19世纪的奥斯曼帝国往往被看成欧洲巨大压力之下的脆弱国家，但另一方面，它也是对其支配下的阿拉伯地区采取帝国主义政策的大国。

毫无疑问，奥斯曼帝国的这种政策遭到了本土实力派和阿拉伯新知识分子的反对。特别是进入20世纪以后，奥斯曼帝国的统治明显"土耳其化"，阿拉伯地区脱离奥斯曼帝国的独立运动就日益具体化了。

在此过程中，第一次世界大战开始。英国为了在阿拉伯半岛压制奥斯曼帝国，利用阿拉伯国家的独立运动，通过《侯赛因—麦克马洪书简》承诺战后允许阿拉伯国家独立，实质是鼓动对奥斯曼帝国的叛乱（1916）。但是，奥斯曼帝国战败解体后，英国却违背了其承诺，在事实上和法国联手对阿拉伯地区实施"委任统治"。两国规定了各自在阿拉伯地区的势力范围，人为划分了伊拉克、科威特、巴勒斯坦、约旦、叙利亚、黎巴嫩、埃及等国的边境线。这些国境线确立的"阿拉伯国家体制"一直延续到今天。

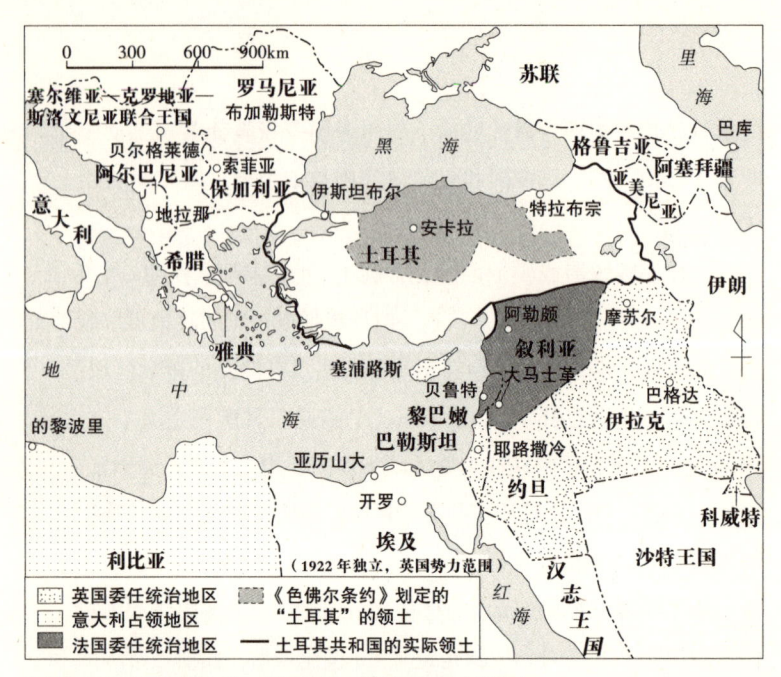

奥斯曼帝国灭亡后的巴尔干、安纳托利亚、阿拉伯地区（1922）

　　奥斯曼帝国不成熟的殖民统治，被欧洲列强真正的殖民统治代替。这一时期，阿拉伯地区的民族主义运动被强力镇压下去。

　　另一方面，在巴勒斯坦地区，从1880年开始，欧洲各国，主要是俄国的犹太人开始移居到巴勒斯坦。在第一次世界大战结束前，已经有六万人移居至此。英国显然没有履行承诺，在1917年由外务大臣贝尔福发表了与《侯赛因—麦克马洪书简》相矛盾的《贝尔福宣言》，宣布要帮助犹太人建设新国家，从而引发了更大的犹太人移民浪潮。英国的出尔反尔和犹太人的移民浪潮，是今日的巴勒斯坦问题的原点。

奥斯曼帝国的记忆

1922年，穆斯塔法·凯末尔率领的土耳其大国民议会决定将苏丹制度和哈里发制度分离，苏丹政权彻底崩溃，奥斯曼帝国灭亡。作为伊斯兰世界虚位领袖的哈里发在1924年也被废止。被土耳其共和国驱逐出境的奥斯曼王室离散到欧洲各国和印度，直到1974年，奥斯曼家族的男性成员才被允许返回土耳其。阿卜杜勒·哈米德二世的孙子、奥斯曼家族的继承人在巴黎做看守墓园的工作。1994年他在法国尼斯去世，报纸上还为此喧嚣一时。然而，这只不过代表了土耳其人对生活在国外的奥斯曼王室的好奇心而已，表面看，奥斯曼王室已经只成为土耳其人"乡愁"的心理寄托，对于民族主义国家土耳其共和国来说是，那是异样的东西。

奥斯曼帝国的历史已经相当遥远，但出于政治需要，各种力量并未停止利用奥斯曼帝国的历史。比如，政治家就土耳其共和国加入欧盟的问题发言或宣传时，将土耳其的国家形象再度和曾经威胁欧洲的奥斯曼帝国重合起来是常用的手段。而且，不仅是土耳其共和国自身，在旧帝国疆域上诞生的所有新国家，都生活在"民族的时代"。对于"民族的时代"出现的复杂问题，奥斯曼帝国也常被视作元凶。

奥斯曼帝国过去统治的疆域依然存在一系列的民族纷争。巴尔干地区的旧南斯拉夫的地域纷争（特别是波斯尼亚问题和科索沃问题）、土耳其和伊拉克的"库尔德人"问题、黎巴嫩的宗派对立等都是这一例子。看不到解决希望的巴勒斯坦问题，如前所述，其源头也在奥斯曼帝国的时代。在旧奥斯曼帝国的疆域内构建单一宗教、单一民族的国家是不可能的，可以说，那种形成均质化的民族国家的幻想为今天的纷乱埋下了不幸的火种。

回顾14世纪开始到18世纪末结束的奥斯曼帝国的传统体制，对于理解当前中东、巴尔干和阿拉伯地区的许多政治问题非常必要。因为在人口构成、社会结构、政治传统、文化交流等各方面，过去都影响着现在。但是回顾这些历史问题并不意味着要强化当前冲突中各民族的立场。前近代的奥斯曼帝国是和现代民族概念毫无关系的国家。奥斯曼帝国的"继承国"都以自己为中心，利用奥斯曼帝国的历史，因此，我们在看待相关地区冲突的时候要尤为慎重。奥斯曼帝国不能为现代民族主义绑架，如何把奥斯曼帝国还原到其自身的历史位置依然是一个重大课题。

另外，在"民族的时代"，生活在巴尔干、安纳托利亚和中东地区的现代人无法否认"奥斯曼帝国后裔"的身份。如果过去的记忆中真有创造"未来"的力量，那么巴尔干、安纳托利亚和中东地区的人们所共同拥有的那部分记忆或许并非毫无意义吧。那段记忆长达五百年。我们期待着巴尔干、安纳托利亚和中东地区的人们以这段历史为共同荣耀的时代早日到来。

术语译注

阿扬:在地方的市镇或农村有影响力的实际管理者。特别是在18世纪包税制的普及过程中,被政府授予官职,进而通过占有大量土地而兴起的地方豪族首领。

阿金基:参加掠夺战争的军人。在奥斯曼帝国初期极为活跃,靠战利品维持生计。

阿斯科里:奥斯曼帝国的统治阶级,由军人、欧莱玛和书记官僚三种类型构成。他们为苏丹服务,享有免税特权。和拉伊亚是相对的概念。

耶尼切里:14世纪后半期诞生的常备步兵。15、16世纪配备了枪炮武装,是保卫在苏丹周围的少数精锐近卫军团。17、18世纪开始屯扎地方城市并逐渐世袭化、当地化。结果,他们渐渐融入城市的被统治阶层,并且成为那些人的利益代表。1826年废止。

欧莱玛:伊斯兰知识分子。在奥斯曼帝国,接受并完成规定的伊斯兰教高等学府的教育,从事司法和教育等职务的官僚。

加齐：原本是指为扩大伊斯兰教而进行宗教战争（即圣战、大吉哈德）的骑士，但成为奥斯曼侯国初期掠夺战参加者的美称。

治外法权：16世纪以来，奥斯曼帝国给予欧洲诸国"恩惠型"的通商特权。18世纪开始，治外法权的词义被扩大，被用于欧洲列强的经济输入。

卡普库鲁：即"苏丹的奴隶"。通过德米舍梅或其他相关方式征用的且由苏丹直接指挥的军人。

宦官：苏丹的宫廷或者是他富裕阶层的私宅中从事服务的被阉割的男性。在奥斯曼宫廷中，有负责郎官教育和管理的白人宦官，还有在女性生活的后宫服务的黑人宦官，黑人宦官长作为苏丹的近侍，拥有较高的权限。

兄继弟戮：新即位的苏丹为防止他人争夺大位而杀掉其余拥有继承权兄弟的习惯。1603年，艾哈迈德一世即位后不再实行，此后废止。

凯兹巴什：指萨法维王朝的游牧民兵，也包括响应萨法维王朝的安纳托利亚游牧民，因其头戴红帽（凯兹巴什）而得名。

市军政官：桑贾克贝伊。在省军政官之下，负责市（桑贾克）军事与行政的军人。16世纪末之前，苏丹的王子也担任此职务，积累统治经验。

侯国：突厥系游牧民族迁移到安纳托利亚后建立的小国家。

侍童："苏丹的奴隶"中，在宫廷中接受教育的精英候补。他们在苏丹的周边负责照顾生活，或者陪伴王子一同接受教育。郎官的高级阶层可以携带刀剑，或担任侍卫长官（警卫工作）。成年后离开宫廷，担任军队的职务。

御前会议：大宰相主持的奥斯曼帝国最高政务会议，相当于后来的内阁会议。17世纪前，在托普卡帕宫殿外廷的一角召开。

在乡骑士：希帕西。在蒂玛尔分封制下，接受蒂玛尔封地并承担相应军事义务的骑士。他们自备战马和武器装备应召参战，在省的军政官和行省军政官领导之下组成在乡骑士军。平时作为村长向农民征税。

谢赫伊斯兰：又译伊斯兰长老。本意是指奥斯曼帝国首都的穆夫提。16世纪中叶以后，地位凌驾于军人法官之上，成为欧莱玛的最高职位，谢赫伊斯兰做出的宗教裁判——"法律判断"经常被用在政治上。

杰拉里：在安纳托利亚发动叛乱的军人、游牧民、农民的总称。

省军政官：Beylerbey，奥斯曼帝国直接支配地区的行省的军事和行政负责人。17世纪以后，行政职能益发重要。

人头税：依据伊斯兰法，非伊斯兰教徒必须缴纳的一种税金。17世纪之前，以村落或村落共同体为单位集体课税，分配则委托给各宗教团体。

神秘主义教团：以对圣者及其血统的信仰为核心，举行各种宗教仪式的团体。他们集中在被称为扎维亚的修道场，多拥有丰富的宗教捐赠财产。

苏丹：奥斯曼帝国君主的称号。奥斯曼帝国以来，苏丹成为君主的特定名词，在本书中也是特指国家君主。但是，在过去，苏丹是对君主以外的王族，其中包括军人和女性的尊称。比如，苏莱曼一世的妻子许蕾姆王妃的全名是许蕾姆·苏丹，君主的母后尊称为瓦力迪·苏丹。

术语译注

苏丹即哈里发：由奥斯曼帝国的苏丹担任伊斯兰世界的哈里发的主张。在16世纪奥斯曼帝国成为伊斯兰世界的霸主的时候虽然有潜在的想法，但是真正称哈里发是在18世纪末从阿卜杜勒·哈米德一世开始的。在19世纪末的阿卜杜勒·哈米德二世时期被用于泛伊斯兰宣传。

属国：首领可世袭，对奥斯曼帝国缴纳贡税金，接受帝国间接统治的国家。

大宰相：宰相的首领。苏丹的全权代理人。就任时接受苏丹赐予的装饰有花押的印章，作为苏丹的代理主持御前会议。在15世纪后半以后，大多由军人担当此职。

地方法官：由欧莱玛担当的司法职位。主管地方法庭，作为被称为"卡萨"（县）的行政单位的长官，负责司法与行政。

包税制：把征税委托给特定的个人，并由其预缴部分税收的制度。此制度在奥斯曼帝国初期只被用于矿山和关税，16世纪末开始扩展到农村。在17世纪末，包税制导入了终身契约，成为首都和地方双方社会变化的重要原因。

征税调查：15—16世纪在蒂玛尔制度施行地区对纳税户的调查。政府调查村庄的户数、农产品、纳税习惯，并以此为依据对在乡骑士进行蒂玛尔资格的授予。调查实录的账本成为研究当时奥斯曼帝国社会的珍贵史料。

蒂玛尔制：把农村等地的征税权分配给在乡骑士，以换来在乡骑士履行军事奉献的义务。

迪万：①会议，特指御前会议。②诗集。

德米舍梅：在巴尔干地区的农村不定期实施的常备兵员强制征用制度。

后宫：指由妻子、儿女等组成的家族。同时，在住宅里，也表示后宫成员生活的空间。在奥斯曼君主家里，宫殿的一角被当作·哈雷姆。苏丹的母后（瓦力迪·苏丹）、为苏丹生子的女性（哈塞基）、其他的女性、王子、黑人宦官在此处生活。15世纪以后，苏丹不再与近邻诸国进行政治婚姻，奥斯曼家的后宫主要是从巴尔干和高加索地区带来的女性奴隶中选拔。已故苏丹的后宫成员按照惯例搬到其他宫殿。

非伊斯兰教徒：根据伊斯兰法，和伊斯兰教徒相区别的基督教徒、犹太教徒。他们负有缴纳人头税的义务。

法令集：为了利用的便利，根据苏丹制定的法律而制作的法令集。因为苏丹的法律与伊斯兰法同时存在，所以它也被称为世俗法或制定法等。16世纪，政府根据征税调查制成的以县为单位的地方法令集和有关国家统治的统治法令集等各种法令集。但是，它们并没有汇总成一体。

米勒特制：奥斯曼帝国以希腊正教会、亚美尼亚教会等的宗教教派为单位，统治非伊斯兰教徒的制度。18世纪中叶，此制度随着希腊正教会等的中央集权化而成立。

穆夫提：指一种欧莱玛的职位。他们针对生活上、宗教上的各种质问，依照伊斯兰法进行决断。

拉伊亚：指农民、游牧民、匠人、商人等负有纳税义务的奥斯曼臣民。与"阿斯科里"相对。

帕夏：奥斯曼帝国对军人首领的尊称。

麦德莱赛：高级伊斯兰学校，以传授法学为教育的中心。

瓦合甫：伊斯兰教的宗教捐赠制度，也指捐赠的财产。

参考文献

仅列出近年来主要的英语和日语参考书

奥斯曼帝国通史和全像

永田雄三编,《西亚历史 2 波斯与土耳其卷》,山川出版社,2002 年

永田雄三、羽田正,《成熟伊斯兰社会》,中公文库,2008 年

铃木董,《奥斯曼帝国——伊斯兰世界的"柔性专制"》,讲谈社现代新书,1992 年

新井政美,《奥斯曼帝国与欧洲——何为"土耳其威胁"?》,讲谈社,2002 年

林佳世子,《奥斯曼帝国的时代》,山川出版社,1997 年

奥斯曼帝国的特征、文化和特定时期的断代史

安德烈·库雷,《苏莱曼大帝及其时代》,滨田正美译,法政大学出版局,1992 年

铃木董,《伊斯坦布尔历史寻踪(插图版)》,河出书房新社,1993 年

野中惠子,《伊斯坦布尔历史之旅,世界遗产》,小学馆,2002 年

特雷兹·比德尔,《奥斯曼帝国的荣光》,铃木董监修,富樫樱子翻译,创元社,1995 年

奥斯曼帝国以前的安纳托利亚和巴尔干

根津由喜夫,《幻影的世界帝国——拜占庭》,讲谈社,1999 年

S. Vryonis, Jr., *The Decline of Medieval Hellenism in Asia Minor and the Process of Islamization from the Eleventh through the Fifteenth Century*, Univ. of California Press, 1971.

M. Hendy, *Studies in the Byzantine Monetary Economy c.300–1450*, Cambridge Univ. Press, 1985.

D. M. Nicol, *The last Centuries of Byzantium,1261–1453*, Cambridge Univ. Press, 1993(2nd ed.).

奥斯曼帝国统治下的巴尔干地区

柴宜弘编,《巴尔干历史》(新版世界各国史 18),山川出版社,1998 年

井上浩一、栗生泽猛夫,《拜占庭与斯拉夫》(世界历史第 11 卷),中央公论社,1998 年

佐原彻哉,《近代巴尔干都市社会史——多元主义空间中的宗教与空间》,刀水书房,2003 年

B. McGowan, *Economic Life in Ottoman Europe*, Cambridge Univ. Press,1981.

F. Adanir & S. Faroqhi (eds.) *The Ottomans and the Balkans: a Discussion of Historiography*, Brill, 2002.

A. Minkov, *Conversion to Islam in the Balkans: Kisve Bahasi Petitions and Ottoman Social Life, 1670–1730*, Brill, 2004.

奥斯曼帝国治下的阿拉伯地区

佐藤次高,《西亚历史之阿拉伯卷》(新版世界各国史8), 山川出版社, 2002年

M. W. Daly (ed.) *Modern Egypt, from 1517 to the End of the Twentieth Century* (The Cambridge History of Egypt Vol.2), Cambridge Univ. Press, 1998.

J. Hathaway, *The Politics of Households in Ottoman Egypt: The Rise of the Qazdǧlıs*, Cambridge Univ. Press, 1997.

J. Hathaway, *The Arab Lands under Ottoman Rule, 1516-1800*, Pearson Longman, 2008.

D. R. Khoury, *State and Provincial Society in the Ottoman Empire: Mosul, 1540-1834*, Cambridge Univ. Press, 1997.

奥斯曼帝国史入门及专门的研究通史

C. Finkel, *Osman's Dream: The Story of the Ottoman Empire, 1300-1923*, J. Murray, 2005.

C. Imber, *The Ottoman Empire, 1300-1650: The Structure of Power*, Palgrave Macmillan, 2002.

S. Pamuk, *A Monetary History of the Ottoman Empire*, Cambridge Univ. Press, 2000.

S. Faroqhi, *Approaching Ottoman History: An Introduction to the Sources*, Cambridge Univ. Press, 1999.

D. Quataert, *The Ottoman Empire, 1700-1922*, Cambridge Univ. Press, 2002.

B. Tezcan, *The Second Ottoman Empire: Polotical ande Social Transformation in the Early Modern World*, Cambridge Univ. Press, 2010.

奥斯曼国家早期史

C. Imber, *The Ottoman Empire, 1300-1481*, Isis, 1990.

C. Kafadar, *Between Two Worlds: The Construction of the Ottoman State*, Univ. of California Press, 1995.

H. Lowry, *The Nature of the Early Ottoman State*, State Univ. of New York Press, 2003.

R. P. Lidner, *Explorations in Ottoman Prehistory*, Univ. of Michigan Press, 2007.

E. A. Zachariadou (ed.), *The Via Egnatia under Ottoman Rule (1380-1699)*, Crete Univ. Press, 1996.

15、16 世纪的奥斯曼帝国史

H. Inalcik, *The Ottoman Empire, The Classical Age*, Praeger Publishers, 1973.

H. Inalcik & D. Quataert (ed.), *An Economic and Social History of the Ottoman Empire*, Vol. 1: 1300-1600, Cambridge Univ. Press, 1997 (first published in 1994).

H. Inalcik & C. Kafadar (eds.), *Süleyman the Second and his Time*, Isis, 1993.

M. Greene, *A Shared World: Christians and Muslims in the Early Modern Mediterranean*, Princeton Univ. Press, 2000.

G. Necipoğlu, *Architecture, Ceremonial and Power: The Topkapi Palace in the Fifteenth and Sixteenth Centuries*, Architectural History Foundation (New

York), 1991.

17、18 世纪的奥斯曼帝国史

铃木董,《奥斯曼帝国的权力与精英》,东京大学出版会,1993 年

S. Faroqhi (ed.), *The Later Ottoman Empire, 1603–1839* (The Cambridge History of Turkey, Vol.3), Cambridge Univ. Press, 2006.

H. Inalcik & D. Quataert (ed.), *An Economic and Social History of the Ottoman Empire*, Vol. 2: 1600–1914, Cambridge Univ. Press, 1997 (first published in 1994).

V. H. Aksan & D. Goffman (eds.), *The Early Modern Ottomans: Remapping the Empire*, Cambridge Univ. Press, 2007.

B. Tezcan & K. K. Barbir (eds.), *Identity and Identity Formation in the Ottoman World*, The Univ. of Wisconsin Press, 2007.

D. Sajdi (ed.), *Ottoman Tulips, Ottoman Coffee: Leisure and Lifestyle in the Eighteenth Century*, I. B. Tauris, 2007.

后期奥斯曼帝国的统治阶层

C. H. Fleischer, *Bureaucrat and Intellectual in the Ottoman Empire: The Historian Mustafa Ali (1541–1600)*, Princeton Univ. Press, 1986.

I. M. Kunt, *The Sultan's Servants: The Transformation of Ottoman Provincial Government,1550–1650*, Columbia Univ. Press, 1983.

Rifa'at Abou El-Haj, *Formation of the Modern State: The Ottoman Empire*,

Sixteenth to Eighteenth Centuries, State Univ. of New York Press, 1991.

G. Piterberg, *An Ottoman Tradegy: History and Historiography at Play*, Univ. of California Press, 2003.

M. C. Zilfi, *The Politics of Piety: The Ottoman Ulema in the Postclassical Age (1600–1800)*, Bibliotheca Islamica, Minneapolis, 1988.

C. Findley, *Bureaucratic Reform in the Ottoman Empire: The Sublime Porte, 1789–1922*, Princeton Univ. Press, 1980.

奥斯曼帝国的税制及其导致的社会变化

L.T. Darling, *Revenue-Raising and Legitimacy, Tax Collection and Finance Administration in the Ottoman Empire, 1560–1660*, Brill, 1996.

A. Salzmann, *Tocqueville in the Ottoman Empire: Rival Paths to the Modern State*, Brill, 2003.

奥斯曼帝国的军事体制

R. Murphy, *Ottoman Warfare,1500–1700*, Rutgers Univ. Press, 1999.

V. H. Aksan, *Ottoman Wars 1700–1870*, Pearson Longman, 2007.

G. Ágoston, *Guns for the Sultan: Military Power and the Weapons Industry in the Ottoman Empire*, Cambridge Univ. Press, 2005.

M. L. Stein, *Guarding the Frontier: Ottoman Border Forts and Garrisons in Europe*, I. B. Tauris, 2007.

W. G. Andrews and M. Kalpakli, *The Age of Beloveds, Love and the Beloved in*

Early-Modern Ottoman and European Culture and Society, Duke Univ. Press, 2005.

文化与社会结构

W. G. Andrews, N. Black & M. Kalpakli (ed. and tr.), *Ottoman Lyric Poetry: An Anthology*, Univ. of Texas Press, 1997.

S. Faroqhi, *The Ottoman Empire and the World Around It*, I.B. Tauris, 2004.

S. Faroqhi, *Subjects of the Sultan: Culture and Daily Life in the Ottoman Empire*, I. B. Tauris, 2000.

R. Dankoff. *An Ottoman Mentality: The World of Evliya Çelebi*, Brill, 2004.

E. Yi, *Guild Dynamics in Seventeenth-Century Istanbul: Fluidity and Leverage*, Brill, 2004.

Y. Nagata, Tarihte Ayanlar: Tarihte âyânlar: Karaosmanoğulları üzerinde bir inceleme, Türk Tarih Kurumu, 1997.

奥斯曼帝国的女性史

P. Leslie, *The Imperial Harem: Women and Sovereignty in the Ottoman Empire*, Oxford Univ. Press, 1993.

L. Thys-Senocak, *Ottoman Women Builders: The Architectural Patronage of Hadice Turhan Sultan*, Ashgate Pub. Co., 2006.

M. C. Zilfi (ed.), *Women in the Ottoman Empire: Middle Eastern Women in the Early Modern Era, Brill, 1997.*

C.K. Neumann & S. Faroqhi (eds.), Ottoman Costumes: From Textile to Identity, Eren, 2004.

近代奥斯曼帝国及其遗产

新井政美,《土耳其近现代史》,美篶书房,2001年

R. Kasaba (ed.), *Turkey in the Modern World* (The Cambridge History of Turkey, Vol. 4), Cambridge Univ. Press, 2008.

M. S. Hanioglu, *A Brief History of the Late Ottoman Empire*, Princeton Univ. Press, 2008.

S. J. Shaw, *Between Old and New: The Ottoman Empire under Sultan Selim III, 1789–1807*, Harvard Univ. Press, 1971.

D. Quataert, *Ottoman Manufacturing in the Age of the Industrial Revolution*, Cambridge, 1993.

L. C. Brown(ed.), *Imperial Legacy: The Ottoman Imprint on the Balkans and the Middle East*, Columbia Univ. Press, 1996.

历史年表

西历	奥斯曼帝国	世界史视角
11世纪初	突厥系游牧民开始进入安纳托利亚	
1071年	与拜占庭发生曼齐刻尔特战役	
		1054年，东西两教会分裂
		1057年，拜占庭帝国的科穆宁王朝建立
1077年	罗姆苏丹国建立	
1176年	与拜占庭发生密列奥塞法隆战役	
		1192年，日本源赖朝就任征夷大将军
1204年	第四次十字军东征，建立拉丁帝国	
		1215年，英国颁布《大宪章》
13世纪上半期	罗姆塞尔柱王朝达到全盛时期	
1243年	与拔都率领的蒙古军发生克塞山战役，罗姆苏丹国崩溃	
1261年	拜占庭帝国还都君士坦丁堡	
		1281年，蒙古进攻日本
1302年	与拜占庭发生巴菲乌斯战役，奥斯曼集团崛起	
1324年	奥尔汗即位	
1326年	攻击布尔萨	
1329年	与拉丁帝国进行贝勒卡依战役	
1331年	征服伊兹尼克（尼西亚），塞尔维亚国王斯蒂芬·杜尚即位	
1332年前后	伊本·白图泰开始游历奥斯曼托利亚	
		1339年，英法百年战争开始
1345年	吞并卡雷斯侯国	
1352年	开始在巴尔干地区扩张	
1355年	斯蒂芬·杜尚去世	
1362年	穆拉德一世即位	
		1368年，朱元璋建立明朝

1381 年	拜占庭帝国对奥斯曼侯国称臣
1389 年	与塞尔维亚王国进行科索沃战役。穆拉德一世去世。巴耶济德一世即位
1390 年	巴耶济德一世远征安纳托利亚
1392 年	塞尔维亚成为奥斯曼侯国的属国
1396 年	保加利亚被纳入奥斯曼侯国的直接统治,奥斯曼侯国击败远征的十字军
1402 年	与帖木儿(蒙古)帝国发生安卡拉战役,大败,奥斯曼侯国瓦解
1413 年	穆罕默德一世即位,奥斯曼侯国再统一
1421 年	穆拉德二世即位
1441 年	与匈雅提率领的匈牙利联军发生瓦尔纳战役,并将联军击败 1438 年,阿尔布来希特二世就任神圣罗马帝国皇帝,开始了哈布斯堡王朝的统治(—1806)
1444 年	瓦尔纳战役,打败匈雅提率领的波匈联军
1451 年	穆罕默德二世即位
1453 年	攻陷东罗马帝国首都君士坦丁堡,更名为伊斯坦布尔
1457 年	在伊斯坦布尔建设市场等
1460 年	吞并伯罗奔尼撒半岛
1461 年	灭亡特拉布宗王国
1469 年	灭亡白羊王朝,开始统治中央安纳托利亚
1475 年	克里米亚汗国成为奥斯曼帝国的属国
1479 年	威尼斯画家真蒂莱·贝利尼来到伊斯坦布尔 伊比利亚半岛上的卡斯蒂利亚和阿拉贡两个王国合并为西班牙
1481 年	巴耶济德二世即位,杰姆王子失败,逃往欧洲寻求庇护

1491年	奥斯曼帝国与马穆鲁克王朝议和
1492年	接收从西班牙等地来的犹太教徒
1498年，达·芬奇完成名作《最后的晚餐》	
1501年	萨法维王朝建立
1511年	亲萨法维王朝的凯兹巴什发动叛乱
1512年	塞利姆一世即位
1514年	与萨法维王朝发生查尔迪兰战役，并将其击败
1515年	征服东部和南部安纳托利亚
1516年	征服叙利亚
1517年	征服埃及，奥斯曼帝国成为麦加和麦地那的圣地保护者
马丁·路德发起宗教改革	
1519年	地中海海盗集团的首领巴巴罗萨·海雷丁归附奥斯曼帝国
1520年	苏莱曼一世即位
1521年	征服贝尔格莱德
1522年	征服罗德岛
1524年	埃及叛乱，翌年平叛后开始施行奥斯曼帝国的法令
1526年	亲萨法维王朝的凯兹巴什叛乱。与匈牙利发生莫哈奇战役，并将其击败
1529年	第一次维也纳包围战
1532年，西班牙人弗朗西斯科·皮萨罗征服印加帝国	
1534年	巴巴罗萨·海雷丁就任海军总督。苏莱曼一世远征伊朗、伊拉克，征服巴格达
1537年	引进欧莱玛任官资格制度
1538年	与西班牙和威尼斯联合舰队发生雷韦扎湾海战，并大败联军，获得地中海西岸的海上霸权
1538年	奥斯曼舰队到达印度西海岸的古吉拉特地区

1541年	在匈牙利推行军事采邑制
1543年	与法国共同攻击尼斯
1549年	1549年，西班牙人沙勿略到达日本鹿儿岛，开始传教
1552年	奥斯曼舰队远征霍尔木兹海峡失败
1553年	犹太裔大商人约瑟夫·纳吉移居伊斯坦布尔
1555年	与萨法维王朝签订《阿马西亚和约》
1557年	建筑师锡南设计并主持建成了苏莱曼清真寺
1558年	1558年，英国伊丽莎白一世女王继位
1559年	奥斯曼王位继承战争
1566年	苏莱曼一世远征匈牙利，途中去世，塞利姆二世即位
1567年	尼德兰革命（—1581）
1567年	在也门镇压什叶派穆斯林的宰德派叛乱
1569年	大宰相索库鲁·穆罕默德·帕夏提出两大运河计划
1571年	勒班陀海战，被热那亚和马耳他骑士团等的联合舰队击败
1574年	复夺突尼斯，将其变为属国
1575年	1575年，日本长筱之战
1578年	与萨法维王朝开战（—1590），统治大不里士，阿塞拜疆等，在东方的领土达到最大
1587年	萨法维王朝阿巴斯一世即位。依次夺回大不里士，阿塞拜疆
1589年	反对货币改铸的耶尼切里军团发动叛乱
1588年	1588年，英国击败西班牙无敌舰队
1593年	与奥地利的哈布斯堡家族开始"长期战争"（—1606）
16世纪90年代	财政改革。在安纳托利亚发生卡拉·亚兹杰叛乱等杰拉里叛乱
1600年	诗人巴基去世
1606年	在叙利亚爆发姜博拉特奥尔之乱
1622年	耶尼切里军团叛乱，杀害奥斯曼二世。阿巴萨·穆罕默德·帕夏叛乱
1620年	1620年，五月花号航船到达北美
1638	穆拉德四世再次远征巴格达
1636年	1636年，皇太极改国号后金为清，建立清朝

1639年	与萨法维王朝缔结《席林堡条约》
17世纪前半期	苏丹母后的政治力量加强
1656年	寇普洛鲁·穆罕默德·帕夏就任大宰相,恢复秩序
1657年	消除了威尼斯对伊斯坦布尔周边海峡的封锁
1660年,英国斯图亚特王朝复辟	
1669年	征服克里特岛
1672年	从波兰夺回博多利亚,奥斯曼帝国欧洲部分的疆土达到最大
1683年	第二次维也纳包围战失败
1690年	新货币"库鲁"投入市场
1695年	包税制引入了终身契约
1696年	俄国夺得黑海的亚速
1699年	缔结《卡尔洛夫奇条约》,获得特兰西瓦尼亚、摩里亚、波多利亚和匈牙利
1701年,西班牙王位继承战争开始(—1714)	
1711年	通过《普鲁特和约》从俄罗斯夺回亚速海的控制权
1718年	依据《帕萨罗维茨条约》,丧失了贝尔格莱德周边的疆土。易卜拉欣·帕夏就任大宰相
1722年	萨法巴德离宫建成。宴席不断,即郁金香时代
1724年	与波斯开始新一轮大战。萨法维王朝灭亡后,奥斯曼帝国与阿富汗系的纳迪尔·沙率领的军队开战
1728年	易卜拉欣·穆特法满茂开设印刷所
1730年	帕托罗那·哈利尔叛乱。诗人内蒂姆去世
1732年,北美十三州开始建立殖民地	
1830年左右	埃及的卡斯达格利亚崛起
1739年	依据《贝尔格莱德和约》,夺回贝尔格莱德
1740年	法国在奥斯曼帝国获得领事裁判权

年份	事件	
1760年左右	政府开始清除阿扬势力,加强中央集权	
1768年	第五次俄土战争(—1774)	
1770年	切什梅海战败于俄军	
1774年	缔结《库楚克—凯纳吉条约》	
1776年		1776年,《独立宣言》发表
1783年	克里米亚汗国正式被俄国吞并	
1787年	第六次俄土战争(—1792),签订《雅西和约》并承认了俄罗斯对克里米亚汗国和格鲁吉亚的统治	
1789年		法国大革命
1793年	塞利姆三世即位	
1793年	西洋式的尼沙姆·甲吉德军建立	
1798年	拿破仑占领埃及(—1801)	
1802年	瓦哈比教派破坏南伊拉克的什叶圣地,第二年将麦加置于其控制之下	
1804年	第一次塞尔维亚起义	
1805年	穆罕默德·阿里就任埃及总督	英国在特拉法尔加海战中获胜
1806年	第七次俄土战争(—1812)	
1807年	塞利姆三世被废黜,后被杀害	英国废止了奴隶贸易
1808年	马哈茂德二世即位。由地方阿扬晋升为大宰相的阿雷姆达尔·穆斯塔法·帕夏与新苏丹签订"同盟誓约",不久,这位大宰相被耶尼切里军团杀害	
1811年	穆罕默德·阿里在埃及创建西式军队	
1813年		1813年,拿破仑在莱比锡战败
1815年	第二次塞尔维亚起义(变成塞尔维亚公国)	
1818年	穆罕默德·阿里的军队镇压了瓦哈比教派	
1821年	希腊各地兴起独立运动	

年份	事件
1822 年	奥斯曼政府军彻底击溃塔帕雷斯·阿里·帕夏的部队
1825 年	穆罕默德·阿里出兵希腊
1826 年	耶尼切里军团被彻底废除,代之以西洋式的穆罕默德常胜军
1828 年	第八次俄土战争(—1829)
1829 年	与俄罗斯缔结《亚得里亚堡利约》,承认希腊独立与塞尔维亚自治、摩尔多瓦与瓦拉几亚获得自治权
1830 年	希腊独立,获得国际承认,1832 年成立王国。1832 年法国征服阿尔及利亚
1831 年	穆罕默德·阿里征服叙利亚
1835 年	奥斯曼将利比亚置于直接统治之下
1838 年	与英国签订《英土商业条约》
1839 年	穆哈默德·阿里向安纳托利亚再度进军。同年,马哈茂德二世去世,阿卜杜勒·迈吉德一世发布《花厅御诏》
1840 年	签订《伦敦四国条约》。穆罕默德·阿里重获奥斯曼帝国宗主权支配下的埃及世袭统治权 1842 年,英国维多利亚女王即位 1842 年,第一次鸦片战争
1843 年	将黎巴嫩山区划归直辖
1853 年	克里米亚战争爆发
1856 年	颁布《改革敕令》 美国南北战争爆发。
1876 年	阿卜杜勒·哈米德二世即位。颁布《米德哈特宪法》,翌年开始实施宪政
1877 年	第十次俄土战争 日本西南战争爆发
1878 年	宪法被废止。阿卜杜勒·哈米德二世重新开始专制统治。缔结《柏林条约》,塞尔维亚、门的内哥罗(黑山)、罗马尼亚独立,保加利亚成为自治公国

年份	事件	
1880年左右	犹太移民开始流向巴勒斯坦	
1881年	法国吞并突尼斯	
1889年	青年土耳其党罗开始活动	
1908年	青年土耳其党革命爆发。第二次立宪政治出现。奥地利吞并波斯尼亚和黑塞哥维那。保加利亚独立。希腊合并了克里特岛	
1911年	由于意大利占领利比亚,与意大利开战	
1912年	第一次巴尔干战争。同年,阿尔巴尼亚独立	中华民国建立
1914年	第一次世界大战爆发(—1918)。与保加利亚参加同盟国集团	
1915年	依据《亚美尼亚人强制移住令》,亚美尼亚人遭到迫害	
1916年	英法签订《赛克斯·皮科协定》	1917年,俄国十月革命
1918年	塞尔维亚-克罗地亚-斯洛文尼亚王国成立	
1920年	协约国军队占领伊斯坦布尔。签订《色佛尔条约》。圣雷莫会议决定将巴勒斯坦和伊拉克委托英国统治,黎巴嫩和叙利亚委托给法国统治	1919年,巴黎和会召开,国际联盟成立
1921年	伊本·萨乌迪家族开始统治阿拉伯半岛	
1922年	奥斯曼帝国灭亡。英国宣布承认埃及独立	
1923年	缔结《洛桑条约》,洛桑会议决定希腊与土耳其达成居民交换协定。土耳其共和国成立	日本关东大地震
1924年	哈里发制度被废止	

译者后记

为学十五载,翻译《奥斯曼帝国:五百年的和平》是我做过的最艰难也最有意义的工作。

所谓最艰难是因为我略懂英语、自习日语、欲学俄语,而奥斯曼帝国相关史料是丰富多元的,能否准确将各类专有名词转换成通识的鲜活的汉语,最初并无信心。二则,中国到了再次需要高质量译作的时代,相当多的大学却不视翻译为科研成果,翻译书稿就要面对来自科研评价体系的压力。三则,长期从事东北亚国际关系研究,兼修中国古典文学,译《奥斯曼帝国:五百年的和平》主题略微偏离先前的学术领域。

尽管如此,我更乐得做一"杂家",而不愿在一个狭窄的领域里皓首穷经。本译作可能比我以往的三部作品《稻盛和夫的经营哲学》《伪满洲国的法治幻想》《国际法简编》拥有更广阔的读者。这种盲目的乐观基于以下三点理由：

首先，"一带一路"战略提出以后，中国读者对于西亚的历史关怀回暖，而伊斯坦布尔正是"新丝绸之路"注入地中海的最佳终点。其次，对中国所走现代化道路的反思并未完成，唐时中华与突厥匆匆一别，近代以来奥斯曼帝国以"西亚病夫"与大清王朝同病相怜，将东亚邻邦的奥斯曼史研究著作引入中国，符合广大读者的期待。再次，克里米亚狼烟方熄、叙利亚多方火并，俄罗斯与土耳其碰触到战争边缘，万事有因，汗青自解。奥斯曼帝国虽然不必承担中东乱局的历史原罪，但中东、西亚和东欧的"新恨旧仇"都起源于奥斯曼帝国时期。本译作将为关心国际热点问题的读者提供新的视角。

艰难且有意义的工作开始了，林佳世子教授在原著开篇就否定了"奥斯曼帝国史是土耳其人的帝国史"和"奥斯曼帝国是伊斯兰帝国"两项窠臼。作为译者的我也兴奋起来，挥起秃笔，从乙未寒假开始，到丙申寒假终止。复耗时六十余日，将历史年表、地图和名词部分完成，可以提交给理想国了。

我究竟何时开始重视翻译工作的呢？大学时就读的国际政治系曾开设"翻译理论与实践"课程，我当时"两耳不闻讲台事，一心只读圣贤书"。不过圣贤书是按照自己的标准选择而已。开始着力中国古典文学后，我特别关注中外对比阅读，许渊冲和杨宪益两位大家的译作是我的最爱。最初，关于"诗歌能否翻译"的讨论在我看来是远在云端。

终于有一天我自己开始翻译诗歌,话题又回到读者面前的这部《奥斯曼帝国:五百年的和平》,诗人是奥斯曼社会的特殊群体,原作者林佳世子教授单列章节,以东亚的视角为这些古代西亚诗人立传。诗歌是文化精英心态的反映。原作引用诗歌说明了社会边缘的知识分子对于定都伊斯坦布尔的复杂心理。苏莱曼大帝戕害了穆斯塔法王子,虽然骨肉相残的悲剧在各国王室都曾上演,但流传在伊斯坦布尔街头巷尾的诅咒幕后凶手的诗歌也许更能给我国读者耳目一新的感觉吧。作者的写法类似于中国传统的"文史互证",这也是我在学术研究中非常推崇的方法。但是,为原作而叹服是读者的事情。作为译者,还要向前再迈一大步。

全书总计有奥斯曼诗人的作品十余首,我运用"楚辞体"以外的四言、五言和七言,在尽量保留原作语义和意境的前提下,追求译作的形式和音律之美。译稿在一首诗中长短句交替运用,或者同一作者的作品以不同形式翻译。诗人多卡今扎迪·亚弗亚的长诗写于穆斯塔法王子被害之后,全诗的三部分被我分别译成了四言体、五言体和自由体。五言体的部分是十二个偏正结构的名词词组的并列,或许是受了《天净沙·秋思》的启发吧:

> 伟大的苏丹,世间的可汗。
> 圣王的怒火,巍峨的雪山。
> 王子的躯体,白色的布幔。
> 帝国的栋梁,无声的城堡。

哭泣的万民，停滞的时间。
西沉的月亮，啜泣的春天。

在翻译诗歌时，我还使用了古代汉语的固有词汇。诗人纳比的一个句子，若译成白话文口语是："今天尽情地喝酒吧，哪怕明天去要饭。"被我借用《红楼梦》中的文言词汇翻译成了：

今日走斝传觞，
明朝破钵随缘。

任何翻译，包括诗歌的翻译都不是"天马行空成一快"，我的工作还需编辑的批评和读者的评价。

奥斯曼帝国经历兴、盛、衰、亡四个阶段，可谓霸而不立、稳而不定、乱而不崩、亡而不绝。从安纳托利亚西北一隅发迹称霸三大洲，最终又蜕变成身处安纳托利亚的"单一民族"的土耳其共和国，五百年的奥斯曼帝国史不啻为一场精彩的和局。不少学界前辈都至少有一部较好的译作，如今我也要把译稿提交给理想国了，依旧心存忐忑，写作是为了宽慰自己和读者的心灵，翻译亦是如此。感谢出版方让我有了这次百味杂陈的奥斯曼帝国历史巡游。

丙申年四月一日
写于故乡长春